中公新書 2496

蔀 勇造著

物語 アラビアの歴史

知られざる3000年の興亡

中央公論新社刊

目次

第四章　アラビアの古代末期――諸勢力の角逐

第五章　イスラームの誕生と発展――アラビアの新世紀

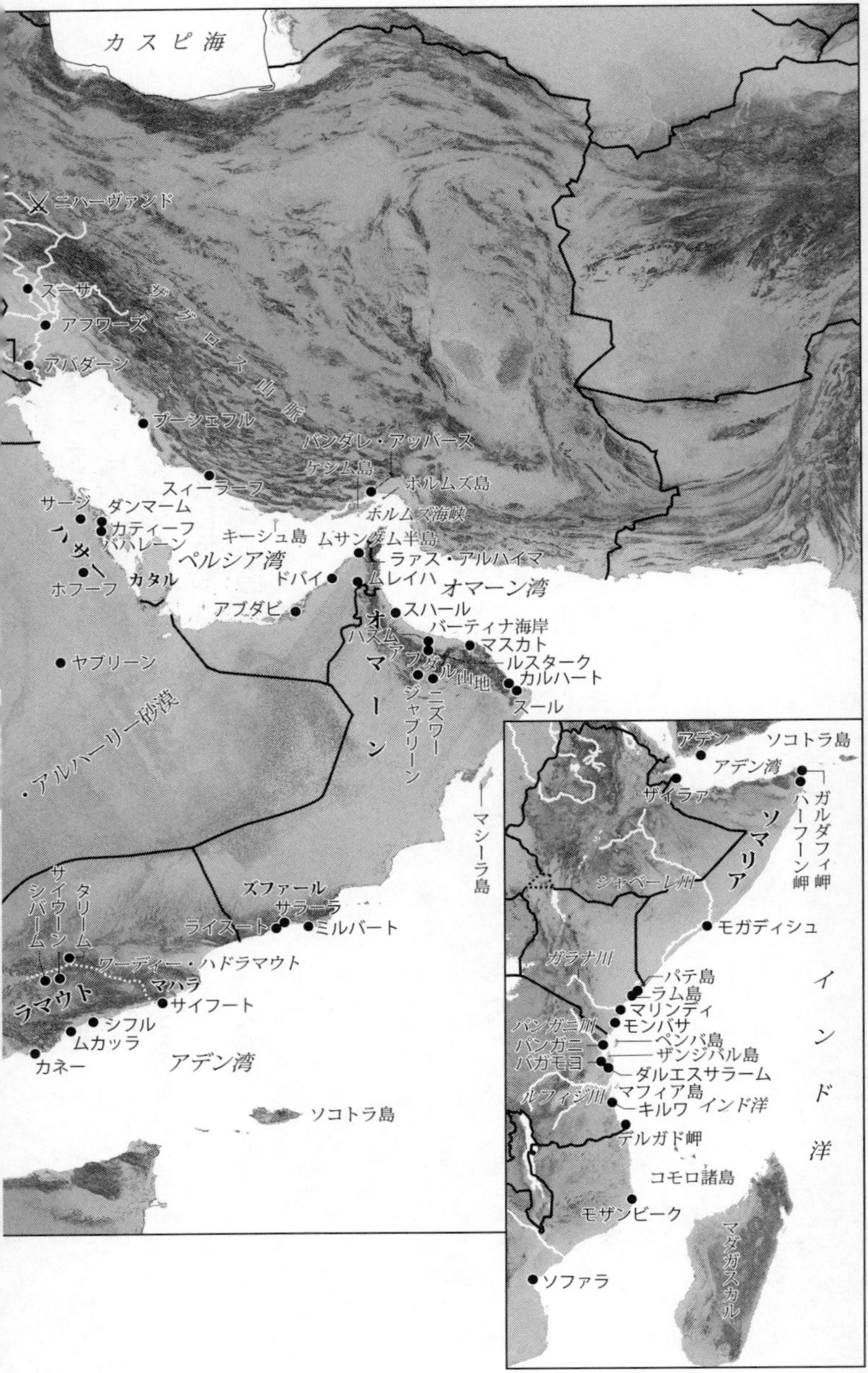

カスピ海
ニハーヴァンド
スーサ
アフワーズ
アバダーン
ザグロス山脈
ブーシェフル
バンダレ・アッバース
ケシム島
ホルムズ島
ホルムズ海峡
スィーラーフ
サージ
ダンマーム
カティーフ
バハレーン
キーシュ島
ムサンダム半島
ペルシア湾
ラアス・アルハイマ
ホフーフ
カタル
ドバイ
ムレイハ
オマーン湾
アブダビ
スハール
バーティナ海岸
マスカト
ハスム
アフダル山地
ルスターク
カルハート
スール
ヤブリーン
ジャブリーン
ニズワー
オマーン
アルバーリー砂漠
マシーラ島
ズファール
サラーラ
ライスート
ミルバート
シバーム
サイウーン
タリーム
ワーディー・ハドラマウト
ラマウト
マハラ
サイフート
シフル
ムカッラ
カネー
アデン湾
ソコトラ島
アデン
ソコトラ島
アデン湾
ザイラァ
ガルダフィ岬
ハーフーン岬
ソマリア
シャベーレ川
モガディシュ
ガラナ川
パテ島
ラム島
マリンディ
モンバサ
パンガニ川
パンガニ
ペンバ島
ザンジバル島
バガモヨ
ダルエスサラーム
ルフィジ川
マフィア島
キルワ
インド洋
デルガド岬
コモロ諸島
モザンビーク
マダガスカル
ソファラ
インド洋

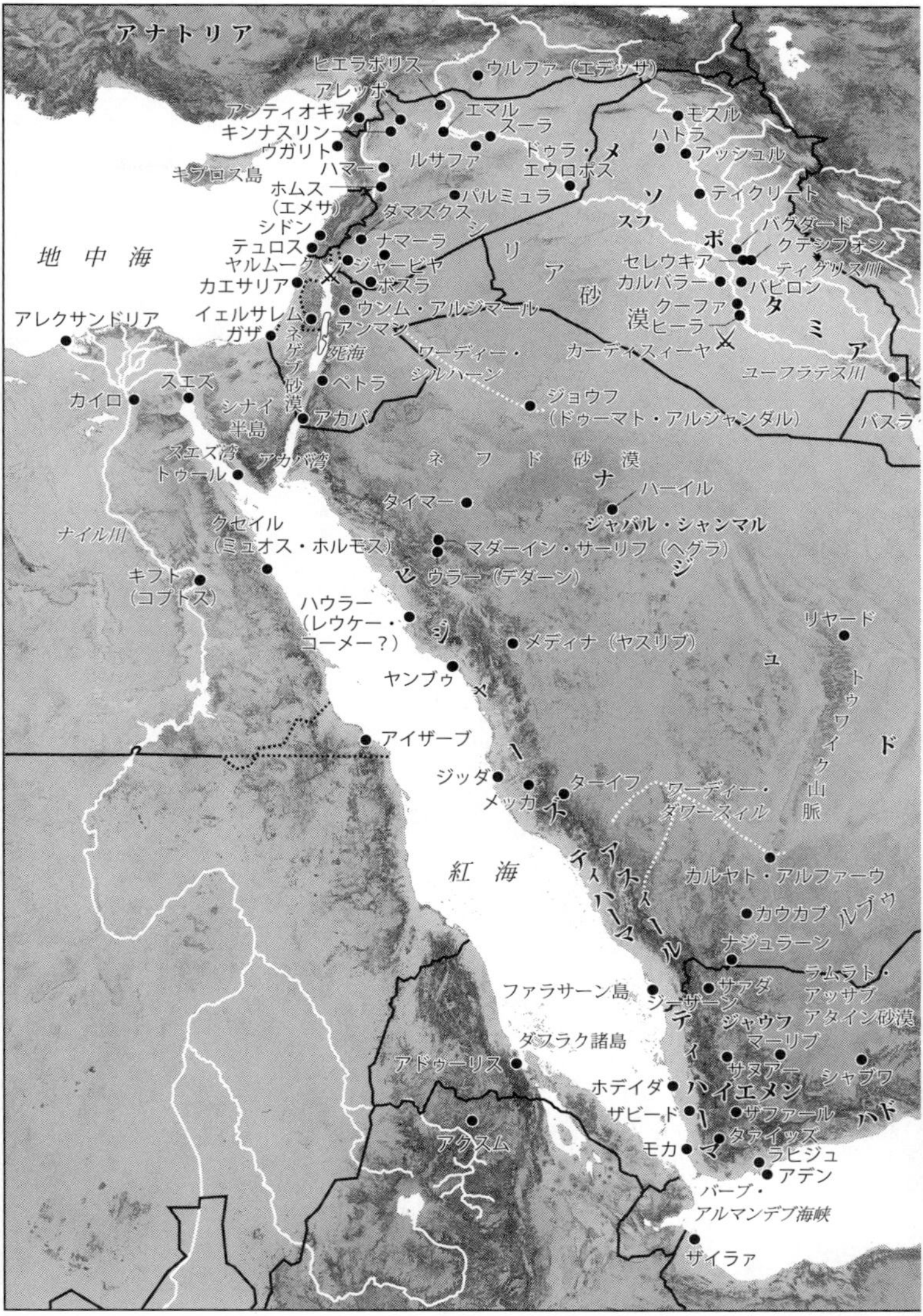
アナトリア
ヒエラポリス
ウルファ（エデッサ）
アレッポ
エマル
アンティオキア
キンナスリン
スーラ
モスル
ハトラ
ウガリト
ドゥラ・エウロポス
ルサファ
アッシュル
ハマー
キプロス島
ホムス（エメサ）
パルミュラ
ティクリート
ダマスクス
シドン
バグダード
テュロス
ナマーラ
クテシフォン
地中海
ヤルムーク
ジャービヤ
セレウキア
ティグリス川
カエサリア
ボスラ
カルバラー
バビロン
メソポタミア
シリア砂漠
ウンム・アルジマール
イェルサレム
クーファ
アレクサンドリア
ガザ
アンマン
ヒーラ
ネゲブ砂漠
死海
カーディスィーヤ
ワーディー・シルハーン
ユーフラテス川
スエズ
ペトラ
カイロ
シナイ半島
ジョウフ（ドゥーマト・アルジャンダル）
アカバ
バスラ
スエズ湾
アカバ湾
トゥール
ネフド砂漠
ナジュド
ハーイル
タイマー
ジャバル・シャンマル
ナイル川
クセイル（ミュオス・ホルモス）
マダーイン・サーリフ（ヘグラ）
キフト（コプトス）
ウラー（デダーン）
ヒジャーズ
ハウラー（レウケー・コーメー？）
メディナ（ヤスリブ）
リヤード
ヤンブゥ
トゥワイク山脈
アイザーブ
ジッダ
メッカ
ターイフ
ワーディー・ダワースィル
紅海
ティハーマ
アスィール
カルヤト・アルファーウ
カウカブ
ルブゥ
ナジュラーン
ファラサーン島
サアダ
ラムラト・アッサブアタイン砂漠
ジーザーン
ジャウフ
マーリブ
ダフラク諸島
アドゥーリス
シャブワ
ホデイダ
イエメン
ハド
ザビード
サファール
アクスム
タアイッズ
モカ
ラビジュ
アデン
バーブ・アルマンデブ海峡
ザイラァ

図版制作・関根美有

はじめに

アラビアとは

アラビア半島は三方を海に囲まれ、北方はシリア砂漠に連なっている。このシリア砂漠もアラブと呼ばれる人々の活動領域であり、地質上もアラビア高原の延長である。半島西部の紅海《こうかい》に沿って南北に連なる山脈は南に行くに従い高度を増し、イエメンの山々は日本アルプスと同程度の標高である。また南部のアデン湾に臨むハドラマウト地方やマハラ地方でも、海岸沿いにかなりの高さの山並みが連なる。これらの山脈を越えた内陸部は北東方向に緩やかに傾斜してペルシア湾岸のハサー地方に至るが、半島中央部にはオアシスが点在するナジュド高原が広がっている。一方、半島南東部のオマーン地方には、地質的にはイランのザグロス山脈に連なるアフダル山地の高山がある。

季節風の恩恵を受けて定期的な降雨のあるイエメンとオマーンの山地帯を除くと、アラビアの大部分は稀《まれ》にしか雨の降らない乾燥地帯で、大半は砂や礫《れき》で覆われた荒れ地となっている。ただ半島の砂漠の下には水を透《とお》さぬ岩盤の層があって、緩やかにハサー地方と沖合のバハレーン島方面に向かって傾斜している。それにより半島の地下水は長年月をかけてこの地方に集まり、古くからアラビア最大のオアシスの発展を見た。

低緯度に位置するため全般に高温であるが、内陸の乾燥した砂漠地帯では夜間には相当低温になるし、イエメンの高地帯は冷涼で冬には霜が降ることもある。それに対してペルシア湾岸と紅海岸のティハーマは、夏季には高温多湿の耐えがたい気候となる。

ところで我々が現在アラビアと呼びならわしているこの地域を、誰《だれ》がいつごろからこの名で呼ぶようになったのか。またそこに住む人々が自らをアラブと認識し、広い意味での同族と意識するようになったのはいつごろからなのか。いや、そもそも彼らはアラビアに住むがゆえにアラブと呼ばれ、自らもそのように認識してきたのであろうか。

中近東の地名の中には、古代のギリシア語の呼称がラテン語を経て現在に受け継がれているものが少なくない。たとえばメソポタミアでは、古代都市のバビロンやアッシュルを中心とする地方がバビロニア、アッシリアと呼ばれ、地中海東岸では貝紫（ギリシア語でフォイニクス）による染色を生業とする人々の住む土地がフェニキア（現在のレバノン）と、またペリシテ人の居住した土地はパレスティナと呼ばれるようになった。アラビアの場合も全く同様である。アラビアは、アラブの住む土地という意味でそのように呼ばれるようになった。つまり元来はアラビアに住む人がアラブなのではなく、アラブが住んでいるからその地域がアラビアと呼ばれるようになったのである。では、そのアラブとは何者か。

アラブとは

アラブを討伐するアッシリア兵を描いたレリーフ（al-Ghabban *et al.*, *Routes d'Arabie*, p.79.）

「アラブ」という呼称が最初に登場する史料は、アッシリア王シャルマネセル三世の碑文である。その中で、ダマスクス王やイスラエル王を相手とする紀元前八五三年のカルカルの戦いにおいて、「アラブ」のギンディブという首長が、アッシリアの敵のシリア連合軍にラクダを提供したということが記されている。このように、アラブは最初からラクダと分かちがたく結びついていた。

この後、アッシリアや新バビロニアの記録にアラビ、アラブ、アリビ、アルバァというように表記のうえでは多少の揺れを伴って登場するが、いずれの場合もシリア砂漠のラクダ遊牧民を指していた。つまりエスニックグループとしての「アラブ人」ではなく、定住民の側から民族・種族を問わずラクダ遊牧民一般を指した。後にこちらのほうが一般的になるアラビア語起源の「ベドウィン」と同じような語であった。ただその語源については、諸説あって定まらない。

ともあれ、やがてそれが、アケメネス朝時代の用法を経てギリシア語の文献になると、ラクダ遊牧民に限らず、シリア砂漠から南の半島へかけての住民すべてを指す総称となり、彼らが居住し活動する地域がアラビアと呼ばれるようになったのである。

このように元々は他称であったアラブという語も、やがてはそのように呼ばれていた人々がその名称で自己認識するようになったことにより自称化したようである。

ラクダの家畜化

ところで、野生種のヒトコブラクダはいつどこで家畜化されたのか。文献史料が役に立たないので確かなことは判《わか》らないものの、時期的には紀元前三千年紀（紀元前三〇〇〇〜前二〇〇一年)、場所はアラビア半島南東部と推察されている（前十四世紀にシリア方面で起こったという説もある)。家畜化とはいっても、ラクダに荷物を担がせたり、これに乗ったりして砂漠を旅することができるようになるのは、まだずっと先のことで、当初は羊や山羊《やぎ》と同じく乳や肉を食用にしたり、毛や皮を利用したりというのが主な用途であった。しかしラクダ遊牧の成立によって、羊や山羊を飼っていた牧畜民が踏み込むことのできなかった広大な砂漠地帯が、初めて人類の生活圏の一部となったのである。その意味で、ラクダの家畜化はアラビア半島の歴史を画する出来事であった。

その後、ラクダ遊牧は半島各地、さらにはシリア砂漠へも徐々に広がっていったと思われる。にもかかわらず前九世紀になるまでアラブという語が史料に登場しないのは、そのころまでは遊牧民の部族集団が定住社会の脅威となることが、ほとんどなかったからではあるまいか。

とはいえラクダは、前十二世紀ごろに再びアラビアの歴史を画する重要な役割を果たすことになる。ヒトコブラクダは馬に比べても体軀《たいく》が大きいうえ、フタコブラクダと異なり背中の中央部が大きく盛り上がっているために、荷物を担がせるにも人が跨《また》がるにも不向きであった。ところがこのころになってようやく、これにも荷物を背負わせることのできる鞍《くら》が考案されたのである。それにより、駄獣《だじゅう》（パックアニマル）としてロバやラバを使役するのではむずかしかった、半島の砂漠を縦横に越えて行う隊商交易が可能となった。

ではこれよりアラビアの約三千年にわたる歴史を見ていこう。ただしシリア砂漠については、アラブのラクダ遊牧民（ベドウィン）が歴史的に重要な役割を果たしたイスラーム勃興《ぼっこう》前の時代（先イスラーム期）に限って言及し、イスラーム期の記述はアラビア半島に絞りたい。

第一章　都市と国家の成立と発展——アラビア史の黎明

1　隊商路の開通による半島の活性化

隊商交易の始まり

アラビア半島内部の情況について我々が文字史料を通じてかなり詳しいことを知りえるようになるのは、紀元前一千年紀に入ってからである。それは前述のように前十二世紀ごろヒトコブラクダに荷駄を負わせることのできる鞍が考案された結果、前二千年紀の末ごろになってようやく北方の先進文明地帯と半島各地、特に南部がラクダを運搬手段とする隊商交易によって結ばれたことによる。砂漠を越えてキャラバンが往来するようになると、隊商路沿いには宿駅が発達し、交通の要衝や灌漑《かんがい》農業の可能な大きなオアシスにはやがて都市が生まれた。特に有力な都市の中には周辺の都市やオアシスを支配下に収めて、小国家を形成するものも現れた。

また砂漠の遊牧民も隊商にラクダを供給しラクダ引きや護衛としてこれに参加する一方で、ときにはこれを襲撃し略奪を働くなどして次第にその活動を多様化させた。なお南アラビアから地中海東岸やペルシア湾岸に向かう隊商路は、主力商品の南アラビア産香料にちなんで「香料の道」と呼ばれる。

ちなみにこの時期は古代オリエントの一大変革期に当たっていた。前一二〇〇年を過ぎて間もないころに、おそらく西北方から東地中海域に襲来した「海の民」と呼ばれる混成移民集団により、前代の体制は一挙に覆された。エジプトがかろうじてこれをパレスティナ方面に押し戻したのに対して、ヒッタイトは滅亡し、シリアの諸都市もウガリト、エマルをはじめ多くが破壊された。エーゲ海でミケーネ文明が滅びたのも同じ原因によるのではないかと言われる。しかしこの混沌《こんとん》の中から、後世に大きな文化遺産を残すことになるアラム、フェニキア、イスラエル等の諸民族が台頭してくるのである。考古学上はこの時代よりオリエントの鉄器時代が始まる。

オリエント世界に起こったこの大変動と、ほぼ時期を同じくしてアラビア半島で起こった変革との間に、これまでのところ具体的な因果関係は指摘されていない。とはいうものの、アラビア史の黎明《れいめい》期における様々な動きが、北方の先進文明地帯に生起した諸事件と連動していたということは、十分に予想される。新勢力の台頭が経済を活性化させ、アラビア半島も含めた諸地域間の交易活動に与えた大きなインパクトが、新しいラクダ鞍の開発の遠因となったとい

1－1　古代南アラビア文字表（『言語学大辞典 別巻 世界文字辞典』三省堂、2001年、428頁、表1）

うことも十分考えられる。以下に記す文字の伝播《でんぱ》や、仮説として提起されている先進文化を携えた集団のアラビア半島内への移動も、右記の大変動の一環として捉《とら》えると理解しやすい。

文字の伝播

さて、南北間の人の往来が頻繁になるにつれてアラビア半島内の事情が徐々に明らかになり、それが楔形《くさびがた》文字の刻文や『旧約聖書』、さらにはギリシア語文献に書き留められて伝存している。地中海東岸で生まれた南セム系アルファベットが隊商路を通じて南に伝播し、半島各地に現地人自身が残した刻文や碑文が出現するのもこのころからである。南セム系アルファベットというのは、フェニキア文字に代表される北西セム系アルファベットとほぼ同じころに隣接する地で生まれた、北西セム系とは兄弟のような関係にある別種のアルファベットである。両者を構成する文字の半数近くは、形状に類似性が認められ、近縁関係を示しているが、アルファベット内における文字の並び順や名称は明確に異なっていて、両者を別種と判断する根拠となっている。

南セム系アルファベットはその後アラビア半島に伝播し、特に都市文明が栄えた南アラビアの諸王国において独自の発展を遂げた。そしてやがて紅海を越えてアフリカに伝播し、エチオピア文字の祖となる。アラビアにおいては七世紀のイスラーム化以降、『コーラン』の文字である北西セム系のアラビア文字が、それまで使用されていた古いタイプの文字を駆逐したが、エチオピアにおいては南セム系の文字が世界で唯一、いまなお使用されている。南セム系と呼ばれるのは、南方に伝播してアラビア半島やエチオピアの南西セム語派に属する諸言語を表記するのに用いられたからである。

それはさておき、アラビアについて周辺民族が記した文献が増え、アラビア内部でも現地人が刻文や碑文を残したことにより、この時代以降ようやくそれらを史料とするアラビア史の本格的な研究が可能となる。ちなみにそれ以前の時代については、ペルシア湾に臨むバハレーンとオマーンのことが、メソポタミアの記録にディルムンとかマガン（マッカン）という地名で出てくるにすぎない。メソポタミアの経済圏に含まれていたこれらの地方が、アラビア半島では例外的に早く文明化したことは、考古学的にも確認されつつある。いずれもメソポタミアとインダス文明圏を結ぶ海上交易ルートの重要な中継地であったし、マガンは青銅の製造に欠かせない銅鉱石の産出地としても重要であった。

王国の出現

諸史料を通じて、南アラビアでは紀元前一千年紀のおそらく前半のうちに、複数の王国が相次いで出現したと考えられている。その最初のものが、サバァ族が中心となって樹立した王国であった。ただ留意すべきは、前二千年紀の南アラビアにはすでに青銅器文化を有し灌漑農業を営む人々のいたことが考古学調査によって確認されているものの、少なくとも最初の王国を築いたのはそれら土着の人々ではなく、前二千年紀の末か前一千年紀の初めに文明の先進地帯であった北方から南下してきた集団ではなかったかと、少なからぬ研究者が考えている点である。前二千年紀の末に、後にサバァ王国の領域となる地域の遺跡から、それまでにない新しいタイプの土器が出土することや、土器片に最古のタイプの南アラビア文字が刻まれていることから見て、北方にいたサバァ族が文字をはじめとする先進文化を伴って半島を南下定住したのが、南アラビアの新時代の幕開けとなったのではないかと推測されているわけである。

とはいえ、サバァ族の故地が何処《いずこ》であったかを示す土器や文字史料は、シリア・パレスティナ近辺やアラビア半島北西部からは未発見である。また仮にサバァやその他の諸族による南アラビアへの移住があったとしても、先住民を駆逐してこれに取って代わるような大規模な侵入ではなく、波状的に小規模な移住が続いたのではないかと考えられている。そして先にも記したように、このときの移動は、「海の民」の侵入に始まるオリエント世界の激動の余波が、アラビア半島の南部にまで及んだと捉えると理解しやすい。

2　サバァ王国の成立

シェバの女王伝説

南アラビアに最初に出現したのがサバァ王国であったことに、研究者の間で異論はない。この王国の初期の情況が窺《うかが》えるのではないかと言われるのが、『旧約聖書』に語られているイスラエル王ソロモンとシェバの女王に関する伝説である。この女王、わが国では「シバの女王」と呼ばれることが多い。しかしヘブライ語の『旧約聖書』における呼称はシェバである。英語ではこれを Sheba と転写したがシーバと発音し、それが日本に入ってシバと表記・発音されるようになった。アラビア語ではサバァ、欧米語では英語を除いて Saba と表記されることが多い。ここではわが国で馴染《なじ》みの深い呼称にも配慮し「シェバの女王」という呼称を採用する。

『旧約聖書』「列王記上」の第十章、ならびに「歴代誌下」の第九章に見える逸話によると、ソロモンの名声を耳にしたシェバの女王はその知恵を試そうと思い立ち、香料や金、宝石などをラクダに積んでイェルサレムを訪れた。そして用意してあった質問を浴びせかけたが、ソロモンはそのすべてに解答を与えた。彼の知恵の深さに感嘆し、宮殿の豪華さや神殿における捧《ささ》げ物などを目にした女王は、息も止まる思いであった。そこで女王はソロモンを王位に即《つ》けたイスラエルの神を賛美し、持参した進物を王に贈った。これに対してソロモンも、女王に対して豊かに富んだ王にふさわしい贈り物をしたほか、女王が願うものは何でも望みのままに与えたという。

しかしこの伝説の史実性について、古代南アラビア史研究者たちは懐疑的である。後述するように、前八世紀末から次世紀の初めにかけて、サバァの二人の首長がアッシリア王にラクダや香料を献上したことを伝えるアッシリア史料より前に、南アラビアに王国が存在したことを確証する史料は発見されていない。よって遅くとも前八世紀までにサバァ王国は成立していたとは言えても、それをソロモンが在位した前十世紀にまで遡《さかのぼ》らせるのは躊躇《ちゅうちょ》されるのである。さらに、サバァに限らず古代南アラビア諸王国において、女性が王位に即いたという記録がいまだ一例も発見されていないことも、シェバの女王の実在性を否定する重要な根拠となっている。

サバァ登場

伝説はさておき、古記録と考古学調査に基づいてサバァ王国の初期の歴史を概観してみることにしよう。サバァという呼称は前八世紀になって、楔形文字で記されたメソポタミアの史料に初めて登場する。まず前八世紀半ばにユーフラテス川中流域に位置したスフの王が、タイマーとサバァの隊商を襲撃し、ラクダ二〇〇頭と荷駄の商品を略奪したという記録を残している。また同世紀後半のアッシリア王ティグラト・ピレセル三世の年代記に、服属して貢納を行った諸族を列挙するなかで、タイマーに続いてサバァの名を挙げてある。タイマーはアラビア半島北西のヒジャーズ地方北部にあるオアシス都市で、南アラビアとシリアを南北に結ぶルートから メソポタミアに向かうルートが分岐する地点の近くに位置し、ペルシア湾岸と地中海岸を結ぶルートとも交差する、アラビア有数の中継拠点として繁栄していた。

一方『旧約聖書』の「創世記」はノアとアブラハムの子孫の名を挙げるに際し、二ヵ所(第十章第七節と第二十五章第三節)でシェバとデダーンを兄弟とみなしている。デダーンはタイマーの南西に位置し、現在もヒジャーズ北部のオアシス都市として存続するウラーを中心に、紀元前一千年紀の前半から半ばごろにかけて隊商交易で栄えた小王国であった。このように、ともにアラビア半島北西部に位置するタイマーとデダーンとの深い関係が示唆されているサバァ/シェバの人々も、当然その近辺にいて隊商交易に従事していたと推察される。

ついでアッシリア王サルゴン二世の年代記に、王が前七一六/五年に行った遠征に際して、エジプトのファラオ、アラブの女王サムシ、サバァ人イタァアマルから貢物を受け取ったという記事があり、ここで初めてサバァの首長の名が登場する。さらに次世紀に入りセンナケリブ治世の前六八五年になると、アッシュル市の新年祭神殿の建立を記念する碑文に、サバァ王カリビルが宝飾品と香料を献上したと記されている。ただしこれらの記事のサバァの首長については、遠く離れたアラビア南部の支配者というより、北西部にいた部族の首長と考えるほうが無理がないと主張する研究者が、近年まで少なくなかった。

1－2　シルワーフのアルマカー神殿址（W. Seipel (ed.), *Jemen*, Wien, 1998, p.166.）

他方、南アラビアの諸王国と異なりアラビアの北部や中部の諸族の間では、女性の首長は決して珍しくなかった。アッシリアの記録にはサムシ以外にも女王と呼ばれるアラブの族長が数人登場するし、紀元後の時代にも、三世紀のパルミュラ女王ゼノビアや四世紀のアラブの族長マヴィアのように、ローマに楯突《たてつ》いた女傑が活躍している。ここから、伝説上のシェバの女王も実はヒジャーズ北部にいた部族の首長で、交易上の交渉を行うためにイェルサレムを訪れたことが、ソロモン時代の叙述に投影されたのではないかという解釈もなされた。

　しかし右記のアッシリア史料に登場するサバァの二人の首長によって建てられたと思われる二つの石碑が、サバァ王国の古都シルワーフのアルマカー神の神殿址《し》で見つかったことにより、情況は大きく変わった。サバァのみならず古代南アラビアの諸王国が成立した年代について、漠然とではあるにせよ、おおまかな見通しを語ることができるようになったのである。なお、シルワーフはマーリブに次ぐサバァ王国第二の都市であったが、王国の覇権確立を記念する石碑がマーリブではなくこちらの神殿に建てられたのを見ると、少なくとも初期には、なんらかの理由でマーリブに優越する権威を有していたのであろう。またアルマカーはサバァの国家神で、各地にこの神を祀《まつ》る神殿が設けられていた。

シルワーフの紀功碑文

さて問題の二つの石碑のうちの片方は、実は十九世紀の末にすでに発見され碑文の研究も行われていた。馬蹄形《ばていけい》の高い周壁に囲まれた野天の広い中庭の中央に切石を積んだ基壇が設けられ、その上に幅が約六・八メートルにもなる横長の一枚岩のブロックが二つ重ねて据えられている。これが石碑になっていて、上段に一二行、下段に八行、併せて二〇行、四〇〇〇字を超える長い碑文が、左右対称の「古典的」とも称される美しい文字で刻されている。さらに上段の石碑の裏面には、同様の書体で八行の碑文が刻まれていた。現在これら二つの碑文には、それぞれRES 3945とRES 3946という認識略号が付けられている。

石碑はともにサバァ王カリブイル・ワタルの紀功碑であった。RES 3945には彼が治世中に勝利を収めた多くの戦いが、またRES 3946には戦勝によって獲得した都市の防備や、農地の灌漑のため施した建築・土木工事の数々が列挙されている。両碑文の冒頭でカリブイルは「ムカッリブ」と称しているが、これは紀元前に南アラビアの広範な地域と諸勢力を統《す》べる王のみが名乗ることのできた称号で「統合者」と訳される。原則として同時に複数のムカッリブが並び立つことがないのが、慣例的に「王」と訳される「マリク」とは異なる点である。カリブイルは敵対するマリクたちを打ち破り、四方の諸族を自らの支配下に統合したことによって最初のムカッリブとなり、ここにおいて南アラビアにおけるサバァ王国の覇権が確立したと解された。

そこで問題になるのがこれらの碑文の年代である。カリブイルをアッシリア王に進物を贈ったサバァ王カリビルに同定し、碑文に記されているのは前八世紀の末から次世紀の初めにかけて起こった出来事と解する説は古くからあった。しかし先にも記したように、後者についてはアラビア北西部の族長ではないかと考える者が少なくなかったし、古代南アラビア文字の書体学の権威が両碑文の文字は前五世紀の書体と主張して譲らなかったため、サバァ王国の初期の年代をめぐる論争は前世紀の後半を通じて未解決のままであった。

そうしたなか、この神殿遺跡の調査を行っていたドイツ隊が二〇〇五年の十二月にもう一方の石碑を発見した。なんと前述の石碑の近くに、それと対になるような大きな石碑がもう一つ、百年以上もそれと気付かれず砂の中に埋もれていたのである。発見者の驚きと喜びはいかほどであったろうか。倒れていた碑を起こしてみると、元々は先の記念碑と向かい合う位置に、切石を積んだ基壇の上に据えられた幅が七メートル近くある横長の一枚板のブロックで、RES 3945と向き合う側の表面に七行にわたって三二七語からなる碑文が刻されている。

読んでみると、ムカッリブのイサァアマル・ワタルの紀功碑であった。前半は敵対する諸族に対する遠征と戦勝の記録で、後半には獲得した都市・領地と領民が列挙されている。内容的にこちらの石碑がカリブイルのそれに先だって建てられたことは明らかであるが、文字の書体から判断して、両者の間にそれほどの時間差はない。石碑の幅や碑文の構成がほぼ同じであることから見て、カリブイルはイサァアマルの紀功碑に向かい合わせて、それに倣って自らの勲《いさお》を顕彰する碑を建てさせたと思われる。以下に概要を記すように、サバァ王国の覇権はイサァアマルとカリブイルの活躍によって確立した。シルワーフの神殿に対面して立つ二つの石碑は、この二人のムカッリブが創立期のサバァ王国の最も傑出した王であったことを如実に示している。

シルワーフの紀功碑のイサァアマルとカリブイルを、アッシリア碑文のイタァアマルとカリビルに同定できる可能性が非常に強まった。このことにより、前七〇〇年前後には確固とした存在になっていたと思われるサバァ王国は、遅くとも前八世紀のうちには成立していたはずであり、碑文の中で言及されている他の諸王国についても同様、と推察できるようになったのである。

3 諸王国の興亡

イサァアマル・ワタルの戦い

シルワーフの二つの紀功碑文を通じて我々は、サバァ王国が敵対する諸勢力を打ち破って南

1－3　紀元前の南アラビア（筆者作製）

アラビアの覇権を握るに至った経緯について、かなり詳しく知ることができる。

まずイサァアマル・ワタルの征戦から見ていこう。サバァ軍の最初の鉾先《ほこさき》は南部のカタバーンに向けられた。当時はこの勢力がサバァにとって最大の脅威であった。サバァもそうであるように、南アラビアの王国は特に中期以前の時代、共通の神（国家神）の崇拝と祭儀を紐帯《ちゅうたい》として諸部族が結集・連合し、それを王が統率していたが、カタバーンは「アンム（カタバーンの国家神）の子等」と呼ばれる諸族の連合体であった。

このカタバーンの南東にこれに対抗するアウサーンという勢力があり、当時は劣勢であったこの国と王にイサァアマルは味方しカタバーンからの失地回復を援《たす》けている。

カタバーンを下したサバァの軍勢は、ついで北方のジャウフ地方に向かった。この地域には相互に敵対する複数の都市が分立し、隣接する都市を支配しようとする動きはあっても、諸都市が連合して広域国家が形成されるような情勢ではなかった。ここでイサァアマルは同盟関係にあったナッシャーン市に助勢してカミナフー市を討ち、カミナフーに略奪されていたナッシャーンの守護神アランヤダァの神像を奪還した。

その後サバァ軍は再び南方に転じ、高地の諸族を討って多くの敵を殺戮《さつりく》した。敵の族長たちはそれぞれマリクと呼ばれている。先のカタバーンとの戦闘で殺した敵の数が三〇〇〇人だったのに対し、高地に居を占めるダハスからは六〇〇〇人、ルアインからは四〇〇〇人もの戦死者を出しているのには驚かされる。

アラビア半島南西部では夏季に南西の方角から吹くモンスーンが山脈にぶつかり、アラビアでは例外的に農業が可能な量の雨を降らせる。高地では山間の盆地や段々畑で主にこの天水に頼る農業が営まれていたが、この地に古代文明を開花させる要因となったのは、内陸の山裾《やますそ》に点在するオアシスで営まれる灌漑農業であった。雨期にワーディー（涸谷《かれだに》）を流れ下る水を谷の出口に築いた堰堤《えんてい》で堰《せ》き止めてダム湖を造り、この水で砂漠を潤したオアシスが山裾と砂漠の接線上に連なっていた。オアシスで営まれる灌漑農業は高地の天水農業に比べて生産性が高かったし、初期の隊商路もオアシス伝いに走っていたので、紀元前の南アラビアでは高地帯や海岸部に比べて内陸のオアシス地帯の人口が多く、都市が数多く成立したのもこの一帯と考えられている。サバァもカタバーンも内陸のオアシスを中心に成立・発展した国であり、ジャウフ地方の諸都市は地方名と同名のワーディー沿いに立地していた。

それだけに、多少の誇張はあるにせよ、高地の諸族との戦いで殺戮した敵の数が、カタバーンとの戦闘のそれを大きく上回っているのは意外である。これは前一千年紀前半の段階ですでに高地帯の人口が相当数にのぼっていたことを示していて、とかく内陸のオアシス地帯に目を向けがちなこの時代の歴史研究に警鐘を鳴らしている。

カリブイル・ワタルの征戦

一方RES 3945に記されたカリブイル・ワタルの外征は八度にわたり、より広範囲に及ぶ徹底したものであった。何より目を引くのは、サバァ王国の敵と味方がイサァアマルの時代とは逆転していることである。すなわち南方においては、かつてサバァの救援を受けて旧領を回復したアウサーン王国が、東西の隣国であるハドラマウト王国とカタバーン王国の領土を侵し、さらには南のアデン湾沿岸地域にまで支配圏を拡《ひろ》げて、サバァの強力なライバルに成長していた。アウサーン王がムカッリブと称したのはおそらくこの時期で、これはサバァ王に対する重大な挑戦であった。

そこでカリブイルは劣勢に立たされていたハドラマウト王、カタバーン王と同盟し、アウサーン軍と戦いこれを破った。アウサーン領の多くの町が焼かれ、略奪を受けた地域は広範囲に及んだ。殺戮した敵の数は一万六〇〇〇、捕虜の数は四万と記されている。また首都の王城と神殿のすべての碑文を抹消せよとの命令が下された。ハドラマウトとカタバーンからの占領地はそれぞれの国に戻されたが、それ以外の土地と住民の多くはサバァの領するところとなった。

カリブイルはさらに、アウサーン領の西に連なる高地へも軍勢を送っている。対象となったのは、イサァアマルも遠征したダハスとそれに隣接するトゥバニー、半島南西隅のマアーフィル等の地で、南方のアデン湾方面については言うに及ばず、西方の紅海方面についても海に至るまでの地を掌握しようとしたようである。

カリブイルにとり南方のアウサーンについで重要であったのは、北方のジャウフ地方の諸都市の平定であった。北に向かう隊商路の門口に当たるこの地域を影響下に置くことは、交易への経済的依存度が高かったサバァ王国にとって至上命令であったに違いない。ここではナッシャーンとカミナフーのサバァとの関係が、イサァアマル時代とは逆になっている。すなわちナッシャーンを攻めたカリブイルは、かつてイサァアマルがこの町に譲渡した領土を奪い返しただけでなく、ナッシャーン領を一部削ってハラムの王とカミナフーの王に与えた。市の周壁や王城は破壊されたものの、王が処刑されたり市がサバァに併合されたりした様子はない。市内にアルマカーの神殿を建て、サバァの守備隊を常駐させる程度の措置で済ませているのは、アウサーンに対する扱いと随分異なっている。ジャウフ地方については、分立する諸都市が互いに牽制《けんせい》し合っているという情況がサバァの望むところで、他の都市を糾合して連合国家を形成するような強力な都市の出現を阻止するというのが、基本政策だったのであろう。

カリブイルの遠征はジャウフの北方のナジュラーンにまで及んだ。ここは現在サウディアラビア領となっているが、歴史的には南アラビアとの関係のほうが深い。シリアから南下してきたルートとペルシア湾岸からのルートが合流して最初の大きなオアシスであったために、古くよりアラビア半島有数の交通と交易の要衝として発展した。ここからジャウフにかけての一帯は、ムハァミル族とアミール族という、北アラブ系の言語を話す遊牧民の支配する土地であった。カリブイルはこの両族を攻めて五〇〇〇人を殺戮し、一万二〇〇〇人の捕虜と、ラクダ・牛・ロバ・羊・山羊など合わせて二〇万頭もの家畜を獲得したという。これまでに挙げたのも含めて、すべての数値は誇張されたものであろうが、それにしてもたいした戦果である。なお、この両族は北アラブ系のラクダ遊牧民であったが、南アラビア碑文の中で「アラブ」とは呼ばれていない。後に北方から馬を伴って移動してくる「アラブ」と呼ばれるグループとは別系統のベドウィンであった。

このようにカリブイルの遠征は、北はナジュラーンから南はアデン湾沿岸にまで及んだ。その結果としてハドラマウトとカタバーンには、サバァ王のムカッリブとしての権威に従うことを条件に独立国としての地位を認めたようである。一方、ジャウフ地方の諸都市はサバァの衛星国的な立場に置かれ、旧アウサーン領の多くはサバァに併合された。ムハァミル族はナジュラーンのオアシスを奪われたうえに、貢納を課されている。

かくして、前七〇〇年前後の数十年間にイサァアマルとカリブイルが指揮した戦いを通じて、サバァは南アラビアの覇権を握ることに成功した。歴代のサバァ王の中でメソポタミアにまで名の聞こえたのはこの二人だけ、というのは決して偶然ではない。

サイハド文明諸王国

これまでに名の挙がった諸勢力のうち、サバァ、アウサーン、カタバーン、ハドラマウトについては、首長が碑文の中で「マリク」と呼ばれているか否かにかかわらず、前八世紀の段階で王国として成立していたと現在では多くの研究者が認めている。広域を支配する政権が未成立であったジャウフ地方についても、分立する都市のそれぞれを都市国家、首長を王とみなすのが通説である。ただ考古学者は王国成立の時期をさらに前九世紀まで遡らせようとする傾向が強い。

これらの王国はいずれも、アラビア半島の南半に広がる大砂漠ルブゥ・アルハーリーの南西隅に虫垂のように突き出たラムラト・アッサブアタイン砂漠（中世にはサイハドと呼ばれた）の縁辺に位置している。そのため、紀元前の時代にこれらの王国に栄えた文明をサイハド文明と総称する学者もいる。以下、それぞれの王国の概要を紹介しよう。

サバァとアウサーン

古代南アラビアの代名詞的存在であるサバァは、最も歴史が古いだけでなく、最も長く三世紀の後半まで存続した王国である。首都マーリブはワーディー・ザナの扇状地に立地し、全長四・二キロの周壁をめぐらせた南アラビア最大の都市で、香料の道の要衝であっただけでなく、市の西南西八キロの地点に設けられたマーリブ・ダムに給水を仰ぐ農業によって繁栄した。このダムはワーディーを谷の出口で堰き止めたもので、往時の堰堤は高さと底部の厚みがそれぞれ一五メートルと九六メートル、長さは六五〇メートルにも及んだ。ダム湖の南北の水門から引いた用水で砂漠を灌漑した農地は、『コーラン』第三四章に「二つの果樹園」と呼ばれて登場するほど名高かった。考古学者は、市壁の起源は前八世紀、ダムのそれは前七世紀に遡ると推測している。

1－4　マーリブダム北水門と弧状に延びる導水路。ダムの堰堤は水門から右手前（写真には写っていない）に延びていた (Fisher, *Arabs and Empires before Islam*, Pl.4.)

前一千年紀前半、それもかなり早い時期に、サバァから紅海の対岸、すなわち現在のエリトリアからエチオピア北部へかけての地に、移民が行われたらしい点にも触れておかねばなるまい。初期のサバァにおけるのと同じ様式の神殿が建設されてアルマカー神が祀られ、サバァとほとんど変わらぬ言語と文字で記された碑文が残されている。ダァマトと呼ばれる政体の支配者が「ダァマトとサバァのムカッリブ」と称しているのを見ると、現地民と移住民の双方を統合した王国が存在したのではないかと考えられる。

このように南アラビアにとどまらず外の世界にまで影響力の及んだサバァ王国であったが、前六世紀ごろを境にその力には翳《かげ》りが見える。サバァ王に代わって他の王国の首長が、ムカッリブと称するようになるのである。

一時アウサーン王がこの称号を名乗ったが、カリブイルの攻撃を受けて滅ぼされたことはすでに記した。アウサーンについてはワーディー・マルハの流域が王国の中心であったことは判っているものの、王城や神殿の碑文が抹消されたせいか、首都名をはじめとして不明な点が多い。何より、ハドラマウトからカタバーンに向かう隊商路の中継地に当たっていたことは間違いないとしても、それだけではこの王国がサバァに対抗する勢力に発展した理由が説明できない。おそらく次の時代のカタバーンやさらにその後のヒムヤルの繁栄と同じく、南部の高原山岳地帯に版図を拡大した点に謎《なぞ》を解く鍵《かぎ》があるのであろう。

先に見たように高地帯の人口が予想外に多かったらしいのは、当時の山間部の農業が、天水のみに頼らず灌漑も取り入れた生産性の高いものだったことを暗に示している。乳香（南アラビアとソマリア特産の樹脂性薫香料）は産しないが、没薬《もつやく》（南アラビアとソマリア特産の樹脂性香料・薬種）をはじめとする各種の香料や薬種の産地であった可能性は高い。また高地の彼方《かなた》のアデン湾沿岸の港には、インドやアフリカの産物を積んだ船が来航したはずである。紀元前の古い時代の高地帯や沿岸部については、現在のところ史料が不十分なために確かなことは言えないが、情況証拠から推して相当に豊かな地域であったと思われる。

ハドラマウトとカタバーン

前六世紀以降の南アラビアでは、ハドラマウトの三名の王とカタバーンの数名の王がムカッリブと称したことが知られている。碑文の書体から見て、名前が判っているカタバーンのムカッリブの在位年代は、前六世紀から前一世紀の間に散らばっているようである。ハドラマウトのムカッリブのうちの二名は、カタバーンの最古のムカッリブより古いか、ほぼ同時代と推察されるが、三人目ははるかに後代、おそらく紀元前後の在位ではないかと思われる。紀元前の時代についてはそもそも碑文史料の絶対数が少ないために、王国成立後の歴史が長い割には確認できる王の数が少ない。またどの国にも複数の同じ名の王が存在するので、史料に登場する個々の王の異同を判別して年表上に然《しか》るべく位置づけるのは容易でない。

ハドラマウト王国は南アラビア最東部の、現在も同じ名で呼ばれる地域に成立した。海岸に並行して東西に連なる山地の北側を流れるワーディー・ハドラマウト渓谷が王国の中心であったが、首都のシャブワがそこから大きくはずれた西の国境近くに位置しているのは、おそらくそこが北に向かう隊商路の出発点であったからであろう。

東方の現在はオマーン領のズファール地方が乳香の特産地で、歴代のハドラマウト王はここを領有し、乳香を独占販売して得られる利益を財政基盤としたようである。また領土がアデン湾の沿岸まで広がっていて、海外の商船と取引する港を有していたことが、後々この王国の強みとなった。しかし前六世紀に王がムカッリブと称することができるほどに国力が増進した要因や、間もなく隣国カタバーンに主役の座を奪われた経緯などは、いまだ一切不明である。

首都のシャブワやレイブーンなど、廃墟《はいきょ》と化して遺跡の調査が行われている都市がある一方で、ワーディー・ハドラマウト沿いに連なるシバーム、サイウーン、タリームなど、古代に起源を発する町が今も都市として存続しているのは注目に値する。というのも、次章で詳しく説明するように、サイハド砂漠縁辺に栄えたオアシス都市のほとんどは、紀元前後に衰滅し現在は砂漠化しているからである。

私事になるが、一九九〇年に南北イエメンが統合した直後、私は東京外国語大学アジア・アフリカ言語文化研究所の教授であった今は亡き中野暁雄《なかのあきお》氏に同行して、ハドラマウト、マハラ、ソコトラ島を調査で訪れる機会を得た。アデン湾に臨むムカッラから乾燥した砂礫《されき》の台地を北へ進んでいた車が突然坂を下るとそこがワーディー・ハドラマウトで、周囲の光景は一変してナツメヤシの林や畑の広がる別世界となった。そこに西から順に、砂漠のマンハッタンという異名をとる日干煉瓦《れんが》の高層建築がそびえるシバーム、かつてのスルタンの宮殿や東南アジアへの出稼ぎで財を成し故郷に錦《にしき》を飾った人たちの豪邸が並ぶサイウーン、イスラーム教学のセンターで東南アジアからの留学生も多いタリームなど、特色のある町が並んでいる。いずれも古代の碑文に現れる町が、今も存続しているのである。古代の史跡や遺跡に関心のある私は、古代には全く無関心で現代に生きる人々の言語調査を目的とする中野教授と、調査地や限られた調査時間の配分をめぐってしばしば衝突をしたが、今となってはそれも懐かしい思い出である。

1－5　シバーム。市外に面した下層階に窓も戸口もない高層の建物を密着させて市壁に代用している。右に見える白壁の建物が市内への唯一の出入口（筆者撮影）

紀元前一千年紀の後半になると、カタバーン王国が最も強勢を誇ったようである。正確な年代は特定できないものの、サバァ王国側の碑文からカタバーンとの間に戦闘があったことが確認できる。おそらくこの戦いに勝利した結果として、カタバーン王は旧アウサーン領を獲得しただけでなく、南はアデン湾、西は紅海に至るまでの高地一帯を占領し、サバァやハドラマウトの王に代わってムカッリブと称するに足るだけの、広大な領域を支配下に収めたようである。

ローマ帝政初期に活動したギリシア人地理学者ストラボンが、前三世紀のエラトステネスの伝として記すところによると、当時南アラビアには北から順にミナイオイ、サバイオイ、カッタバネイス、それに東寄りにカトラモーティーターイの四部族が居住していた。言うまでもなく三番目のカッタバネイスはカタバーン王国を指しているが、その領土は海峡とアラビア湾横断航路まで広がっていたという。海峡とはバーブ・アルマンデブ海峡、アラビア湾とは紅海のことで、この王国の強盛ぶりがプトレマイオス朝の首都アレクサンドリアまで聞こえていたことが窺える。

エラトステネスが挙げる他の三部族のうち、サバイオイはサバァに、カトラモーティーターイはハドラマウトに比定できる。残りのミナイオイは、イサァアマルやカリブイルの遠征の記録には出てこなかったジャウフ地方の新興勢力で、カルナウを首都とするマイーン王国のことである。

商業王国マイーン

マイーンは前七世紀末ごろの碑文に初めて登場する。研究者の間ではその出自についてジャウフ地方の土着勢力説と外来勢力説があり、後者の場合には出身地をめぐってナジュラーン説とシナイ半島説が対立している。新興勢力ではあったが、間もなくこの地方の都市の多くを従える王国に発展し、南の隣国サバァにとってきわめて危険な存在になっていった。というのもマイーンは隊商交易に特化したとも言ってよい国であったため、その発展はとりもなおさずサバァ商人の利益がおおいに損なわれることを意味したからである。前六世紀前半のものと思われるサバァの銅板文書には、サバァがマイーン人の隊商を襲撃したことが記されていて、この時期、両者が「香料の道」交易の主導権をめぐって激しく対立していたことが窺える。

この世紀を境としてサバァの覇権が動揺し、ムカッリブ称号をハドラマウトやカタバーンの王に奪われたということは、右記の争いにおいて勝利を収めたのがマイーンの側であったことを暗に示している。とはいえマイーン王は政治的な野心とは無縁であったらしく、南アラビア諸国の首長の中で唯一ムカッリブとは名乗っていない。マイーン人の関心はもっぱら経済活動に向けられており、紀元前一千年紀の後半には「香料の道」交易の主導権はほぼ彼らの手中にあった。

プリニウスが『博物誌』のなかで乳香の採取と輸送を行うと記したミナエイ族とは、このマイーン人のことである。一世紀半ばごろに著されたインド洋交易の史料『エリュトラー海案内記』には乳香の採取は奴隷や罪人によって行われると記されているほど過酷な労働なので、これに実際にマイーン人が従事していたとは考えにくい。しかし乳香輸出国のハドラマウトとマイーンが香料交易のパートナーとして、商人レベルにとどまらず国家レベルでも親密な関係にあったのは、次に挙げる碑文の記事から見て疑いない。

バラーキシュ（古代のヤスィル）の一碑文によれば、ハドラマウト国内、とりわけ首都のシャブワにはマイーン人が駐在していた。おそらく乳香の集荷と輸送に当たるためであろう。また地中海のデロス島で出土したマイーン人の奉献碑文は、彼らの商圏の広さを示す史料としてよく引かれるが、同じ島にハドラマウト人の奉献碑文も残されていたことはあまり知られていない。しかしこれは、マイーン商人に同行して遠く地中海まで乳香を運んだハドラマウト商人がいたことを証する貴重な史料ではあるまいか。さらに首都のカルナウの市壁に残された刻文には、この町の東門を防護する櫓《やぐら》がハドラマウト王によって建造されたことが記されていて、両国が防衛面でも協力関係にあったことを窺わせる。

マイーン商人の活動範囲はエジプト、シリア、メソポタミア、それに右に記したように地中海の島嶼《とうしょ》部にまで及んでいた。特に地中海東岸の港市との関係が深かったようで、碑文にはフェニキアのシドンとテュロス、それにガザといった地名が登場する。長距離交易の便宜を図るため、隊商路の要衝には彼らの居留地が設けられていた。南アラビアではシャブワのほかにカタバーン王国の首都ティムナ、中央アラビアではペルシア湾岸に通じるルートに臨むカルヤにマイーン人居留民のいたことが確認できる。

だが最も多くのマイーン人が住み着いていたのはヒジャーズ地方のデダーンであった。後述するようにこのオアシス都市には土着の小王国が存在し、住民の多くが隊商交易を生業としていたが、マイーン商人とは良好な協調関係にあったようである。国外で発見されたマイーン語碑文としては、デダーンに残されたものが最も多く、特に岩山の壁を穿《うが》って造られた墓室の壁面に刻まれた、墓室を護《まも》る二頭の獅子《しし》像の間の墓誌は印象的である。同じ壁面に現地人とマイーン人の墓が混在しているところから、彼らが現地社会に溶け込んでいた様子を知ることができる。

1－6　デダーンの岩窟墓を護る獅子像。二頭の獅子の間の壁面にマイーン語で墓誌が刻されている（筆者撮影）

デダーンとタイマー

これまでもっぱら南アラビアに興った諸王国について叙述し、アラビア半島の他の地域は等閑《とうかん》に付された感があるが、これひとえに研究史料の偏在による。南アラビアに比べると、他の地域に残されている文字史料、ことに歴史研究に資するだけの内容が記された碑文や刻文は圧倒的に少ない。考古学調査こそ各地域で近年進んでいるものの、右のような文字史料を欠いた状態では、政治史的な叙述を行うのは非常にむずかしい。

そのなかで、ヒジャーズ地方にあってオアシス都市として古くから栄えたデダーン（現在のウラー）とタイマーについては、すでに見たようにメソポタミアの史料や『旧約聖書』に関連の記事があるだけでなく、デダーンは自身の言語と文字でわずかながら記録を残しているので、ある程度その歴史を辿《たど》れる。

デダーンでは紀元前一千年紀の前半から半ばにかけて数人の王が在位したことが知られていて、その時代をデダーン王国と呼んでいる。同じ千年紀の後半に入ると、同じオアシス都市を中心にリフヤーンと呼ばれる別の王国が支配した。デダーン語とリフヤーン語はやや異なるが、いずれも南西セム語派の北アラビア語に属している。この言語は同じ語派ではあるが、南アラビア諸王国で用いられた南アラビア語とは異なっていて、後にイスラーム世界の共通語となる古典アラビア語に近い。しかしどちらも表記には南セム系アルファベットを用いていて、その点でアラビア語を表記するアラビア文字が北西セム系のアラム文字系統なのとは異なっている。

シリアに通じる香料の道の要衝であったデダーンには、訪れる外国商人の数も多かったようである。すでに見たマイーン人のほかに、リフヤーン王国時代には北からナバテア（次章参照）の商人もやってきたようで、ナバテア語の刻文も残されている。

それに対して、古い時代のタイマーの歴史については、サバァ商人と手を携えてメソポタミア方面に隊商を送っていたこと以外はよく判らない。デダーンと異なり、土着の王国が存在したか否かも不明である。にもかかわらず、古代オリエント史上このオアシス都市の名がデダーン以上によく知られている最大の理由は、前六世紀に新バビロニア王国の最後の支配者ナボニドスが、首都のバビロンを離れてこの地に長期滞在したことによる。

新バビロニア王国はアラム系ではないかと言われるカルデア人が中心となって前六二六年に成立し、初代王のナボポラッサルがメディアと手を結んでアッシリアを滅ぼしたことにより、メソポタミアにおける支配を確立した。ユダ王国を滅ぼして住民の多くをバビロニアに強制移住させたことで有名なネブカドネツァル二世が没した後、相次いで王が替わる混乱状態を収拾して王位に即いたのがナボニドス（在位前五五五〜前五三九年）であった。

即位後は小アジア、シリア、アラビア半島北部などに遠征して交易ルートの確保を図る一方で、バビロニア本国においては神官たちの勢力増大を抑えるために、神殿の人事や経済を王の統制下に置こうとした。またバビロニアの主神マルドゥクよりも月神シンの崇拝を重んじた。そのナボニドスが前五五二年ごろタイマーに遠征した後、なんと十年前後にわたってその地に滞留したというのである。本国統治を皇太子に任せて、在位期間の三分の二近くをアラビアのオアシス都市で過ごした理由は何であったのか。隊商交易からの税の徴収を目的としたとも、月神崇拝に対するバビロニア人の反感が原因とも言われるが、正確なところはよく判っていない。

ともあれ、タイマーにバビロニアの王が居座って、たとえ十年前後とはいえ香料の道に睨《にら》みを利かせたことが、長年この町と通商上のパートナー関係にあったサバァに大きな打撃となり、前六世紀を境にこの国の勢力が衰退に向かった要因の一つになったということは、十分考えられることである。

第二章　新旧勢力の交替と文明の変質——前一千年紀末の変動

1　ヘレニズム時代のアラビア

アレクサンドロス大王の東征

前四世紀後半に行われたアレクサンドロス大王の東方遠征とそれに続くギリシア系諸王国の支配は、古代オリエントの輝かしい歴史に終止符を打ったと言っても過言ではあるまい。大王の死後、帝国の東方領を継承したセレウコス朝の支配は長くは続かず、間もなくパルティア(アルサケス朝)、サーサーン朝といったイラン系の王朝が政権を奪還するが、文明の質という点で過去の栄光の復活はならなかったという印象が強い。他方、プトレマイオス朝に続いてローマの支配を受けることになったエジプトは、実に一千年近くギリシア・ローマ文化に曝《さら》され、さらにその後アラブ・イスラーム軍の征服を受けたことにより、過去の文明の名残をほとんど失った。かくして世界の歴史の黎明期をリードした地域の一つの時代が終わったのである。

ではアラビアは文明の師であるとともに商売上の重要な顧客でもあった北方世界のこの大変動によって、いかなる影響を被ったのであろうか。インド遠征から帰還したアレクサンドロスが、次に南アラビアに遠征するつもりであったことはよく知られている。各種香料を産するおとぎ話的な楽園として地中海世界に喧伝《けんでん》されていたこの地を征服し、香料産地を我がものとすることが大王の宿望であった。この計画を実行に移すべく、彼はペルシア湾と紅海の両方から船を出して南アラビアに至る航路を探査させた。しかし、調査がようやくペルシア湾と紅海の出口あたりまで進んだ時点で大王は突然世を去り、その後、王の後継者争いが勃発《ぼっぱつ》したために遠征計画は頓挫《とんざ》。アラビアは際どいところで征服を免れた。というものの、周辺世界の様相が一変したことはアラビアの歴史にどのように作用したか。史料から窺える範囲で見ていこう。

セレウコス朝とプトレマイオス朝の南方政策

アレクサンドロスの命で行われたペルシア湾沿岸調査の成果と、彼が遠征に備えて編制を進めていた艦隊は、セレウコスが受け継いだに違いない。これを活用して、湾岸の特にアラビア側の征服やインドとの交易の振興が図られたと推察される。ところがアケメネス朝の領域を継承したセレウコス朝は、文字記録をあまり残さないイラン文明の伝統に染まってしまったのか、プトレマイオス朝とは対照的に、研究史料となりうるような記録をほとんど残していない。以下に記す当時のアラビアに関する情報も、実はローマの学者の著作に拠《よ》っている。

前二世紀の歴史家ポリュビオスの伝えるところによれば、セレウコス朝のアンティオコス三世（在位前二二三～前一八七年）は、東アラビアのハサー地方にあった港市ゲッラに、ついで対岸のバハレーン島に遠征を行った。後述するように、ゲッラはヘレニズム期においてはインドとメソポタミアを結ぶ海上交易路の、ペルシア湾における最大の中継地であると同時に、アラビア半島内の隊商路の重要な結節点でもあった。

一方プリニウスの『博物誌』には、アンティオコス王によってメセーネーの総督に任じられていたヌメニウスが、ムサンダム半島（アラビア側からホルムズ海峡に突き出た半島）近海において、ペルシア人との海戦に勝利し、潮が引いた後には騎兵を率いて再度勝利を収めたと記されている。アンティオコスが何世なのかの手懸かりはないが、三世のペルシア湾政策の一環であろうという解釈が優勢である。メセーネーとはペルシア湾の湾頭の、後にカラケーネー王国領となった地方で、当時はサトラップが統治するエリュトラー海州が置かれていた。したがってメセーネー総督とはエリュトラー海州のサトラップのことであろう。

他方のプトレマイオス朝は古代のエジプトとギリシアの学問の伝統をよく受け継ぎ、首都のアレクサンドリアはヘレニズム世界の知的活動のセンターとなった。アレクサンドロスの探検隊の成果のみならず、プトレマイオス朝の諸王によって派遣された調査隊の報告もアレクサンドリアの図書館等に集積された結果、紅海からアデン湾にかけての海域の沿岸については、地理情報のみならず民族誌的なデータも伝わっている。

この王朝の初期の南方政策の特徴は、交易と並んで象狩り用の基地建設という軍事上の目的が、紅海への進出の大きな動機となっていた点である。シリア南部の領有をめぐってセレウコス朝との間に数次の戦いを交えたプトレマイオス朝の王たちは、インド象によって編制されたセレウコス朝の部隊と対抗するために、東アフリカ産の象を強く求めた。

しかしアフリカ象部隊の戦いぶりは全く期待を裏切るもので、第五次シリア戦争に敗北を喫してガザを中心とするシリア南部を失った王たちは、象部隊編制の意欲を喪失し、象狩りを目的とする船団の派遣は下火になった。エジプトにとって深刻な問題となったのは、ガザ港を失ったことにより、香料の道を通じて運ばれてくるインドやアラビアの物産を輸入するルートを断たれてしまったことである。爾後《じご》、プトレマイオス朝の王たちは代替ルートの開拓に意を注いだ。その結果、前二世紀以降は象狩りよりも交易を主目的として、エジプトから多くの船が南の海を目指すようになった。そしてこのことがやがてアラビアの香料の道に打撃を与え、経済的にこのルートによる交易活動に依存していた諸国の衰退を招く結果となるのである。

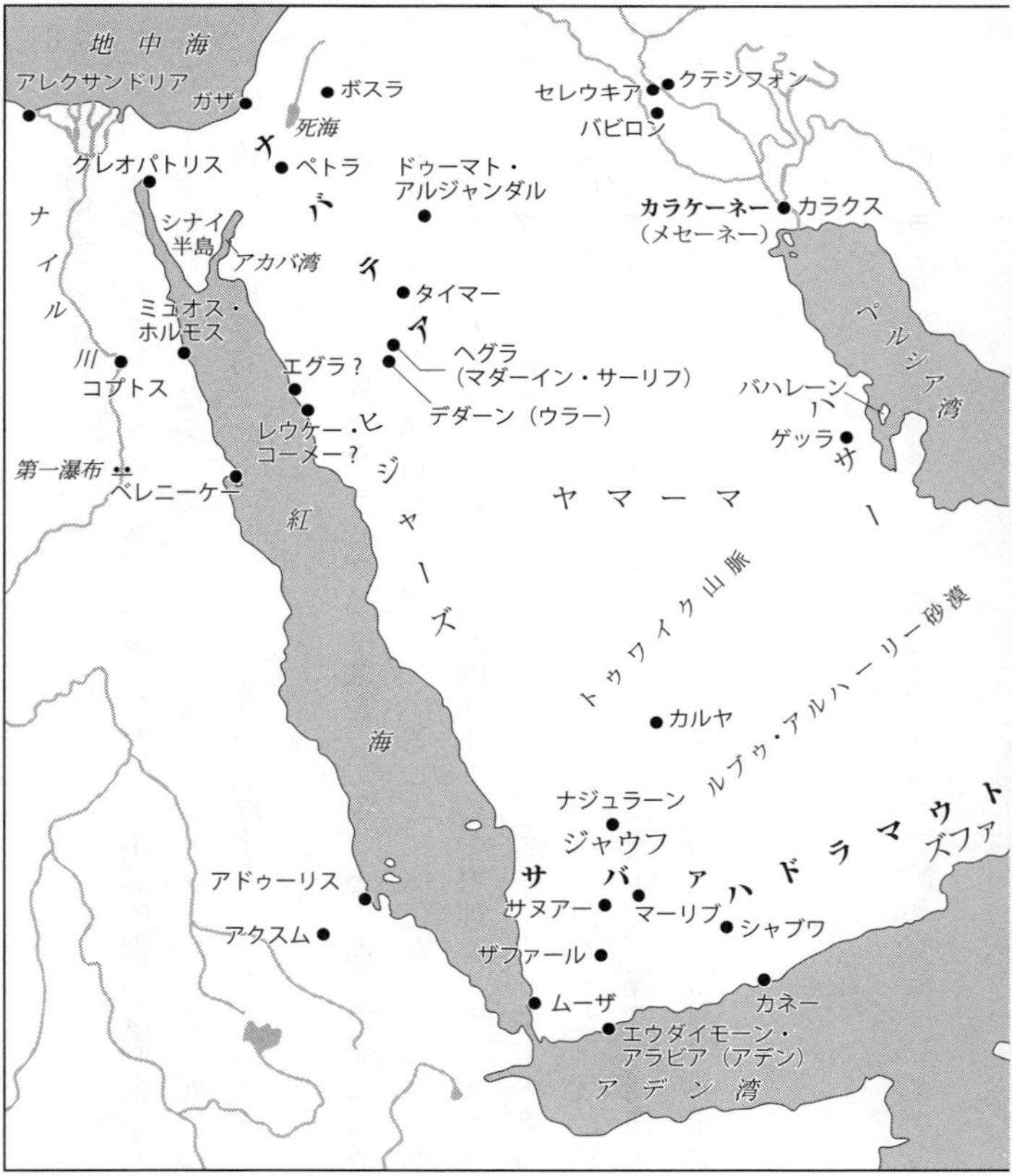

２－１　紀元前後のアラビア（筆者作製）

新しい交易拠点の成立

セレウコス朝にもプトレマイオス朝にも、アラビア半島内部の隊商都市や香料産地に対して野心を抱く支配者は現れなかった。したがってアレクサンドロス大王死後のオリエント世界の変動が、政治的・軍事的な面でアラビアに影響を及ぼすということはあまりなかったと言ってよい。

だが試みにヘレニズム期のアラビアの地図を見てみると、前三世紀ごろ各地に長距離交易の拠点となる隊商都市や港市が新しく出現していることに気付かされる。ペルシア湾の港市ゲッラ、南アラビアとペルシア湾を結ぶ半島横断ルートの中継地カルヤ、オマーン湾とペルシア湾を結ぶムサンダム半島越えルートの中継地ムレイハ、ズファール地方の乳香の積み出し港モスカ、砂漠の隊商都市ペトラなどがそれである。それぞれが置かれた地理的環境や果たした役割は異なっていても、オリエントの新秩序がそれなりに安定し、経済が活性化したことが発展の契機となった点では共通している。以下、これらの交易拠点の立地や機能について順次見ていきたい。

ゲッラ

ゲッラはアラビア半島東部のハサー地方で、ペルシア湾の交易センターとなった港市である。

港市とはいえ、ストラボンによれば海から約三六キロも離れていた。港市が海に臨む外港とは別に、居住に適した内陸に立地するということは珍しくない。ただ、カティーフ、ホフーフ、サージ等に候補となるいくつかの遺跡があり調査は進んでいるものの、所在地を特定するに足る証拠はいまだ発見されていない。

ストラボンはゲッラの住民はバビロンから亡命してきたカルデア人と記している。しかしこの時期の碑文（多くは墓誌）が北アラビア語の一種ハサー語で記されているところから見て、ゲッラ市民の中心はアラブ系と判断してよいのではないか。興味深いのは、同じ北アラビア語に属すデダーン語やリフヤーン語を表記した北アラビア文字ではなく、南アラビア文字が使用されている点である。ハサー語が南アラビア文字で表記されたのは、とりもなおさずハサー地方と南アラビアの深い関係を物語っている。前二世紀のエジプトの学者アガタルキデスは、おそらく前三世紀の史料に基づいて、ゲッラとマイーンの商人が乳香をはじめとする香料をペトラにもたらすと記している。前章で記したようにマイーン人がカルヤに居留地を有していたということは、彼らがペルシア湾岸の交易地を頻繁に訪れていたことを意味する。そしてゲッラとマイーンの商人がペトラと取引を行っていたということから、ゲッラがペルシア湾と一方では地中海を、他方では南アラビアを結ぶ隊商路の結節点であったことが見て取れる。

この時期にアラビア東部で鋳造発行されたと思われる貨幣に、ハリサト、アブヤサ、アビーエールという人名が刻されているものがあり、なかでも南アラビア文字で記された「ハガルの王ハリサト」という銘が注目される。ハガル王国がどこにあったか、他の諸問題と同じく説は分かれるが、ゲッラがその中心であったと考える者が少なくない。ギリシア語のゲッラという地名自体、ハガルのアラム語形ハガラーが語源という説さえある。

カラクス・スパシヌー

ゲッラを取り上げた以上、ここでカラクス・スパシヌー（語義は「ヒュスパオシネスの柵塁《さくるい》」）に触れないわけにはいくまい。アラビアではなくペルシア湾頭のメセーネー地方の港市であるが、バハレーンやオマーン、後にはパルミュラと深い関係を持った。

この町の起源はアレクサンドロス大王がこの地に築かせたアレクサンドリアである。それがいったん洪水で破壊された後に、アンティオコス四世（在位前一七五〜前一六四年）が再建してアンティオキアと命名した。ついで、エリュトラー海州のサトラップに任ぜられたアラブ人のヒュスパオシネスが大堤防を築いて改修を行った結果、爾後ここは彼の名にちなんで呼ばれるようになったのである。この時期（前二世紀後半）はセレウコス朝が弱体化する一方で、これに取って代わるべきパルティアの影響力もまだ不安定であった。そのような情勢に乗じてヒュスパオシネスは自立し、この町を首都とするカラケーネー王国が成立。その勢力はバハレーン島にまで及んだ。

その後、政治的にはパルティアの宗主権の下で半独立の地位に甘んじることになるが、経済的にはペルシア湾とシリアとを結ぶ交易のセンターとしておおいに栄えた。ところが二世紀初めにトラヤヌス帝がメソポタミアに遠征した際に、カラケーネー王はこれに貢納を行い臣従した。そのためローマ軍の撤退後、この王国はパルティアの支配下に置かれて、王位にはパルティア王の一族が即いた。同世紀の第2四半期にはメレダトという王が在位したが、バスラ付近で多数収集された彼の名前を刻した貨幣の中に、王号が「オマン人の王」となっているもののあることが注目に値する。この王の支配がペルシア湾の南部にまで及んでいたことが窺えるからである。

その傍証となるのが、西暦換算で一三一年の紀年のあるパルミュラ碑文である。これはパルミュラ・カラクス間の隊商交易でおおいに活躍したヤルハイというパルミュラ人を顕彰した碑で、そこに、この人物がスパシヌー・カラクスの王メレダトのために、バハレーン島のサトラップを務めたと記されている。すなわち、この前後の時期にカラケーネー王は、ペルシア湾の湾頭部からバハレーンを経てホルムズ海峡近くまで、ペルシア湾のアラビア半島沿岸部を広く支配していたのであろう。後述するムサンダム半島のドゥール遺跡で、一世紀から二世紀初頭にかけてのカラケーネーの王名を刻した貨幣が五点収集されていることも、カラケーネー王国とオマーンとの関係の深さを示している。

カルヤ

南アラビアとペルシア湾岸を結ぶ隊商路は、ナジュラーンの北でシリアルートから分岐した後、半島中央部を弓状に走るトゥワイク山地とルブゥ・アルハーリー砂漠の接線上に点在するオアシス伝いに北に向かっていた。そのルート上のカルヤト・アルファーウの遺跡をリヤード大学が中心となって一九七二年から三十年あまり発掘調査した結果、ここが南アラビア碑文の中でカルヤ・ザート・カフル（カフルの町）と呼ばれている隊商都市の跡であることが判明した。カフルはこの町の住民が崇拝していた神の名である。

発掘を指揮したアンサーリーの推測では、ここに宿駅の礎を築いたのはゲッラから来た部族であった。しかし前三世紀の半ば以降マイーンから来た商人が多数住み着いた結果、この宿駅は隊商都市として発展することになった。市内には彼らの主神ワッドの神殿が建てられ、ワッドをはじめマイーン人が崇拝する神々へ奉納が行われた。奉献碑文や香炉など多数出土しているが、この町を経由して北に向かったマイーン商人が、ペルシア湾岸の交易地にとどまらず、さらにティグリス河畔のセレウキアまで赴いていたことを記す銅板文書は特に貴重である。

奉献碑文と並んで史料として重要なのが、この地で亡くなり埋葬された人たちの墓碑である。そこから、この町を中継基地として活動した遠来の商人はマイーン人だけではなく、デダーンのリフヤーン王国からも多数の商人が来訪していたことが窺える。さらに前一世紀になるとナバテア語の墓碑が現れる。ナバテア語碑文は南アラビアの遺跡からも出土し、ゲッラやマイーンの商人がナバテア王国の首都ペトラを訪れる一方で、ナバテア商人もアラビア半島の奥深くまで進出していたことを示している。

この隊商都市は四世紀初めごろまで存続するが、前一世紀の末ごろを境に、住民構成やここを訪れる商人の顔ぶれに大きな変化があったようである。しかしこれはこの都市に限った問題ではなく、アラビア半島全体に起こった変動の一環をなしていると思われるので、後続の節において改めて取り上げることにしたい。

ムレイハ

ムサンダム半島を南北に走る山脈の西麓《せいろく》と砂漠の間に立地するムレイハは、内陸に位置しながら実はインドとメソポタミアを結ぶ海上交通ルートの中継地として発展した。風力に頼って

2－2　マイーン商人がセレウキアまで赴いていたことを証するカルヤ出土の銅板碑文（al-Ghabban *et al.*, *Routes d'Arabie*, p.325.）

航行する船で潮流、風向、それに海岸線の複雑なホルムズ海峡を抜けるより、ムサンダム半島の適当な入江に入って上陸し、山間の峠越えの道を抜けて半島の反対側の海岸に出た後、改めて海路目的地を目指すほうが容易と考えて、こちらのルートを選ぶ者が少なくなかったことによる。ムサンダム半島には、オマーン湾とペルシア湾にそれぞれ面した東西の海岸を結ぶ山越えのルートが複数存在した。船から下ろした積み荷を反対側の港まで運ぶ駄獣には、ラクダに限らずロバやラバでも十分使用可能な自然条件の土地である。それぞれのルートがどの時代によく使用されたかは、港や中継地の遺跡から出土する遺物の年代が決め手となる。

ムレイハの遺跡からは、地中海世界からの輸入品を含むヘレニズム期からローマ期の遺物が多数出土していて、遺跡全体の年代は前三世紀末から後三世紀半ばと考えられている。ペルシア湾岸の遺跡の中では、現在までのところ同時期の遺物が出土するのは、ウンム・アルカイワイン首長国のドゥールだけで、『エリュトラー海案内記』等の史料で言及されている交易地のオマナをここに比定する説が有力である。おそらくムレイハを経由して東岸の港と西岸のドゥールを結ぶルートが存在したのであろう。

ムレイハの遺跡からはまた、先に言及したアビーエールの名が記された貨幣の鋳型が出土した。つまり彼の貨幣はこの地で鋳造されたということになる。その結果、この人物はアラビア北東部にあったと推察されるハガル王国の支配者ではなく、前二世紀にムレイハを中心に半島南東部を治めていた王であった可能性が強まった。この遺跡の往時の名称は不明であるが、プトレマイオスが著書の『地理学』の中でオマーンの内陸部に置いている「ラウアナ王都」を、ここに比定する説もある。

モスカ

アデン湾に面したズファール地方のホール・ロールリーの遺跡は、全長四〇〇メートルの周壁の中に神殿、倉庫、工房、住居などが配置されていて、砦《とりで》というより小規模な港市の趣である。現在はオマーン領になっているが、古代においてはハドラマウト王国の領土で、碑文の中ではスムフラムと呼ばれている。『エリュトラー海案内記』のモスカ港はここに比定される。

発掘調査の結果によると、創建は前三世紀に遡る。この時期ヘレニズム諸王国を中心に、この地方特産の乳香への需要が高まったのに応じて、その集積所と積出港として建設されたのであろう。紀元前後に一時衰退したようであるが、その後間もなくハドラマウト王のイリーアッズ・ヤルトが首都のシャブワから移民を送り込んで再建した。城門を入ってすぐの位置にある壁面に、その事業を記念した刻文を見ることができる。

『エリュトラー海案内記』によれば、当時の乳香取引は王国の指定交易港カネーで行われる決まりであったので、モスカに集められた香料はそこまで輸送された。ただインドの商船のみは、モスカでも取引することが認められていたという。しかしカネー港が整備されたのは一世紀なので、それ以前にはインド船以外もモスカで乳香を買い入れるのが一般的であったに違いない。

ナバテア王国

これまで記したところから、この時期ペルシア湾方面の交易拠点を中心に、複数のアラブの小王国が誕生した様子が窺い知れる。しかし興亡の経緯や国内事情の詳細は、史料が十分でなくよく判っていない。それに対してこれから記すナバテア王国は、周辺国の文献の中でしばしば言及されているのみならず、自身の遺跡・碑文・貨幣等を豊富に残しているため、その歴史をかなり詳しく追うことができる。

ナバテア人に最初に言及したのはヘレニズム時代初期の歴史家、カルディア（現在トルコ領のゲリボル半島にあったギリシア人ポリス）のヒエロニュモスである。この人物はアレクサンドロス大王の後継者の地位をめぐるいわゆるディアドコイ戦争の同時代史を著したとされるが、散逸した原著の一部が前一世紀のシチリアのディオドロスの著書に引用されて伝わっている。それによると、ディアドコイの一人であったアンティゴノス一世が前三一二年にナバテア人の討伐を試みたものの失敗に終わったという。この件に関連してヒエロニュモスが記していることが、彼らの初期の歴史の貴重な史料となっている。

彼らはラクダと羊の遊牧を生業としていたが、その一方で南アラビアから運ばれてくる乳香・没薬をはじめとする商品を受け取ってこれを地中海岸の港に中継する交易や、死海《しかい》で採取される天然アスファルト（ビチューメン）の輸出を収入源としていた。幕営生活をおくる非定住民であったころは、他のベドウィン同様しばしば周辺の帝国軍の討伐を受けたものの、アッシリア、メディア、ペルシア、マケドニアのいずれも彼らの征服に失敗した。というのも、卓抜した貯水技術を有していた彼らは、砂漠の要所要所の地下に雨水を溜《た》めた秘密の洞穴を設けていたため、それを頼りに、追跡を受けても直ちに砂漠の奥深くに逃走することができたが、追跡する側は飲料水の備えが不十分なのでこれを追い切れなかったという。現在はイスラエル領のネゲブ砂漠から、実際にそのように巧みに造られた地下貯水槽の跡がいくつも見つかっている。

彼らの原住地については南アラビア、北アラビア、北東アラビアなど諸説唱えられているが、通説と呼べるほど有力なものはない。ただナバテアの人名や神名の分布には地域差が認められるので、この部族が原住地からそれぞれの地域に移動・定着してから、かなりの時間が経過していると考えられる。また他のアラブ諸族に比べて系譜意識が希薄なのも彼らの特徴で、部族組織の解体がかなり進んでいたことの現れではないかと言われる。つまり、歴史の表舞台に登場したころには、すでにかなり長い歴史を経た集団であったと推察されるわけである。

ペトラ

死海とアカバ湾の中間に位置する岩山に囲まれた窪地《くぼち》に、彼らがペトラ（原義は「岩」）と呼ばれる拠点を築いたのが前三世紀、その後アラビア有数の隊商都市として発展し、やがてここを首都とするナバテア王国が成立した。王国成立の正確な年代は判らないが、記録に現れる最初の王は、『旧約聖書』の「マカバイ記二」第五章第八節の前一六九年ごろの記事に、アラビアの独裁王として名の挙がっているアレタで、これは最古のタイプのナバテア文字で記された碑文に登場するナバテア王ハレタト（一般にはギリシア語名アレタス一世が通用）に比定される。

ナバテア文字に言及したので、ここでこの前後の時代の北アラブ諸族の書き言葉について触れておきたい。アラブの一派ナバテア人の母語はアラビア語の一種であったが、書き言葉としては当時のオリエントの共通語であったアラム語の一方言を用い、これをアラム文字の流れを汲《く》む文字で表記した。その言語と文字を我々は便宜的にナバテア語、ナバテア文字と呼んでいる。後述するパルミュラ人も同様で、彼ら自身はアラブであったが書き言葉と文字はアラム系のものを使用し、それらは母語でないにもかかわらず、「パルミュラ」の名を冠して呼ばれている。

前一二〇年ごろに即位したアレタス二世以降は、後一〇六年にローマ帝国に併合されて王国が消滅するまでの一〇名の王の名と在位年代が判明している。前一世紀がこの王国の最盛期で、アレタス三世（在位前八七～前六二年）の治世に銀貨の鋳造が始まり、それは王国滅亡まで続いた。

このころの王国の領域は、北はボスラ（ボストラ）を中心としたハウラーン地方から南はデダーン近くのヘグラ（現マダーイン・サーリフ）まで、東はワーディー・シルハーンから西はシナイ半島全域まで広がっていた。現在ペトラやマダーイン・サーリフに遺跡を見ることのできる岩窟墓《がんくつぼ》や神殿が盛んに建造されたのも、前一世紀から次の世紀にかけてである。

無政府状態に近い混乱に陥っていたシリアに、前六四年ポンペイウスの率いるローマ軍が進駐、セレウコス朝は滅亡してシリアはローマの属州となった。ユダヤもいったんはシリア州総督の管轄下に置かれたが、新しい支配者に巧みに取り入ったイドゥメア（エドム）人のヘロデが、前三七年にローマの元老院から「ユダヤの王」に任命されたことにより、ローマに臣属するヘロデ朝の支配が始まった。

2－3　ペトラのナバテア王墓
（筆者撮影）

ナバテア王国の政治的立場も似たようなものであった。前一世紀の後半以降はローマの属国的な地位を甘受しつつ、好景気に沸く地中海世界と南方を結ぶ中継交易で大きな利を得ようと努めた。ところがこのナバテアに踏み絵を迫るような事件が起こる。登位して間もないアウグストゥス帝が南アラビアの香料産地の征服を企て、この計画にナバテアを巻き込んだのである。

2　前一千年紀末の変動

ローマ軍の南アラビア遠征

プトレマイオス朝を滅ぼしたアウグストゥスは、属領となったエジプトの総督に任命したアエリウス・ガッルスに、南アラビアへの遠征を命じた。この遠征の顚末《てんまつ》については、ガッルスの友人であったストラボンが詳しく伝えているので、以下にその概要を記そう。遠征の行われたのは前二五～前二四年のことである。

アラビアの地理に不案内なローマ軍にナバテア王国が協力することになった。当時の王はオボダス三世で、道案内を任されたのは行政長官のシュライオスであった。遠征軍は総勢一万人で、これには同盟軍としてユダヤから五〇〇人、ナバテアから一〇〇〇人の兵が加わっていた。

部隊をエジプトからアラビア側に渡すために、ガッルスはスエズ近辺にあったクレオパトリス市で多数の船を建造させた。そして操船上のミスなどによって多くの船や兵員を失うという苦難の末に、ようやく十五日目にレウケー・コーメーに上陸した。そこはナバテア領内の大きな取引所で、ラクダの隊商が首都のペトラとの間を往復していた。そこから南に向かったローマ軍であったが、シュライオスに騙《だま》されて難路に引き込まれ、南アラビアの地に辿り着くまで六ヵ月を要した。そこでいくつかの都市は容易《たやす》く陥落させ、香料産地から二日行程の距離にあるマルシアバ市まで進んでこれを六日間にわたり攻囲したが、水不足のため撤収せざるをえなかった。

騙されたことを悟ったガッルスは帰りには往路と別の道を辿り、ナバテア領内の海に臨むエグラ村まで六十日かけて到着した。ローマ軍はそこから海を渡って対岸のミュオス・ホルモスに上陸し、陸路をコプトスまで進んだ後に、ナイル川を下ってようやくアレクサンドリアに生還できた。結局この遠征は目的を果たせず失敗に終わったのである。

マルシアバについては、サバァ王国の首都マーリブに比定する説が有力である。しかしマーリブから香料産地までは遠いし、近くに大きなダムがあることを思えば、ローマ軍が水不足に陥ったというのも理解できない。ローマ軍はジャウフ地方からサバァに向かう山麓《さんろく》沿いの道は進まず、ハドラマウトに直行する砂漠越えの近道をとったのかもしれない。

この遠征は南アラビアにどの程度の打撃を与えたのか。実は前二世紀から後一世紀にかけての南アラビア諸王国の歴史は混沌としていて、ローマ軍の侵攻の影響も計りがたいというのが正直なところである。ただ一つ研究者が等しく認めるのは、ローマ軍が間違いなくジャウフ地方に侵入したにもかかわらず、攻撃を受けた勢力の中にマイーンやカルナウの名が見えず、どうもこの王国はすでに滅亡していたらしいという点である。

サイハド文明の終焉

マイーン滅亡の年代については前二世紀後半説が有力であるが、もう一世紀近く遅らせる説もある。いずれにせよローマの遠征隊がジャウフに来襲したときには、すでに存在していなかった。他の諸都市はまだ存続していたようであるが、間もなくそれらも姿を消し、一帯は砂漠と化してベドウィンの活動領域となり現在に至っている。

ジャウフはイエメン政府の威令が及びにくい部族の支配地域であるため、一部の遺跡を除いて調査はあまり進んでいないのが実状である。したがってカルナウをはじめとするジャウフの諸都市が滅亡した年代についても、彼らの言葉で記された碑文が姿を消す年代や、周辺国の碑文から彼らへの言及が見られなくなる年代を基に推定されているにすぎない。サバァ王国についても同様で、ローマ軍が攻囲したのが果たしてマーリブであったのかということを含めて、前一千年紀末の情況はよく判らない。ただ、おそらくマーリブを中心とする内陸オアシス地帯を支配する部族の勢力が弱まった結果であろうが、政治的に二つの大きな変化が起こったのは確かである。

まず一世紀のおそらく前半に、南部の高地帯に新しく興ったヒムヤルという勢力とサバァとの間で連合王国が結成され、それが数十年間続いた。『エリュトラー海案内記』が著されたのはまさにこの時期で、ホメーリタイとサバイオイという二種族を合法の王カリバエールが統治し、使節や贈り物を送ってローマ皇帝とも親しいと記されている。

第二に、ヒムヤルとの連合王国が一世紀末に破綻《はたん》した後のサバァの王位には、従来の支配氏族の出身者ではなく、西部の高地帯に勢力を有する部族の首長が即いた。マーリブの首都としての権威は維持されたものの、サバァ王国の重心が内陸のオアシス地帯から、現在のイエメンの首都サヌアーを中心とする西部の高地帯に移動した。

カタバーン王国の支配領域でも大きな変化が起こっていた。かつてサバァ王カリブイル・ワタルの攻撃を受けて滅亡したアウサーン王国が、一時的に復活した徴候がある。復活の経緯や王国の広がりなど全く判らないが、少なくとも三代にわたるアウサーン王のアラバスター製の彫像が伝存していて、王名を記した台座の文字の書体から西暦紀元前後のものと推察される。

2－4　アウサーン王ヤスドゥクイルのアラバスター製彫像
(*Yémen au pays de la reine de Saba'*, Paris, 1997, p.201.)

特に注目されるのは三代目のヤスドゥクイルのギリシア風の衣装である。キトーネスと呼ばれる下衣の上にヒマティオンと呼ばれる長方形の布をゆったりと掛け回すように纏《まと》う姿で表されていて、パルティアなどでも見られるギリシア文化愛好の風潮が、南アラビアにまで及んでいたことを示す好例となっている。

アウサーン王国の命脈は間もなく尽きたが、カタバーン領のうちでも紅海とアデン湾に面した南西部の高地帯に勃興したヒムヤルは、紀元後の南アラビアをリードする勢力に成長した。文献の中で最初にこの勢力に触れたのはプリニウスで、ガッルスの南アラビア遠征に関連してこの地方を紹介する中で、ホメリタエ族は最も人口の多い種族と記している。現地の碑文では、紀元前後のものと推察されるハドラマウト碑文の中で、海側から北上してハドラマウト領の西部に進攻するヒムヤル軍に備えて、進路となるワーディーに防壁を築いたと記されているのが、この勢力に対する最初の言及例である。

これらの記事に加えて、当のヒムヤルが自身の起源を何時《いつ》に置いていたかを示すのが、一般にヒムヤル紀元と呼ばれる紀年法（暦）である。それまで南アラビアでは暦年を示すのに名祖《めいそ》による方法（「誰某《だれそれ》の何年《なんねん》目」というような形で暦年を示す方法。サバァ王国では有力三氏族の代表が七年任期の交代制で名祖を務めた。ただし彼らの本来の職務は不明）が採られていたが、ヒムヤルは西暦やイスラーム暦のように、歴史上の重大事件の起こった年からの経過年で年代を示す方法を採用した。ヒムヤル暦の元年（紀元）については多年の論争を経て、現在では前一一〇年ということで決着を見ている。またこの紀元の由来については、ヒムヤル国家が成立したのがこの年とみなされたのであろうというのが通説である。

前二世紀までは碑文にも古典史料にも全く言及例がないにもかかわらず、前一世紀に初めて登場したときには、すでに伝統的諸王国と比肩する存在であったヒムヤルとはどのような勢力なのか、次節で改めて取り上げたい。ともあれ、領内の諸族が次々に離反しても、これを止めることのできなかったカタバーンの勢力は一挙に衰退した。特に海港に通じる高地帯を失って内陸の小国となってしまったのは痛手であった。この後もしばらくは独立を維持したようであるが、徐々に隣国のハドラマウトの影響力が増して、二世紀にはついに併合されて終わった。

サバァの首都マーリブとハドラマウトの首都シャブワは、この後もなお数世紀間生き延びたが、今ではその大部分は砂に埋もれた廃墟となっている。

このように前二世紀の後半ごろより、サイハド文明と呼ばれる南アラビアの古代文明をそれまで主導してきた内陸オアシス地帯は衰滅し、後一世紀以降は政治・経済・文化の中心は南西部の高地帯に移った。そしてその形勢は今に至るまで変わらない。現在のイエメンの中心は都市や耕地が立地する高原地帯と港が点在する海岸部で、かつて栄えた内陸の大部分は人口希薄な砂漠となっている。つまり南アラビアに限って見れば、前一千年紀末に起こった変動はこの地域の歴史を二分する画時代的なものであったと言うことができる。では何がこのような大変動を引き起こしたのか。主な要因として考えられるのは、交易ルートの変化とアラブ・ベドウィンの攻勢である。

ギリシア商人のインド洋進出による交易ルートの変化

インド洋世界とオリエント・地中海世界を結ぶ交易ルートには、香料の道と呼ばれる陸上の隊商路のほかに、紅海とペルシア湾を経由する二本の海上ルートがあり、この三本のルートは歴史的に互いに競合関係にあった。

先に見たように、前二世紀の初めにシリア戦争に敗れ、東方物産の集散地であったシリアから最終的に閉め出されたプトレマイオス朝は、以後紅海ルートの開拓に力を注いだ。その結果、ギリシア系のエジプト商人たちはアラビアの南岸やソマリア海岸の港で、アラビアやアフリカ、さらにはインドから運ばれてきた商品の買い付けができるようになった。おそらく東南アジアや中国の物産も転送されてきていたことであろう。

さらに彼らは季節風を利用してインド洋を横断航行する方法を会得し、中継商人の手を経ないで、自らインドへ赴いてインドの産物を直接購入するようになった。このように南海の物産が紅海とエジプト経由で、以前よりはるかに安価に地中海世界に流入するようになると、当然のことながら、それまで中継交易で利を得ていた隊商商人や、経済的にこの交易に依存していたアラビアのオアシス都市は大きな打撃を受けることになる。それとは対照的に、紅海やアデン湾に臨む港を支配する高原部の諸都市の重要性は高まったに違いない。ローマ帝政期に入りインド洋交易の規模が爆発的に拡大すると、取引や補給のために南アラビアの諸港に入港する商船の数が増えただけでなく、アラブ商人自身の海上活動もそれまで以上に活発になった。

ちなみにここで、アラブの船乗りや商人のインド洋における活動について触れておこう。古くから活発であったろうと推察はされているものの、実は確かな史料はあまりなく、仮説の多くは憶測の域を出ていない。アラブ・イラン系のダウ船（ヤシの繊維で船材を縫合した点に特徴のあるインド洋の帆船）は二千年以上昔から大三角帆を掲げてインド洋を航行していたという説がその最たるもので、史料的根拠は皆無に等しい。近現代のダウ船の姿を過去に投影した幻想と言って過言ではない。残された史料を見る限り、大航海時代以前のインド洋には三角帆を張った船は存在せず、アラブ・イラン系のダウ船といえども、インド系やインドネシア系の船と同じく四角帆を使用していた可能性のほうがはるかに大きい（詳細は蔀勇造訳註『エリュトラー海案内記2』二二七〜二四八頁参照）。

すでに幾度か言及した『エリュトラー海案内記』は、アラブの海上活動について記した史料としても貴重である。第十六節ではアフリカ東岸のラプタという交易地を挙げて、「ここは昔からの決まりで、アラビアで最初にできた王国に服属しており、マパリーティスの首長が管轄している。しかしムーザの人々が、貢納と引き換えに王からここ（との通商権）を獲得し、そこに船を送る」と述べている。ラプタの正確な位置は不明であるが、タンザニアのバガモヨ、ダルエスサラームかルフィジ川の河口あたりが有力な候補である。マパリーティスは現在もマアーフィルと呼ばれるイエメンの最南西部の地方、ムーザは紅海南岸のモカ近辺に比定できる。要するに紀元前の古い時代から、南アラビアの王国が現在のスワヒリ海岸の港に支配権を有していて、アラブの商人が取引を仕切っていたというのである。この史料にはまた、南アラビアの商船がインド北西部のカンバート湾の交易地を盛んに訪れていたことが記されている。

話をアラビアの政情に戻すと、デダーンを中心に栄えたリフヤーン王国も、おそらくマイーンと前後して滅びたようで、史料から姿を消す。これだけ見ると、香料の道交易の衰退が引き金となったと考えたくなるが、一方でナバテア王国が前一世紀に最盛期を迎えているのを見ると、そうとも言い切れない。長い目で見れば、交易ルートの変化が隊商交易に依存していた勢力に大きな打撃となったことは確かであろうが、それだけでは前二世紀後半という早い時期に、マイーンなどのオアシスが衰亡した理由は説明できないのである。

アラブ・ベドウィンの攻勢

前二世紀の後半、実はアラビアの南北でラクダ遊牧民の活動が活発化していた。南アラビアのジャウフ地方には、かつてカリブイル・ワタルの討伐を受けたアミール族をはじめとする北アラブ系の遊牧諸族が侵入し、以後ハラムを中心に出土する碑文の言語にアラビア語的色彩が濃厚になる。ただ彼らはアラブとは呼ばれていないので、従来からサイハド砂漠で遊牧を行っていたベドウィンであったと思われる。オアシス国家が弱体化したのに乗じて周辺の砂漠の勢力が侵入してきたのか、それとも遊牧民の侵攻に抗しきれず都市が衰亡への途を辿ったのか、因果関係の判断は容易でない。

南アラビア碑文にアラブと呼ばれる集団が現れるのは後一世紀になってからである。おそらく北方から移動してきた別系統のベドウィンで、アラブという呼称も彼らとともに南アラビアに入ってきたと考えられている。前二世紀後半にアミール族等のジャウフへの侵入が顕著になったのは、南下する彼らに押された玉突き現象なのかもしれない。当初彼らは、一方では盗賊として、他方では傭兵《ようへい》として碑文の中で言及されている。

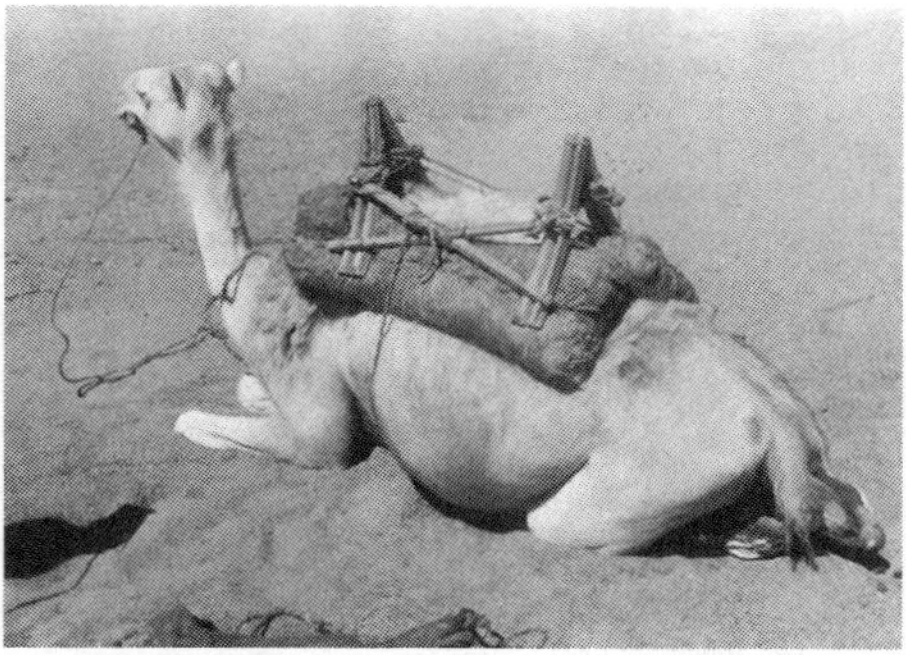

2−5　シャダード鞍（Bulliet, *The Camel and the Wheel*, p.88.）

北方に目を転ずると、メソポタミアの「バビロン天文日誌」という史料には、前一三〇〜前一〇六年の間にしばしばアラブへの言及があり、彼らの活動がバビロニア一帯で猖獗《しょうけつ》を極め、バビロンの町も略奪に曝されていた様子が見て取れる。帝国の常備軍もこれを制御しきれない情況であった。アッシリアの記録に初めて登場して以来、もっぱら帝国の軍隊の討伐の対象であったベドウィンの戦闘能力が、このように向上した要因は何であったのか。

ラクダの家畜史の専門家が指摘するのが、鞍の改良である。「はじめに」にも記したようにヒトコブラクダは体軀が大きいうえに、背中のコブが邪魔になって人が跨がりにくい。遊牧や隊商旅行の途中で歩くのに疲れて跨がる程度であればよいが、騎手が鞍上《あんじょう》で戦闘能力を十分に発揮できるためには、コブの上でも身体がふらつかない鞍が必要であった。騎馬兵や歩兵に対するラクダ戦士の優位性は何よりもその高さにある。敵陣に突入し高い位置から長槍《ちょうそう》を繰り出したり太刀を振り下ろしたりするためには、ラクダ鞍の改良が不可欠であった。その要求に応《こた》える鞍がこのころシリア砂漠で登場したというのである。シャダードと呼ばれるこの鞍は下部がラクダのコブを前後左右から挟み込むようになっており、上部は騎手の姿勢を安定させる前輪《まえわ》と後輪《しずわ》を備えていた。

次に注目すべきは馬の導入である。アラビア北部ではシリア方面においてもメソポタミア方面においても、遊牧民はしばしば定住民の軍と戦って、戦力としての馬の重要性は早くから認識していたはずである。ラクダに跨がったアラブ・ベドウィンがアッシリア騎馬兵に攻撃される場面を描いたレリーフ（3ページ参照）は、我々にも馴染みが深い。にもかかわらず、前一千年紀の末近くになるまで彼ら自身は馬を用いなかった。あるいは用いることができなかった。その彼らがようやくこの時期になって馬を導入するに至った契機は何であったのか。アラビアの古代史を理解する鍵となる重要な問題であるが、これまでのところ答えは見出《みいだ》せていない。

アラビアへの馬の導入

ストラボンは前三世紀のエラトステネスを引いて、アラビアには馬、ラバ、豚はいないという意味のことを述べている。では彼自身の時代にはどうであったかというと、南アラビアに遠征したガッルスがもたらした情報の中に、当地に馬や騎兵がいたことを窺わせる記事はない。またナバテア族の家畜については、おそらくペトラに在住したことのある知人アテノドロスの知見に基づいて「羊は毛並みが白く牛は大型だが、この地方では馬を産しない。そしてラクダが馬の代わりの役をする」と記している。要するにストラボンを読む限り、紀元前後の時代には、現在のヨルダンからイエメンへかけての地域では、馬はまだ家畜として使役されていなかった。

ところがその約半世紀後、一世紀半ばごろに著された『エリュトラー海案内記』からは、これとは異なる情況が見て取れる。ヒムヤル・サバァ連合王国の交易地ムーザとハドラマウト王国のカネー港における交易品を列挙するなかで、それぞれの王国の王への献上品として馬が挙げられているのである。

この二つの史料の記事から、南西アラビアの諸王国には一世紀の半ばごろにようやく、エジプトから来航した商人の手を通じて馬が移入されつつあったことが窺える。ただしこの段階では、馬は通常の交易品とは区別された支配者への献上品として記載されていて、いまだ貴重な品であったことが推察される。

一方、この地方の碑文からも右記の事実の裏付けが得られる。古代南アラビア語では同じ語が「馬」と「騎士」の両方を表すが、その語が西暦一〇〇年前後の作と思われる戦いの記録の中に初めて登場する。文脈により「騎馬隊」と訳せる箇所と、戦利品としてラクダやロバとともに列挙される「馬」の意味で使用されている箇所とがある。ここから、『案内記』以降の半世紀間に南西アラビアでも馬が相当に普及し、軍勢の中で騎馬兵がすでに一定の役割を果たすようになっていたと推察できる。これ以降、戦いの記録の中で馬や騎馬兵が言及される例は増加し、しかも頭数（騎兵数）が増えていく。

増えた馬の一部は、エジプトからもたらされた馬をもとに現地で繁殖させたものであろう。しかしそれだけでは短期間に各地に普及した理由は説明できない。南アラビア碑文に「馬」という語と「アラブ」という語が、ほぼ同時期に出現するという事実に着目するならば、南アラビア諸国に普及した馬の少なくとも一部は、北方から移動してきたアラブ・ベドウィンによってもたらされたと推測することができる。

目を東に転じると、南東アラビアではムレイハの発掘調査によって、アラビアへの馬の導入に光を投げかける史料が得られた。まず住民の墓地に隣接してラクダを葬った多くの墓を発掘したところ、そのうちの二つにラクダとともに馬が一頭ずつ埋葬され、しかもそのうちの一頭は金の装飾を施した馬具を伴っているのが発見された。この墓地は墓の建造様式から見て前一世紀から後一世紀の間に年代付けられるという。ラクダに関して興味深いのは、中に三頭、いわゆる「ヒトコブ半ラクダ」がいて、埋葬の情況から見て、他のヒトコブラクダよりも貴重視されていたのが窺える点である。中央アジア産のフタコブラクダのオスとアラビア産のヒトコブラクダのメスを交配してヒトコブ半ラクダを生む技術は、パルティア時代の前二世紀にティグリス・ユーフラテス両河の渓谷地帯で始まったと言われるが、それがムレイハの墓地に葬られているというのは、同所に葬られている馬の来歴を考えるうえでも示唆的と言えるのではないか。ヒトコブ半ラクダはラバと同じく両親より家畜として優れているが繁殖能力はない。

ムレイハからはほかに、盾を持った歩兵に槍《やり》を振りかざして立ち向かう騎馬兵と、その後に続くラクダ騎兵が彫られた銅製の鉢の断片が出土した。発掘者はこれを前三世紀末か前二世紀初めに年代付けているという。注目すべきは、騎馬兵とラクダ騎兵の身なりが全く異なっている点で、前者は兜《かぶと》をかぶりギリシア・ローマ風の丈の短い鎧《よろい》を纏っているのに対して、後者は頭髪をターバンでくるみ、上半身は裸、腰には布を巻いているように見える。これを見る限り、騎馬兵はギリシア人、ラクダ騎兵はアラブ人を表していると判断せざるをえない。年代的に見て、セレウコス朝の影響力が湾岸で強かった時代の遺物であろう。

以上の出土品から見て、南東アラビアへの馬の導入はおそらくメソポタミアかイラン方面から行われたのであろう。時期については、南西アラビアよりは一世紀あるいはそれ以上早かったのではないかという印象を受ける。

残念ながら、肝心のシリア砂漠のベドウィンの間に馬が導入された時期を明示する史料は未発見である。しかし右で見たアラビア半島南部の情況から推察して、前二世紀ごろにおそらくパルティア騎馬兵の武器や装備などとともに取り入れられたのではなかろうか。それが鞍の改良によるラクダ騎兵の戦闘能力の向上と相まって、ベドウィン軍は限定的な局地戦であれば、ローマやパルティアの軍隊ともある程度渡り合えるところまで力をつけたのであろう。そして半島を南下して南アラビアに侵入してきたのも、このようないわば軍事上の技術革新を経たべドウィンではなかったかと思われるのである。

ナバテア王国の滅亡

さて、ここで話をナバテア王国に戻そう。

先に見たように、前二世紀後半以降、香料の道による隊商交易で繁栄したマイーンやリフヤーンが歴史の舞台から退場する一方で、ナバテア王国は前一世紀に最盛期を迎え、ギリシア文字で王名が刻印された銀貨の鋳造も始まった。ナバテアの商人も隊商を組んで香料の道を盛んに往来していたことは、南アラビアの遺跡やカルヤから出土するナバテア文字の碑文が物語っている。また最近の研究では、彼らの活動がアラビア半島内にとどまらず、エーゲ海の島々やローマにまで及んでいたことが示されている。

他方で、ペトラへの南方物産の輸入は海路を通じても行われた。ローマ軍の上陸地点となったレウケー・コーメーがナバテアの大きな取引所で、ラクダの隊商がペトラとの間を往復しているとストラボンが記していたことは、すでに見たとおりである。また『エリュトラー海案内記』の第十九節には、ここが南アラビアから来航する船の交易地となっていて、舶載品に対する四分の一税の徴収官と、部隊を率いた百人隊長が派遣されると記されている。

南アラビアからペトラに輸送される商品のうち、陸路によるものと海路によるものとの比率を知る手懸かりは皆無なので、確かなことは言えないが、インド洋と地中海を結ぶ交易のメインルートが、香料の道から紅海ルートに移行したのは紛《まぎ》れもない事実である。また以下に見るように、ナバテア王国の周辺でもベドウィンの脅威が高まりつつあったことを考慮すると、より安全な海路を選ぶ商人が増えていったのではないかと思われる。

この王国の財政情況が一世紀になって急速に悪化したことを示す興味深い研究がある。それはナバテア王が発行した銀貨の純度を、発行当初から王国滅亡まで追跡したものである。それによると、当初は銀の含有量が一〇〇パーセントに近い良貨であったのが、時間の経過とともに徐々に純度は低くなる。それでも前一世紀末の時点でなんとか六〇パーセント前後を維持していたのが、紀元後の時代に入ると一挙に四〇パーセントに急降下、さらに世紀の半ばには二〇パーセントまで下落し、その後一時的に四〇パーセントの水準に復帰することはあっても、基本的には純度二〇パーセントという非常に質の悪い状態で終わった。

ナバテア銀貨の純度のこのような低下は、この国の財政情況の悪化を示している。その原因はこの国の経済が拠って立つ交易活動の不振に求められるであろう。ではその理由はと言えば、交易ルートの変化が必ず主因に挙げられる。ただ、ナバテア王国を衰退から滅亡に導いた要因は何であったかというと、経済的な説明だけでは十分でない。ナバテア史の専門家から指摘されるのは、一世紀に入って顕著になる南からのベドウィンの圧力である。

このころ現象として観察できるのは、シリア砂漠におけるサファー語刻文、半島内部におけるサムード語刻文の増加で、ともにベドウィンが残したものと考えられるところから、一世紀以降、アラビアにおいてベドウィンの動きが活発化したことの証左と捉えられている。衰滅した南アラビアのオアシス都市の住民が、現在のオマーンやアラブ首長国連邦に移住したことはよく知られているが、北へ向かったグループも当然いたことであろう。この南アラビアから発した人口の移動圧が半島各地に波及し、北西部にいた集団が押し出されてナバテア領内に侵入するようになったと解釈すると、かなり判りやすい。

ともあれ、ナバテア王国では最後の王ラベル二世の時代にベドゥィンの圧力に抗しきれなくなった結果、首都をペトラから北方のボスラに移した。さらに一〇六年にはローマ帝国に併合され、独立国としてのナバテア王国は消滅する。しかし併合に際して両国の間に戦闘が行われた形跡は全くないため、これはローマによる軍事的征服ではなく、独力ではベドゥィンの侵攻に対処しきれなくなったナバテアが、自らローマの懐に飛び込む途を選んだのではないかと推察されている。爾後、ナバテアはボスラを州都とするローマのアラビア州を構成することになり、ナバテアのラクダ兵はローマ軍の補助部隊に再編されて、砂漠の国境地帯の警備を担うことになった。

3　新勢力の台頭

ペルシア湾〜シリアルートの繁栄

2－6　紀元1～3世紀にペルシア湾と地中海の間で栄えた諸都市（筆者作製）

おそらく、シリアへインドやアラビアの物産を輸送するメインルートであったペトラ経由の南方ルートが機能不全に陥った結果として、一世紀以降、それに代わるペルシア湾経由の三本の東方ルートが繁栄した。

南から順に挙げると、まずペルシア湾西岸のバハレーン・ハサー地方の港から、北西の方角に砂漠を横断してドゥーマト・アルジャンダルに向かい、そこからはワーディー・シルハーンの河床を進んでボスラに至るルート。このワーディーはアラビア半島のベドウィンがシリアに侵入する際にもよく使用された。次に、ペルシア湾の湾頭からユーフラテス川を遡り、途中ドゥラ・エウロポスを経由してスーラまで進んだ後に、川を離れて南西方向に砂漠を横断し、パルミュラを経由してエメサ（現在のホムス）もしくはダマスクスに至るルート。そして最後に、ペルシア湾からティグリス川を遡り、クテシフォン、セレウキアを経由してモスルあたりまで進んだ後に、川を離れて砂漠を西に横断し、最近遺跡の破壊が報じられたハトラ、さらに進んでエデッサを経て、地中海北部の要衝アンティオキアに至るルートがそれであった。ユーフラテス川とティグリス川は、下流に向かう際には船も用いたが、上流に向から場合はラクダの隊列を組んで川沿いの道を進むことが多かったようである。

シリア砂漠には一世紀から三世紀にかけて、これらのルート沿いに多くの隊商都市が繁栄した。なかでも国家にまで発展しペトラに比肩する都市遺跡を誇るパルミュラや、ドゥラ・エウロポス、ハトラなどが特に名高い。先にも記したように、碑文として残されている言語や文字はアラム系であるが、住民の多くはアラブ系であったと考えられている。

シリア砂漠に栄えた隊商都市の代表として、以下にパルミュラ史の概要を紹介しよう。

パルミュラ

パルミュラというのはギリシア語の呼称で、セム系の言語ではタドモルと呼ばれる。ともに「ナツメヤシ」という意味である。古いところでは、すでに前十九世紀のカッパドキア文書や次の世紀のマリ文書にタドモル人への言及が見られる。また『旧約聖書』の「列王記上」第九章、ならびに「歴代誌下」第八章には、ソロモンが荒れ野にタドモルの町を築いたという伝説が収載されている。このようなことから、この町が古くからナツメヤシの茂る砂漠のオアシスとして著名で、住民が商人として活動していたらしいと言えるものの、その後は前四一年にアントニウスが派遣したローマの騎兵隊がここを襲撃するまで史料に記事はない。ストラボンの『地誌』では全く言及されていないところを見ると、前一世紀後半の時点では、隊商都市としてまだそれほど目立った存在ではなかったのであろう。ところが次の世紀の半ば過ぎに著されたプリニウスの『博物誌』になると、ローマとパルティアという東西の二大帝国の中間に位置し、両者の係争の的ともなりかねない温泉の湧《わ》くオアシス都市と記されていて、半世紀あまりの間にパルミュラの地政学的な重要性が高まっていたことが見て取れる。

一方、パルミュラ人自身の手になる彼らの商業活動を窺わせる碑文が現れるのは、ようやく一世紀に入ってからである。ただ初期にはセレウキアやバビロンに居留地を設けていたようなので、ペルシア湾から南へインド洋に向かう海上ルートよりも、むしろ陸路を東へ向かう隊商交易に参加していたらしい。しかし同世紀の半ば以降はペルシア湾頭のカラクスに拠点を移し、さらにはユーフラテス川中流域のヴォロゲシアにも重要居留地が設けられて、ペルシア湾と地中海を結ぶユーフラテス川ルートが、パルミュラ商人の主要な活動舞台となった。先に見たように、二世紀前半にはカラケーネー王のためにバハレーンのサトラップを務めるパルミュラ人が現れるなど、パルミュラとカラクスの関係はきわめて密接であった。

パルミュラの住民は、周辺の都市と同じく元々はアラム系が中心であったと思われるが、徐々にアラブ系住民の割合が増加した。書き言葉や文字はアラム人からの借用であるが、碑文に現れる人名の分析から、それが言えるのである。カラクスと提携する一方でアラブのラクダ遊牧民との協力関係を組織化し、陸運と水運を巧みに組み合わせた交易ルートを作り上げたところに、パルミュラ発展の鍵がある。

二世紀中ごろの碑文は、パルミュラ商人がクシャーナ朝支配下のインド北西部にまで海路赴いていたことを示している。またソコトラ島東部の鍾乳洞《しょうにゅうどう》からは西暦二五八年に当たる年が記されたパルミュラ語の祈願文が発見され、パルミュラ人がインド方面の海域にとどまらずアデン湾でも活動していたことが明らかになった。さらにパルミュラ語碑文（墓碑と奉献文）がエジプト、イタリア、ルーマニア、アルジェリア、イギリスなどで発見されていて、パルミュラ人が商人や兵士（弓兵）としてローマ帝国内の広い範囲で活動していたことが窺える。

商業の発展を背景に都市としてのパルミュラの整備は進み、一世紀のうちにバールシャミン神殿や主神ベールの神殿が建設された。また次の世紀にかけて今も多くの遺跡が残る塔墓の建立が行われ、さらに二世紀後半以降は地下墓の建立が進んだ。ペトラの岩窟墓と異なりパルミュラの塔墓や地下墓には、門口の上部に建立した人物の名と年代を記した銘文が掲げられているため、歴史研究にはきわめて貴重な史料となっている。

このように経済的には繁栄を謳歌《おうか》したパルミュラであったが、政治的には西隣の強国ローマの強い影響の下に置かれた。おそらく第二代皇帝ティベリウスの時代に帝国に併合され、シリア州総督の支配に服属した。その後、二世紀の前半に二度にわたってこの町を訪問したハドリアヌス帝によって自治権を与えられて自由都市となり、さらにカラカラ帝が二一二年に発したアントニヌス勅令によってローマ市民権を獲得した。

タイマーがナボニドスの名に結びついて有名であるように、パルミュラといえば一般にはゼノビアが治めた国として世に知られているのではなかろうか。この女王とローマの戦いについては、次章で詳しく見ることにする。

ヒムヤル

目を南に転ずると、先にも記したように南アラビアの新時代をリードしたのはヒムヤルと呼ばれる勢力であった。前一千年紀の末に突如として歴史の舞台に登場し、たちまちのうちにサバァ王国やハドラマウト王国と比肩する強国に成長した。カタバーン王国の支配下から南西部高地帯の諸部族が分離・独立して結成した部族連合国家で、交易ルートの中心が内陸から海上に移動した恩恵を最大限に受けて、紀元前後に大勢力に発展したのであろうと考えられている。南部高原に位置するザファールを首都とし、君主の居城はライダーンと呼ばれた。

一世紀には半世紀以上にわたって、サバァと同君連合王国を形成していたことが知られている。首都がマーリブではなくザファールに置かれていたことや、王名を刻した銀貨の鋳造所がライダーン城内にあったことなどから見て、この連合はヒムヤル側の主導で行われたと判断できる。

ところがこのヒムヤルという勢力については、よく判らないことが多い。まず「ヒムヤル」という呼称が謎に包まれている。実はこれは自称ではなく他称なのである。古代南アラビア語は他のセム系言語と同じく母音を表記しないので、名称はḥmyrと綴《つづ》られるが、これをヒムヤルと読む通称は後世のアラビア語の発音で、同時代のギリシア語のホメーリタイ、ラテン語のホメリタエ、ゲエズ語（古代エチオピア語）のフメールという発音から判断して、本来の呼称はフマイルではなかったかと言われる。ところがそう呼ばれた当人たちが、自らをそう呼んでいる碑文はないのである。この呼称が前一千年紀の碑文に全く登場しないところを見ると、ザファール近辺にいた有力部族の名称であったとは思えない。とすれば、この語の由来もしくは語源は何なのかという疑問が起こる。さらに不思議なことに、この集団の首長は決して「マリク・ヒムヤル（ヒムヤル王）」とは呼ばれないし、そう自称することもなく、通常は自陣営からも敵対者からも「ズー・ライダーン（ライダーン城主、もしくはライダーン公）」と呼ばれる。

それでここから先は私見であるが、ヒムヤルという呼称は、すでにイサァアマルやカリブイルの紀功碑にも見えるある種の「盟約」を指すḥmrという語が語形変化して、そのような盟約によって結成された特定の部族連合を指す語になったのではなかろうか。つまり当初は普通名詞であったのが、やがて固有名詞になったと思われる。たとえば「連合王国（United Kingdom）」や「合衆国（United States）」がイギリスやアメリカの国号になり、元来は「団体」

を意味する普通名詞であった「ハンザ（Hansa）」が、都市同盟の名称として固有名詞化したようなものである。

その新しい集団の首長がマリクとは呼ばれなかったのは、ヒムヤルという部族連合の性格が従来の部族連合国家のそれと異なっていたか、首長の権能がマリクと呼ぶにはふさわしくなかったからではあるまいか。部族連合の性格という点について言えば、ヒムヤルにはサバァのアルマカーやカタバーンのアンムのように、連合の結束の紐帯となった国家神は認められない。

このように、ヒムヤルという勢力はそれまでにない新しいタイプの部族連合であったことが窺える。残念なことに現段階では、史料の制約からその新しさの具体的な内容までは解明できないものの、このような新勢力が台頭してその後の南アラビアの歴史を主導した点からも、前一千年紀末がアラビア史の重要な転換期であったと言えるのである。

先に見た『エリュトラー海案内記』にホメーリタイとサバイオイの合法の王と記されていたカリバエールは、一世紀の半ばから後半にかけて王位にあったカリブイル・ワタル・ユハンイムのことで、ライダーン城において自らの名を刻した銀貨を鋳造・発行している。その銀貨の規格がローマ貨幣のそれに準じているのを見ても、交易を通じて経済的にローマと深い関係にあったことが窺える。ローマ側にもヒムヤル側にも直接の証拠は残されていないとはいうものの、『案内記』に記されているように、使節の交換を通じた外交関係があってもおかしくない。

三王国鼎立の形勢

しかし、この王の次の代にヒムヤルとサバァの連合王国は破綻する。そして三世紀末にヒムヤルがサバァを併合するまでの約二百年間、両国は対立し一進一退の戦いを繰り返すことになった。その間ヒムヤルの首長は一貫して、またサバァの首長も多くが「サバァ王にしてライダーン公」と名乗っているが、ほとんどの場合それは実態を伴わない僭称《せんしょう》であった。

サバァでは先述のように、西部の高地帯に勢力基盤を持つ有力部族の族長が王位に即くようになった。しかしこのような部族は複数存在したため王家は乱立気味で、せいぜい三代程度しか続かぬ王朝が次々に現れては交替、ときには並立する様子が碑文史料から見て取れる。

南アラビアの諸王国の中で最も東に位置したハドラマウト王国は、首都のシャブワをはじめ主要な都市は内陸のオアシス地帯にあったが、乳香産地と海港を領有していたことにより、新時代に適応して生き延びただけでなく、むしろ繁栄を享受したようである。退勢が著しかった西隣のカタバーン王国を二世紀には最終的に併合した結果、この世紀の後半以降の南アラビアにはサバァ、ヒムヤル、ハドラマウトの三王国が鼎立《ていりつ》する形勢となった。

このような情勢に巧みに乗じて勢力を拡大したのが、二世紀末ごろより紅海を渡ってアラビア半島への侵入を図っていたエチオピアのアクスム王国であった。当初はヒムヤルの勢力が最も強かったようなので、サバァとハドラマウトの王はアクスムの王とも同盟を結んでこれに対抗している。ところが後にサバァが勢力を伸ばしてヒムヤルが劣勢となると、アクスムはヒムヤル側に味方してサバァ軍と戦うようになった。

その転機となったと思われるのが、世紀をまたいで西暦二〇〇年前後にサバァ王の地位にあったシャァル・アウタルが行った四方に向けた一連の遠征である。三世紀以降に顕著となる諸問題とも関連するので、アクスム王国の発展とともども次章において少し詳しく見ることにしたい。

第三章　オリエント世界の三極構造化——三世紀の変動とその後

1　オリエント世界の三強国

マーニーの証言

三世紀にサーサーン朝の領内で、後にマニ教と呼ばれることになる新宗教を創始したマーニーという人物については、ご存じの読者も多いことであろう。この教祖の生前の言葉を集めた『ケファライア』という書物があり、その一節によると彼はその当時の世界には四つの帝国があると言い、「バビロンとペルシアの帝国」（すなわちサーサーン朝）、「ローマ帝国」に続いて三番目に「アクスム人たちの帝国」を挙げている。写本に欠損があるために、四番目の国の名は正確には判らないが、「中華帝国」であろうという説が強い。

サーサーン朝、ローマ、中国と並んでエチオピアの王国の名が四大帝国の一つとして挙げられているのは、実に驚くべきことであるが、サーサーン朝の領内で活動していたマーニーの目にアクスムの姿がそれほど巨大に映ったということは、当時この王国の勢力がその本来の領域を越えて、特に北方や東方に大きく広がっていたことを窺わせる。

この形勢がイスラームの征服期まで続いたことを示すのが、クサイラ・アムラと呼ばれる世界文化遺産にも指定されている遺跡の壁画である。ヨルダンの首都アンマンの東方約八〇キロの砂漠に、おそらくウマイヤ朝のワリード一世が離宮として造らせたと思われる施設があり、その謁見の間のフレスコ画に、勃興期のイスラーム勢力に敵対した六名の君主が描かれている。めいめいの頭上にギリシア語とアラビア語でそれぞれの名が記されており、向かって右端の二人の名は読み取れないが、あとの四名はカイサル（ビザンツ皇帝）、ロドリーゴ（スペインの西ゴート王）、ホスロー（ペルシア王）、ネグス（アクスム王）と確認できる。すなわちここでもアクスムの王は、ビザンツやペルシアの支配者と比肩する存在として描かれているのである。

つまり、三世紀から七世紀にかけてのオリエント世界では、実際の国力はさておき一般の通念として、東にサーサーン朝、西にローマ（四世紀以降はビザンツ）、そして南にはアクスムと、三つの強国が鼎立していると認識されていたのではなかろうか。そしてアラビアはこの三強国のまさに狭間《はざま》（と呼ぶには広すぎるかもしれないが）に位置していた。この地政学的条件が、その後数世紀間のこの地域の歴史に大きく作用することになる。

三世紀のサーサーン朝とローマ帝国

さて、サーサーン朝はアケメネス朝と同じくイラン高原のファールス地方に興った王朝である。二二四年にパルティアを滅ぼしたアルダシール一世が創始し、続くシャープール一世の時代にかけておおいに発展した。パルティアの君主たちがギリシア風の文化を愛好したのとは対照的に、アケメネス朝を範とするイランの伝統的文化への回帰を目指す傾向が強く、ゾロアスター教を国教とした。対外的にはきわめて積極的な政策を採り、アルメニアとメソポタミアの領有をめぐってローマとたびたび戦いを交えたのはパルティアと変わらないが、アラビアにも勢力拡大を図ったのが前代と異なる点である。東方ではクシャーナ朝を滅ぼしシルクロードの西半部を支配下に置く一方で、ペルシア湾を通じたインド洋交易の振興にも力を注いだ。

他方のローマ帝国にとり、この世紀は文字どおり内憂外患の時期であった。内政的には軍人皇帝時代を迎えて政治・経済ともおおいに混乱した。周囲の外敵との戦いでも劣勢に立たされた。特にサーサーン朝との領土争いで敗北を重ねたことが、シリア支配の不安定化を招き、このあと記すゼノビア女王治下のパルミュラの独立によって、ローマの東方属州支配は危機に瀕《ひん》することになる。東方物産への需要減退とも相まって、インド洋交易は停滞したであろうと推察できる。ところが紅海やインド洋周辺の複数の遺跡の調査結果を見ると、エジプトを本拠地とする商人たちの南海における活動は早くも二世紀のうちに不活発となっていたようなのである。そしてこのことが、エチオピアのアクスム王国発展の大きな要因となったと考えられる。

アクスム王国の発展

ローマが三世紀に内憂外患に見舞われたことは右記のとおりであるが、外患の一つとして、エジプトの南方にいた遊牧民のブレンミュエスが、この世紀の半ばに大挙してエジプト領内に侵入してきたことが挙げられる。その後数十年にわたってローマを悩ませ、ついに世紀末のディオクレティアヌス帝に至り、それまで三百年以上にわたってローマが支配してきた領土を放棄して、国境線をナイル川の第一瀑布《ばくふ》まで後退させることを余儀なくさせた。この侵入は遊牧民の単なる略奪行の程度を超えた規模と激しさをもっていた。おそらく彼らは、そのさらに南方にあったアクスム王国の軍勢の北進に圧迫されて、北へ移動したのであろうと考えられている。

この時期にこの王国が大きな勢力に成長したことについてはマーニーの証言をすでに見たが、ほかにも、たとえば同じく三世紀の第4四半期より王の肖像と名を刻んだ純度の高い金貨の鋳造が始まったことや、やや遅れて南アラビア文字から独立したエチオピア文字の書法が確立したことも、この王国の発展と繁栄が確かなものであったことを傍証している。

この王国の起源は考古学的には前一世紀に遡るようである。第一章で触れたダァマトとの関係はよく判っていない。文献の中では一世紀半ばごろに書かれた『エリュトラー海案内記』の中で言及されているのが最初である。内陸の高原に位置するアクスムという首都（これが国名の起源）を中心に、現在のエチオピア北部からエリトリアへかけての地を、エレアゾスという名の王が治めていた。このころにはすでに紅海に臨むアドゥーリスという港市を通じて、来航する外国商人と活発な取引を行っている。王はギリシア語に通じているとわざわざ記されており、後代の碑文や貨幣の銘文にもギリシア語・ギリシア文字が使われているところから見て、広義のヘレニズム文化圏に属す国であったことが窺える。

その後の情勢は史料がなくよく判らないが、二世紀の末になって南アラビアの碑文に、海を越えてアラビア半島に侵入を図るエチオピア人に関する記事が現れ、次の世紀になると南アラビアの諸王国とアクスムとの戦いや交渉の記事が増加する。そこから見て、史料が途絶えていた百年あまりの間に、この王国は着実に国力を増進させていたに違いない。

二世紀末にアクスム軍が紅海を渡ってアラビアに侵攻できたのは、とりもなおさずローマがこの海域における制海権を失った結果である。碑文史料によるとアクスム軍は南アラビアの沿岸部を占領しただけでなく、非常に早い時期に内陸のオアシス都市ナジュラーンにも進出を図っている。ここからアクスムはインド洋と地中海を結ぶ交易ルートのうち、紅海を通ってエジプトに向かう海上ルートのみならずシリアやペルシア湾方面に向かう陸上ルートをも支配下に置くことを、初期の段階から狙《ねら》っていたのではないかと推察できるのである。

実際これ以降、エチオピア商人はエジプトに本拠を置くギリシア系のローマ商人に替わって、紅海からインド洋にかけての海域で行われる交易の主役となり、サーサーン朝の支援を頼んでインド洋に乗り出してくるペルシア商人と覇を競った。

2　三世紀の南アラビア——統一への動き

シャアル・アウタルの遠征

二世紀末、父王と共同統治時代のシャァル・アウタルは「サバァ王」と称していた。前述のように、サバァ王国がハドラマウト王国や南アラビアに進出してきたアクスム王国と結んでヒムヤルに対抗したのはこの時期である。ところが世紀が変わり単独統治を行うようになった時代の碑文では、「サバァ王にしてライダーン公」と呼ばれている。治世中に諸方に遠征を繰り返した記録が残っていて、それを見ると、南アラビアの勢力関係が前代とは一変していることに驚かされる。

まずヒムヤルとサバァの力関係が全く逆転している。史料的制約から詳細は不明で多分に推測なのだが、どうもヒムヤルが王位の継承をめぐる兄弟間の争いで混乱し、そのうちの一方の側に肩入れして王位に即けることに成功したシャァルが、ヒムヤルの宗主的な地位を獲得したらしい。彼の王号の変化はその結果であろう。

少し前までは盟約を結んでいたハドラマウトを、シャァルが一転して攻撃するに至った経緯もよく判らない。ただ、攻められているハドラマウト王が盟約の相手とは異なる王統の人物なので、こちらも後継王を決める争いが同盟破綻の背景にあるのかもしれない。

年代的にはハドラマウトよりこちらが先であったかもしれぬのが、北方への遠征である。まず香料の道の要衝ナジュラーンにおける、エチオピア軍との戦闘が記録に残っている。先にも記したように、ここからアクスム王が当初より内陸の交易ルートの支配も目指してアラビアに侵攻したと言えるのである。サバァ軍はこの後さらにペルシア湾岸に向かうルートを進み、カルヤ・ザート・カフルを攻めた。この町については、紀元前の時代にマイーン、リフヤーン、ナバテア等の諸王国から来訪した商人で賑《にぎ》わっていたことを前章の第1節で記したが、このときサバァ軍の攻撃を受けたのは「キンダとカフターンの王、サウル族のムアーウィヤの息子ラビーア」であった。キンダはこの後のアラビア史で重要な役割を果たすアラブ系部族で、これが史料上の初出である。

シャァルの北方遠征は、おそらく内陸の交易ルートの掌握を主目的とし、その障害となるエチオピアやアラブの勢力を排除しようとしたのであろう。しかしその試みは成功しなかったようで、彼に続くサバァとヒムヤルの歴代の王たちは、この両勢力との戦いや交渉に大きなエネルギーを割いている。

シャァルの治世の終わり近くには、ヒムヤルの首都ザファールにおけるサバァ軍とアクスム軍の攻防戦の記録がある。その後の経緯から見て、先に推測したヒムヤルの王位をめぐる兄弟間の争いに、アクスムはシャァルが後ろ楯になったのとは別の候補者を推して介入したようである。

アクスム王国の勢力伸張

シャァルの遠征について記したサバァの碑文だけを見ていると、かつてのカリブイル・ワタルを彷彿《ほうふつ》とさせる活躍ぶりで、これによって南アラビア統一が実現するのではと思わせるほどである。しかし実際には、おそらく彼の死後間もなく三代続いた彼の王統は途絶えてしまい、サバァの王位は別の氏族に移って、イルシャラフ・ヤフドゥブとヤァズィル・バイインの兄弟による共同統治が始まった。

他方のヒムヤルの王位には、アクスム王が推す人物が即いたようである。最初は最も強力であったヒムヤルに対抗するため、サバァとハドラマウトと手を結び、サバァが勢力を強めてヒムヤルやハドラマウトを圧倒する形勢となると、今度はヒムヤルを援けてサバァの力を削《そ》ごうとする。このように、弱小勢力と結んで最強勢力に対抗することを通じて、南アラビアにおける勢力維持を図るというのが、アクスムの基本戦略であった。

三世紀中葉の数十年間、イルシャラフ兄弟に率いられたサバァ軍は、繰り返しヒムヤル軍とその背後にいるアクスム軍と戦っている。劣勢のヒムヤルはアクスムの支援を受けて、どうにかサバァに対抗していたように見えるが、ヒムヤルとアクスムの関係も決して常に良好であったわけではなく、サバァと結んでアクスムに従属的な立場から抜け出そうとしたのではないかと思われる動きも垣間《かいま》見《み》える。

アラビアに進出したアクスムは、半島南西隅のマアーフィル地方の高原に位置するサワーを本拠地とし、ここにアクスムの王もしくは王子が駐留して、南アラビア諸王国との交渉や戦闘の指揮を執っていた。西の紅海、南のアデン湾、いずれの沿海部も彼らが領するところとなり、アフリカ側から兵士だけでなく一般の住民も渡来した。この時期のサバァ軍の西方への遠征は、紅海に流入するワーディー沿いに定着しつつあった移住エチオピア人の駆逐を第一の目的としていたように見える。ハドラマウトの港市カネーの遺跡調査によれば、五〜七世紀の遺物層から大量の日用エチオピア土器が出土し、この時期にエチオピアからこの地へのかなり大規模な人口流入が推察されるという。アクスムの支配の下で、住民の移住が紅海岸からアデン湾岸に広がったことを示しているのであろう。また、先にシャァルがエチオピア兵と戦った内陸のナジュラーンには、アクスム王の代官が置かれていた。

このように王自ら南アラビアに進駐して、占領地の拡大と維持に専心している隙《すき》に、どうもアフリカの本国で、アクスム王に臣従していた諸部族が一斉に反乱を起こしたらしい。それを示唆しているのが、一般に「アドゥーリス紀功碑文」と呼ばれる大理石の玉座の形をした石碑である。おそらく三世紀半ばの作と思われるこの記念碑については次章で詳しく見るので、ここでは本節に関係する記事についてだけ触れておく。

碑文の冒頭部が欠けているので作者名は判らないが、内容から判断してアクスムの王であっ

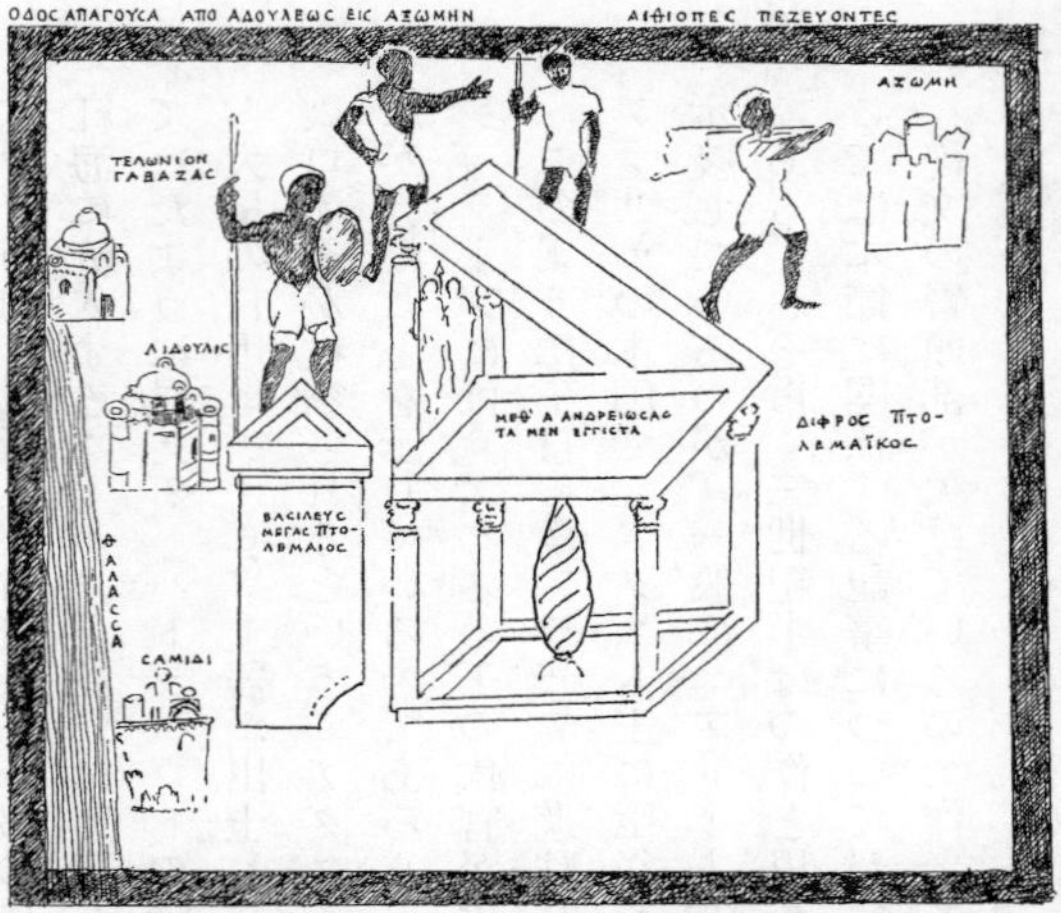

３－１　コスマス著『キリスト教世界地誌』の挿絵に描かれた玉座の形をした紀功碑。方位が現在の地図とは逆に上が南になっていて、左側に川のように見えるのが紅海、やや内陸に位置する中央の建物がアドゥーリスの町を、右隅（南西）の建物が首都のアクスムをそれぞれ指している（Cosmas Indicopleustes, *Topographie chrétienne*, Paris, 1968, t.1, p.55.）

たことは間違いない。首都のアクスムからではなく臨海のアドゥーリスから進軍しているのは、急遽《きゅうきょ》アラビアから軍を率いて帰国し、上陸地点の港から高原地帯に向かって進撃したことの現れである。各地を転戦して反乱を鎮定し、スーダンからソマリアのアデン湾沿岸部にかけての諸族を征服したうえで、王は部隊の一部を対岸のアラビア側に渡して、北はかつてのナバテア王国の交易港レウケー・コーメーから、南はサバァ王国の境界に至るまでの紅海沿岸部を平定させた。そしてすべての戦いの終了後、全部隊をアドゥーリスに集結させ勝利の祝典を挙げるとともに、この石碑を神に奉献したと記されている。

スーダンの砂漠にいた遊牧民ブレンミュエスがローマ領のエジプト南部に侵入したのは、おそらくこのときのアクスム軍の北進に押し出された結果と考えられる。またマーニーがアクスムを世界の四大帝国の一つに挙げたのも、この大遠征の結果を受けてのことであろう。

アクスム王がアラビアの紅海沿岸部を平定したのは、領土的野心からというより、海上ルートの安全確保のためであった。『エリュトラー海案内記』にもこの一帯の沿岸航海は危険と警告されているし、おそらく一世紀後半のある時期から約一世紀間、紅海南部のファラサーン島には、海賊取り締まりのためローマ軍の分遣隊が駐屯していた。またアクスム軍が首都に凱旋《がいせん》せずアドゥーリスに集結したのは、軍の主力がアフリカで転戦している数年の間に、アラビアでヒムヤルの新王が離反したのに対処するためではなかったかと思われる。アクスム王は直ちに部隊を率いて再び海を渡ったに違いない。

ヒムヤルによる南アラビア統一

ところで、ヒムヤルの王位に即いた人物を見てみると、アクスム王が後ろ楯となって即位させた王から数えて三代のヒムヤル王には、相互の父子関係が認められず、王位継承のプロセスは不明である。推察するに、宗主的な立場にあったアクスム王の意向で擁立と廃位が行われ、王位は世襲されなかったのではないか。

アクスム王のアラビア不在中に反旗を翻したと思われるのは、三代目のヤースィル・ユハンイム王である。西暦二七〇年前後にアデンの支配をめぐってアクスム軍と激戦を繰り広げたことが判っている。ただ、その事実を伝える磨崖《まがい》碑文の下部が欠損して読めないため、残念ながら勝敗の帰趨《きすう》は明らかでない。

ともあれ、アクスムとの和戦両様の関《かか》わりについて記した碑文は、この後六世紀に入るまできわめて少なくなってしまう。特に、ヤースィルの息子で父の王位を継いだシャンマル・ユハルイシュの時代には、アクスム関係の記録が全く残されていない。この事態をどう理解すればいいのか。その解釈次第で、その後二世紀あまりのアラビアの歴史像は大きく変わってくるのだが、その点については後述するとして、まずは南アラビアの三王国鼎立時代の最終章を見ておこう。

ヒムヤル王ヤースィルはアクスム軍と戦う一方で、サバァ王国やハドラマウト王国の支配者とも矛を交えている。その後を継いだのが息子のシャンマル、それに対してサバァではイルシャラフ兄弟の息子と称するナシャァカリブが王位に即いた。この王の時代のサバァ碑文の数は決して少なくはなく、エチオピア勢との戦いや現在のイエメン北西部からアスィール地方南部へかけての遠征の記録は残っているものの、同時代に在位していたはずのシャンマルとの交渉を示す碑文はサバァ側にもヒムヤル側にもなく、三世紀最後の四半世紀における両国の関係について、具体的なことは何も判っていない。

が、ともかくもこのナシャァカリブを最後として、サバァ王の存在を示す史料は姿を消す。そのため、おそらくこの世紀の末近くに、シャンマルの手によってサバァはヒムヤルに併合されたと信じられている。その後の経過から見て、この度の両国の統合は一世紀に見られた同君連合王国の結成というようなものではなく、ヒムヤル側からの完全な併合であったと思われる。

他方で、シャンマルのハドラマウトへの遠征については、シャァル・アウタルのそれほど詳しくはないにせよ、碑文に記録が残っている。そして三世紀末か次の世紀の初めあたりから、シャンマルはそれまでのサバァとヒムヤルの支配者であることを意味する王号にハドラマウトを付け加え、彼の地の支配者でもあることを宣言するようになった。それで、このころより碑文からハドラマウト王が姿を消すことも勘案して、この時点でハドラマウト王国はヒムヤルに征服され、ここにおいて南アラビアの歴史上初めて全土の統一が実現したと解されている。とはいえ、その後もしばしばヒムヤル軍がハドラマウトに遠征しているところを見ると、この地方の支配はかなり不安定なものであったようである。

シャンマルは三世紀から四世紀にかけてかなり長期間在位したこともあり、治世中の碑文が多く残されている。それを見ると、右にも記したようにエチオピア勢との交戦の記録がないのとは対照的に、ナシャァカリブも遠征を行ったイエメン北西部からアスィール方面への軍の派遣が目立つ。他方で、サーサーン朝の王都のクテシフォンとセレウキアに使節を送った記録（年代不明）が残されている。また西暦三一一年に当たる紀年のある未刊行の碑文には、ローマ側にも遣使したと記されているという。つまり、軍事や外交のベクトルが北方にシフトしているのである。この傾向は四世紀以降ますます顕著になり、それは北方の諸勢力の動向と密接に関連しているので、後で改めて取り上げることにする。

3　後世から見た三世紀の南アラビア――トゥッバァ朝

トゥッバァ朝の創始

さて、これまで記してきた三世紀の南アラビア史の概略は、もっぱら現地に残された碑文の記事に基づいている。ところが後世のアラブの文献が伝える歴史像は、これとかなり異なっているのである。いったいどういうことなのであろうか。

数多いムスリムの伝承学者や歴史学者の中で、先イスラーム期の南アラビア関係の伝承について、最も権威ありと一般に認められているのは、いずれもイエメン・アラブのハムダーニー（八九三～九四五年）とナシュワーン（一一七八年没）である。そこで彼らの著作を中心に見ていくと、アラブの多くの伝承では、ヒムヤル王国は三／四世紀から五世紀あるいは六世紀の初めにかけて、トゥッバァ（複数形はタバービア）と呼ばれる支配者によって治められていた。

しかしこれが他称なのか自称なのか、最初に誰がこう呼ばれた（あるいは名乗った）のか、また厳密に誰と誰をこう呼べるのかといった点について、伝承により説が分かれている。この呼称の意味・語源・由来についても同様で、よく判らない。

ナシュワーンによると、タバービアとはヒムヤルの王ですべてハーリス・アッラーイシュの子孫たちであるという。ハーリスによって強力な新王朝が開かれた感がある。ハーリスに遡るヒムヤル王の系譜には碑文史料から在位年代が知られている王が何人かいるので、そこから逆算するとハーリスの治世は西暦二〇〇年前後に位置づけられる。三世紀は碑文が最も多く残されているおかげで、当時の政治情況が比較的よく判っている時代である。またこの時代以降、古い時代については史実性に乏しかったアラブの伝承が、次第に信憑《しんぴょう》性を帯びてきて、碑文の記事との比較がある程度可能になってくる。そこでこの両種の史料を照合して、トゥッバァ朝を碑文によって知られているいずれかの王朝に比定しようと試みた者もいるが、成功していない。

前一世紀ごろより六世紀まで存続したこの王国の歴史上、後世の学者の目に西暦二〇〇年前後が画期と映った理由はいったい何であろうか。タバービアと呼ばれる支配者たちは、どのような点でそれ以前の支配者たちと異なっていたのか。碑文では支配者たちはマリクと称しており、トゥッバァという称号の用例は一つもない。にもかかわらず、なぜ彼らは後世こう呼ばれたのか。そもそもこれはいかなる由来と意義を持つ称号なのであろうか。

そこで図3－2を見ていただきたい。これは右記のハムダーニーが伝えるヒムヤル王の系譜である。ナシュワーンが伝える系譜はこれと若干異なっているものの、肝心なところには相違はない。この系譜図の中で四角い枠で囲んだ七名は、碑文から名前が知られているヒムヤル王に同定可能と思える王である。ではそれ以外の支配者は何者なのか。特にシャンマルに先立つ

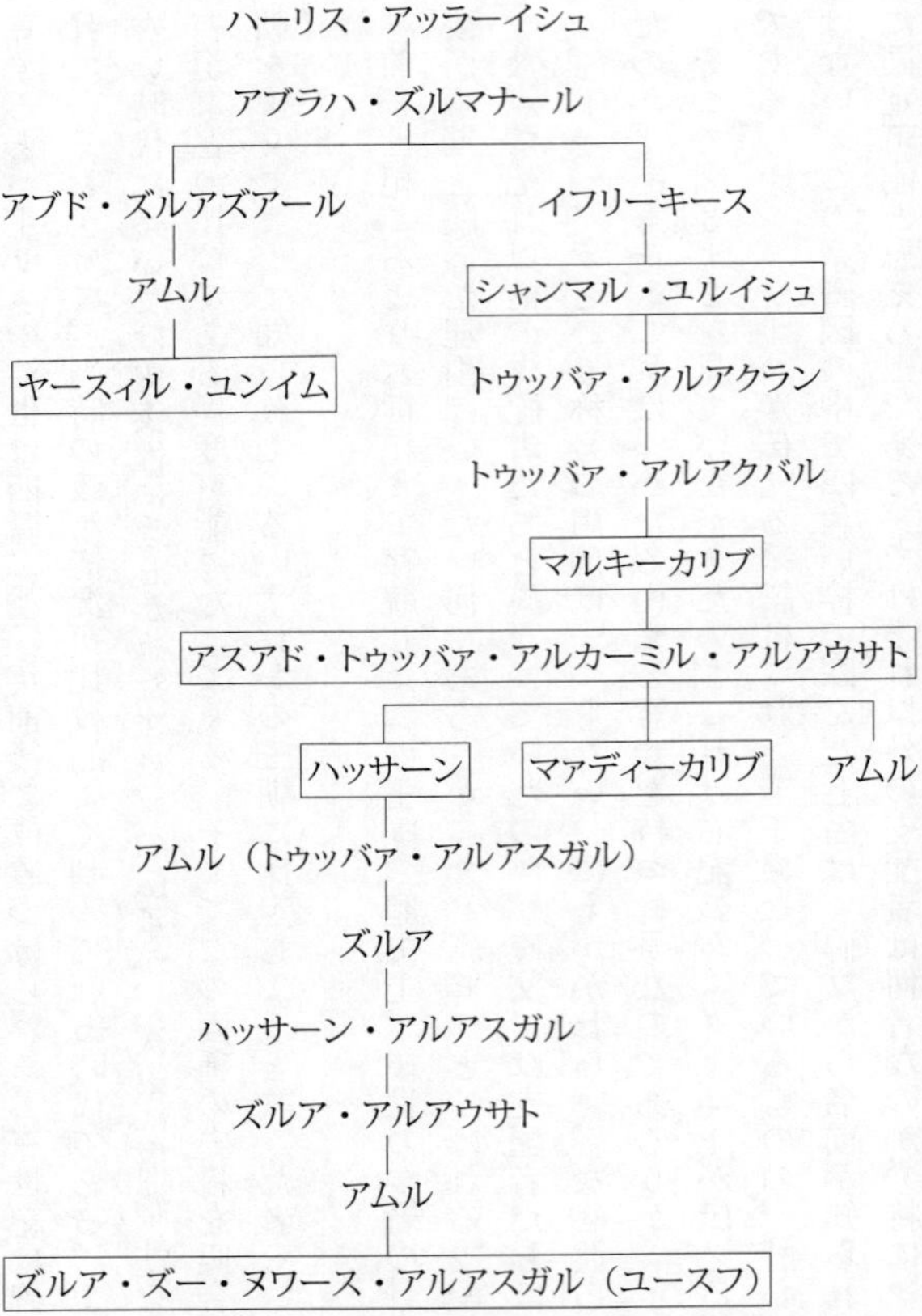

3－2　ハムダーニーが伝えるヒムヤル王の系譜（筆者作製）

三代四名と、シャンマルに続くトゥッバァと呼ばれる二代の支配者は、名前も異名も、さらには伝わる治績にもかなり明確な個性が現れていて、後世に捏造《ねつぞう》された単なる虚構とは思えない。

歴史上の実在の人物に関するやや朧気《おぼろげ》となった記憶が、デフォルメされた形で伝わっているのではないかと推察される。しかしシャンマル以前の四名については、試みに三世紀のヒムヤルのみならず同時代のサバァやハドラマウトの王の名や治績に照らしてみても、やはり比定はむずかしい。

ところでこの系譜図を一見して気付かされるのは、シャンマルの父がヤースィルではなく、イフリーキース（イフリーキーヤ、すなわちアフリカを征服したのが名の由来だという）というアフリカと縁の深い名の人物になっていることと、イフリーキースの父のアブラハという名が、六世紀にメッカに遠征したという伝承のあるエチオピア系のヒムヤル王を想起させる点である。つまりトゥッバァ朝の特に初期の王には、アフリカ的要素が濃厚に感じられる。この点を念頭に置いたうえで、シャンマル以降、アクスムに関する記事が南アラビアの碑文からほとんど姿を消す理由について改めて考えてみよう。

アクスム支配の継続を示す諸史料

多くの古代南アラビア史研究者の解釈によれば、これはヤースィルとシャンマルの父子がアクスムの勢力をアラビア半島から一掃し、完全な独立を達成した結果であるという。しかし、アクスムの支援を受けてようやくサバァ軍の攻撃を凌《しの》いでいたかに見えるヒムヤルが、突如それほど強力になったとは全く不可解である。また、種々の史料を通じて三世紀から四世紀にかけて著しく勢力を増したことが知られているアクスムが、南海交易の利益のかかった紅海とアデン湾の制海権の回復も図らずに、アラビア半島から駆逐されたままになっていたというのも信じがたい。次章で見る六世紀前半のアクスム軍とヒムヤル軍の戦いの帰趨を見ても、前者の力が後者に優越していたのは明らかなので、本来ならシャンマルやその後継者たちは、侵入してくるアクスム軍との戦いに忙殺されたはずである。だが実際には、繰り返し記したようにアクスム軍との戦いの記録はほとんど姿を消し、ヒムヤルの王たちはもっぱら北方諸勢力との戦いや外交にエネルギーを注いでいる。この現象をどう説明すればよいのであろうか。

南アラビアの碑文史料だけを眺めていても埒《らち》の明かないことなので、目を南アラビアの外に向けて、問題の三世紀半ば以降のアクスム側の史料や、数は多くないがギリシア語とラテン語の記録、さらに後代のアラビア語文献などを調べてみると、通説に反して、アクスムが南アラビアに対し依然強い支配力を保持していたらしい様子が見て取れる。そう推測させる事実をいくつか挙げてみよう。

まずすでに記したように、アクスムでは三世紀の第4四半期より、王の肖像と名を刻した純度の高い金貨の鋳造が始まった。しかも興味深いことに、エザナ王（この王の時代にエチオピアはキリスト教を受容）のキリスト教改宗後の四世紀の中ごろから六世紀の初頭までの間に鋳造されたアクスム金貨は、そのほとんどがエチオピアではなく南アラビアの南部から出土する。他方南アラビアの諸王国においては二世紀ごろまではそれぞれの貨幣を鋳造・発行していたが、それ以降は、統一王国の実現に成功したシャンマルの治下においてさえも、独自の貨幣鋳造を行っていない。王の肖像と名を刻した貨幣の発行は、単に経済的な観点からのみなされるものではなく、政治的プロパガンダの強力な手段でもあった。この時期サーサーン朝とローマはもちろんのこと、この後見るパルミュラでも、ローマからの独立を達成したゼノビア女王は、当然のように自らの肖像を刻した貨幣を発行している。それに対してヒムヤルが独自の貨幣を発行していない（あるいはできなかった）という事実は、この国が独立した主権国でなかった何よりの証拠ではないか。

3－3　アクスム王エザナの金貨。左は改宗前で頂点に三日月と円盤（太陽？）を組み合わせた異教の神のシンボルが、一方右はキリスト教改宗後で上下左右の四カ所に十字架が、それぞれ見える。王名はいずれもギリシア語でΗΖΑΝΑΣ ΒΑΣΙΛΕΥΣ（エーザナスバシレウス＝エザナ王）と記されている（Stuart Munro-Hay & Bent Juel-Jensen, *Aksumite Coinage*, London, 1995, book jacket.）

四世紀のエザナ王以来、アクスム王の碑文に記された長い王号には、ヒムヤルとサバァの名が含まれていて、アクスム王がこの両地の支配者をもって任じていたことを示している。ヒムヤルがアクスムを南アラビアより一掃したと信じる論者たちは、アクスムの王号は単なる僭称にすぎないと主張しているが、果たしてそうであろうか。そもそも、南アラビアの碑文から関連の記事がなくなるということ以外には、ヒムヤルがアクスムを駆逐したという主張の論拠はない。

四世紀中ごろの作と言われる『世界・諸民族総覧』というラテン語の文献の第十七節に、ペルシア人の侵攻に曝されたアラブがアクスムに救援を求めたことを窺わせる記事がある。同世紀の前半にシャープール二世がアラブ諸族の討伐を行い、ヤスリブ（現メディナ）近郊にまで至ったという伝承もあるから、ことによるとこの記事は、アラビア半島に進出していたアクスムもしくはそれに従う勢力と、サーサーン朝との間に衝突が起こったことを示しているのかもしれない。

同じく四世紀の作ではないかと思われるウラニオスの『アラビア誌』の断片に、アラビアのアバセーノイという種族についての項目がある。そこで著者は「サバー人の次にはハドラマウト人とアバセーノイがいる」と記している。このアバセーノイがハバシャ（アビシニア人）のことであるなら、四世紀にサバァの南方もしくは東方に、多数のエチオピア人が居住していたことの証左となる。ハドラマウトの港市カネーの五〜七世紀の遺物層から大量の日用エチオピア土器が出土し、この時期にエチオピアからこの地へのかなり大規模な人口流入が推察されるということをすでに記したが、ウラニオスの記事はこれと照応している。

四〜五世紀の人と言われるマルキアヌスの『外海周航記』（通称『アラビア海周航記』）の第一巻第十八節に、「ヒムヤル人はエチオピア人の一種族」と記されている。これも当時ヒムヤルがアクスムに従属していたことを示しているのであろう。

六世紀前半に著された『アレタス殉教録』は、次章で詳しく見るユダヤ教徒のヒムヤル王による一連のキリスト教徒迫害のクライマックスをなす、五二三年のナジュラーン市における迫害の記録である。その第一節の末尾にヒムヤル王はエチオピア王に貢納の義務を負っていたという記載がある。これが長年にわたる慣行なのか、それともこの時期に限ったことなのか、はっきりしないという難点はあるにせよ、ヒムヤルのアクスムへの従属を証拠づける重要な史料である。

右記のナジュラーンの迫害について、ベト・アルシャームの主教シメオンが書いたと言われるいわゆる『第一の書簡』には数種の異本が伝存しているが、そのうちの一つに、南イラクのヒーラを首都とするナスル朝（ラフム朝）の王ムンズィルの前で、迫害を行ったヒムヤル王ズー・ヌワースから送られてきた書簡が披露される場面がある。その書簡の冒頭で、ズー・ヌワースは領内のキリスト教徒弾圧を行う決断をした理由を説明し、「クシュ人たち（ここではエチオピア人）が我々の国に擁立していた王は死んだ。今は冬なので、クシュ人たちは我々の国にやってきて、いつものようにキリスト教徒の王を立てることができない」と書いている。冬には紅海南部の風は南から北に向かって吹くので、ヒムヤルから見て北に位置するアクスムのアドゥーリス港から船で大軍を南方に派遣するのはむずかしいのである。もしここに書かれているることが事実なら、ヒムヤルが長年にわたってアクスムの臣属国であったことを示す強力な証拠である。

トゥッバァ朝の実体に関する仮説

先にも記したように、シャンマルに先立つ四名と彼に続く二名の支配者を、当時の南アラビア諸王国のいずれの支配者にも比定することはできない。また西暦二〇〇年前後にヒムヤルに新しく強力な王朝が出現したという伝承は、三世紀に入ってむしろ弱体化したヒムヤル王国の実状に照らすと、不可解と言うほかない。同様に不可解なのは、ほぼ同じ時期に展開した南アラビア諸王国とエチオピアとの和戦両様の関係が、一見したところ、後世のアラビア語文献の中で全くと言ってよいほど言及されていない点である。これらの諸矛盾を解消し、当時の歴史過程を可能な限り整合的に説明するために、以下の仮説を提唱したい。

すなわち歴史上の南アラビアの諸王に比定不可能な支配者たちは、実はそれぞれが在位したとされる時期に、ヒムヤルに対して強い影響力もしくは宗主権を行使したアクスムの支配者ではなかったのか。ヒムヤル王の系譜上に元来はゲエズ語（古代エチオピア語）の彼らの名がアラビア語流に翻案されて出現する時期は、おそらく弱体化したヒムヤルに対するアクスムの支配が、特に強く感じられた時期であったと考えられる。シャンマル以前のヒムヤルはサバァやハドラマウトの攻撃に曝され、アクスムの支援を得てようやくこれを凌いでいるような情況であったし、シャンマルの治世に続く四世紀には、複数の王が並立してどこに権力の中枢があるのか判らぬような情況であった。

　では、実在のヒムヤル王に比定できる支配者たちについては、どのように考えればよいのであろうか。彼らはアクスムの軛《くびき》からヒムヤルを解放し、独立を回復することができた王たちであったのか。私にはそうは思えない。少なくとも五世紀前半までのヒムヤルの支配者たちが、ハーリス・アッラーイシュにつながる系譜上に位置づけられてタバービアと呼ばれているのは、後世のイエメン人の目から見て、この間のヒムヤルには、たとえば二〇〇年前後のトゥッバァ朝の出現に匹敵するような政治上の大変動がなかったことを示している。また三世紀末から二百年あまりにわたって、アクスムに言及した南アラビア碑文がほとんどないことを見ても、この間、アクスムとヒムヤルの間で大きな戦いが交わされた形跡は認められない。このような点から判断して、三世紀以降ヒムヤルは基本的に宗主としてのアクスムの支配下に置かれていたが、その間、シャンマルや次章で言及するアスアド一族のように、実在のヒムヤル王に比定できる支配者の名が系譜上に現れる時期は、これらの王の下でヒムヤル国内の政情が安定し、対アクスム関係においては相対的に独立性が高まっていた時期と捉えるべきではないだろうか。

　すなわちトゥッバァ朝とは、ヒムヤルの歴史上に実在した王朝の伝説的翻案などではなく、三世紀以降の南アラビアにおけるヒムヤルとアクスムの政治的関係を、後世の学者が伝承をもとに擬制的な系譜の形で表現したものではなかったか。

　もっとも、ハムダーニーやナシュワーンによれば、主要な支配者たちは父子関係でつながる一つの王朝を形成していたが、初期の別の伝承によると王朝は単一ではなく、おそらくアクスムの王族によって構成されているハーリスに始まる王朝、シャンマルの王朝、さらにはアスアドの王朝など、複数の王朝が継起するという形で歴史が構想されている。明らかにこちらのほうが史実を正しく伝えているように思えるが、後世さらに人為の手が加わると、ハムダーニーやナシュワーンに見られるように、元来は別々の王朝に属していた人物が、父子関係でつながるような形で整理されたのである。

トゥッバァとは何であったのか

この整理の最大のポイントは、碑文によればヤースィル・ユハンイムの息子であったシャンマル・ユハルイシュをイフリーキースの息子とすることにより、ヒムヤル王の系譜をアクスム王族のそれに接ぎ木した点である。先に記したように、アクスムとヒムヤルの同盟関係はヤースィル・ユハンイムの時代に崩れ、ヒムヤル軍とアクスム軍の戦闘が記録されている。そしてシャンマル時代の碑文からは、アクスム関係の記事が全く姿を消す。もしこれが、通説のようにシャンマルがアクスムの勢力をアラビアから一掃したことによるのであれば、それは父王ヤースィルの事業を継承し完成させたことを意味するから、後世の伝承においても彼はヤースィルの息子とされたに違いないし、ヤースィルその人ももっと重視されて然るべきである。しかしハムダーニーやナシュワーンはヤースィルを傍系に追いやり、シャンマルをイフリーキースの息子としているのである。これは何を意味するのか。

その一つの手懸かりはマスウーディー（九五六年没）の著書の中に見出せる。彼の記すところによると、すべてのイエメンの支配者がトゥッバァと称したわけではなく、これはシフルとハドラマウトの住民までを支配下に置いた王に限られる称号であるという。シフルはアデン湾に臨むアラビア南岸の港町、一方のハドラマウトはワーディー・ハドラマウト流域の内陸部を指している。この両地の住民を支配したというのは、海岸部も内陸部も含めた広義のハドラマウト地方を支配下に置いたという意味で、ヒムヤルの王ではシャンマル・ユハルイシュが初めてこれを成し遂げた。それを機に彼が採用したハドラマウトの支配者でもあることを示す王号を、彼に続くヒムヤルの王たちも名乗った。したがって、マスウーディーがトゥッバァと称したと言っている支配者とは、実はシャンマル以降のヒムヤル王にほかならない。誰が最初のトゥッバァであったかという点について、伝承間で説が分かれているということは先にも記したが、シャンマルが最初のトゥッバァであったことを意味するこの記事は、実に示唆にとんでいる。

というのも、トゥッバァの語源ではないかと思われるアラビア語の動詞「タビア tabi'a」の語義は「後に従う、続く、継ぐ」であるが、類似の意味を持つ動詞に「アカバ 'aqaba」と「ハラファ khalafa」がある。これらの派生語「アーキブ」と「ハリーファ」がともに「代理」という意味を持つことから見て、タビアの派生語のトゥッバァもかつては同様の意味を表したのではなかろうか。つまり元来この語はアクスム王の宗主権下に置かれたヒムヤル王の、アクスム王の名代としての機能を指す語ではなかったか。

ヒムヤル王のこのような立場を示しているのではないかと思われる史料として、イスタンブルの古代オリエント博物館蔵のRES 3904を挙げよう。欠損のきわめて多い碑文であるが、その七〜八行目に「(ヒムヤル王スムヤファァ・アシュワァと彼の一族は)ヒムヤルの人々に対しては王として、アクスム王に対しては名代として、アクスム王に仕える」と記されていて、ヒムヤル王の対内的・対外的な二重の機能が窺える。この碑文では「名代」を意味する語として「アーキブ」が使われているが、「トゥッバァ」はその同義語であるというのが私の解釈である。ちなみにスムヤファァ・アシュワァはズー・ヌワースを討ったアクスム王によって擁立されたキリスト教徒の王である。

トゥッバァの本質をこのように理解することにより、シャンマルとアクスムの関係を次のように解釈することが可能となる。すなわち、具体的なプロセスを示す史料は未発見であるものの、おそらくシャンマルは父のヤースィルの政策を改め、アクスムとの間に新たな同盟関係を構築する途を選択したのであろう。その関係は対等なものではなく、アクスム王の宗主権を認め、自らは南アラビアにおける名代としての地位を甘受するという構図であったと推察される。だがその代償としてシャンマルは、ヒムヤル国内における自治権を保証されたのみならず、サバァとハドラマウトを併合し、南アラビアを統一するに足るだけの軍事的支援を獲得したのではあるまいか。シャンマル以降のヒムヤル王もこのような立場に甘んじたのは、併合後も反乱の絶えないハドラマウトと後述する北方からの脅威への対応が、最優先課題であったからに違いない。

シャンマルの時代にアクスムに言及した碑文が見当たらないのは、このような形でヒムヤルとアクスムの関係が安定し、南アラビアにおけるヒムヤルの覇権が確立した結果、アクスム王は南アラビアの支配をシャンマルに任せて、自らは軍の大半を率いてアラビア半島から撤収したからではないのか。またハムダーニーやナシュワーンは、このような両者の関係を知っていたからこそ、あえてシャンマルをヤースィルの子とはせず、アクスム王族の系譜に結びつけたのであろう。さらに、シャンマルのこの政治的決断と、彼の後継者たちがその政策を踏襲したという事実が、トゥッバァという称号は彼に始まるという、マスウーディーの書に見られる伝承を生んだのではあるまいか。ちなみにシャンマルの父とされたイフリーキースに当たるアクスム王こそ、先に見たアドゥーリス紀功碑文の作者にほかならない。

少々長くなったが、以上がタバービアの実体と彼らが活動した時代の南アラビアの歴史に関する私の仮説である。では、同時代の北アラビアの情勢はどうであったか。

4　三世紀の北アラビア――隊商都市の相次ぐ衰亡

ハトラとドゥラ・エウロポス

サーサーン朝の初代君主アルダシール一世は、二二四年にアルタバノス四世治下のパルティアを滅ぼし、二二六年にクテシフォンを陥落させてこの地で即位した。この王朝の創始年について、二二四年と二二六年の二つの説が流布しているのはそのためである。パルティアに比べて対外的にはより積極的、国内的にはより集権的な政策を採ったのが特徴で、ローマ／ビザンツ帝国との戦いの初期の段階で、前代に中継交易で繁栄していたシリア砂漠の隊商都市の多くが、両大国の争いの煽《あお》りを食う形で衰退ないし滅亡した。

まず、シリア砂漠のパルミュラと提携することによって繁栄を謳歌してきたカラケーネー王国が、サーサーン朝成立前の二二二年にアルダシール一世によって滅ぼされている。

しかし、サーサーン朝軍の攻撃を受けて滅ぼされた都市として最も重要なのはハトラである。一世紀以降、政治的にはパルティアの宗主権下に成立したアラブ系の小王国の首都として、経済的には中央アジアやメソポタミアからの隊商路とシリアやアナトリアからの隊商路の中継地として、また軍事的にはローマに対峙《たいじ》するパルティアの最前線の要塞《ようさい》都市として発展した。

一一七年にはメソポタミアに遠征したトラヤヌス帝が、その八十年後にはセプティミウス・

セウェルス帝が、さらに二一六年にはその息子のカラカラ帝がこの都市の攻略を試み、いずれも失敗に終わっている。砂漠と草原に囲まれている立地と、堅固な二重構造の市壁、それに市内に立て籠《こ》もる弓兵を中心とする屈強な兵士が、度重なるローマ軍の攻撃を撃退したのである。

　ところが宗主であったパルティアがサーサーン朝によって滅ぼされたことが、この都市の運命を狂わせた。これを機に、最後のハトラ王となるサナトゥルク二世はローマ側に付く途を選び、市内にはローマ兵が駐屯した。しかしサーサーン朝がこれを見過ごすはずはなかった。即位後間もなくここを攻囲した際には成果なく撤退を余儀なくされたアルダシール一世であったが、シャープール一世と共同統治時の二四〇／一年にはこの町の攻略に成功し、ここにおいて、砂漠の隊商都市としてペトラやパルミュラと並び称されるハトラは滅亡した。

　陥落後のハトラは再建されることもサーサーン朝によって要塞化されることもなく放棄された。三六三年にユリアヌス帝のペルシア遠征に従軍したアンミアヌス・マルケリヌスが、皇帝戦死後の撤退の途次、たまたま通りかかった際に目にしたこの町の廃墟について報告している。

　シャープール一世によって滅ぼされた都市として、ハトラと並んでよく知られているのがドゥラ・エウロポスである。ハトラと同じくセレウコス朝時代に町の基礎が築かれ、パルティアの支配下で隊商都市として発展した。地中海岸北部のアンティオキアとティグリス川に臨むセレウキアを結ぶ交易路がユーフラテス川と交差する要衝に位置している。砂漠を越えて西方に位置するパルミュラとの交通も盛んであった。

しかしローマとパルティアの国境に位置していたため、両帝国の争奪の的となるのは避けがたかった。メソポタミア遠征に向かう途中のトラヤヌス帝が、一一五／六年にここを征服し凱旋門まで建てたが、ローマの支配は長くは続かず、一一七年にはパルティアが奪還に成功した。しかしそれも長くは続かず、一六四年にはルキウス・ウェルス帝の遠征で、再びローマ領となった。セプティミウス・セウェルス帝が一九五年にシリア・コエレ属州に編入して以降、ローマの東部国境の軍事拠点としてこの町の整備が進んだ。市街地の大半が造り直され、市壁も強化された。市内に兵営や軍団司令部が置かれた。二一一年にはカラカラ帝によってコロニア（植民市）に昇格させられている。

だがパルティアを滅ぼしローマとの戦いにも積極的なサーサーン朝は、ローマ軍の前線基地ともいうべきこの町の存在を黙認しなかった。二五三年の最初の攻撃は成功しなかったが、二五六年から翌年にかけて、シャープール一世の率いるサーサーン朝軍によって行われた攻撃は徹底したものであった。工兵が厚い市壁の下で掘り進んだトンネルを通ってペルシア兵は市内に突撃し、町は陥落した。

その後はハトラと同じく放棄され、廃墟はやがて砂に埋もれて所在不明となっていたが、第一次大戦後の一九二〇年に、欧米勢力からの独立を指向するアラブ部族の襲撃に備えて塹壕《ざんごう》を掘っていたイギリス軍のインド兵によって偶然発見され、日の目を見るに至った。

エデッサとパルミュラ

サーサーン朝軍がこのようにして、シリア砂漠の重要な都市を相次いで滅亡に追いやっているのと同じ時期に、他方のローマもやはり、国境地帯のよく名の知られた国や都市を滅ぼして自領に併合している。

メソポタミア北部の都市でユーフラテス川の東八〇キロに位置するウルファは、歴史的にはセレウコス朝時代に付けられたエデッサという名で知られる。シルクロードの西端部に臨んでいるだけでなく、メソポタミアとアナトリアを結ぶルートの重要中継地として、また紀元前二世紀後半に遡源《そげん》すると言われるオスロエネ王国の首都として繁栄した。この王国はアラビア北部出身のアラブ人またはナバテア人によって建てられたと考えられていて、王の多くが名乗った即位名を採ってアブガル朝と呼ばれる。東方キリスト教史上きわめて重要な都市である。

王国とはいえ地政学的に見て独立を維持するのはむずかしく、周辺諸国の力関係の変動に伴い、東のパルティア、北のアルメニア、西のローマと宗主国は目まぐるしく変化した。トラヤヌス帝のメソポタミア遠征時にはローマの占領下に置かれ、これを機にローマの影響力が強まった。その後アブガル朝の支配が復活したものの、パルティア寄りの市民が多かったためであろう、第六次パルティア戦争時には前記のルキウス・ウェルス帝による略奪を受けている。

その後、曲がりなりにも独立国としての体裁は保っていたが、カラカラ帝時代の二一〇年代前半（二一二／四年）にローマの属領とされ、さらに二四四年にはついにアブガル朝の王統も絶えて完全にローマに併合された。この年はサーサーン朝のシャープール一世との戦いでローマ皇帝のゴルディアヌス三世が戦死した年に当たっており、ローマ側としてはサーサーン朝に対する戦略の上からも、エデッサを中心とするオスロエネを直接支配する必要に迫られたに相違ない。ただ、敵の攻撃を受けて陥落・滅亡したハトラやドゥラ・エウロポスと異なり、エデッサはこの後も歴史上重要な都市として存続した。

三世紀に滅ぼされた隊商都市として最も有名なのはパルミュラである。ただ滅亡に至る経緯はこれまで見た他の都市とはかなり異なっている。

交易上の長年のパートナーであったカラケーネー王国がアルダシール一世によって滅ぼされたことは、パルミュラにとって大きな痛手であった。その後もサーサーン朝によってパルミュラが旧パルティア領内に持っていた交易拠点が次々に奪われたことにより、隊商交易に依存していたパルミュラの経済は大きな打撃を受けた。またシリアからメソポタミアへかけての地でサーサーン朝とローマの戦いが繰り返されたことによって、交通が妨げられただけでなく隊商が遊牧民の襲撃を受ける危険性も増大した。

このような事態に対応するために、この時代以降パルミュラの軍備増強が進んだように見える。ドゥラ・エウロポスの遺跡から発見された碑文や壁画から、弓兵を中心としたパルミュラ人部隊が、ローマ人司令官の指揮下にこの町に駐屯していたことが窺える。ローマ東方領の対サーサーン朝戦線において、パルミュラ軍の存在は次第に不可欠のものとなりつつあった。

ゴルディアヌス三世の後継者となったのは、親衛隊の長官として従軍していたフィリップス・アラブスであった。シリア生まれであったが先祖がアラビア半島出身者であったことがその名の由来である。シャープール一世との交渉により北部メソポタミアとアルメニアをサーサーン朝側に譲り、さらに多額の賠償金と交換に捕虜の返還を受けたうえで撤退した。血統的に同じアラブ系ということで、この皇帝とパルミュラの関係も友好的であった。

さて、フィリップス・アラブスの在位中はローマとサーサーン朝の間で大きな戦いはなかったが、ウァレリアヌスが皇帝となった二五三年前後より両国は再び戦闘状態に入った。この年、バルバリッソスの戦いでローマ軍を破ったペルシア軍は、アンティオキアにまで進軍した。これに対し、二五六年にアンティオキアを奪還したウァレリアヌス帝は、さらにペルシアへの報復を目的に七万もの軍を率いて東方に向かった。そしてついにエデッサ近郊において両軍は激突した。二六〇年のことである。戦いはペルシア軍の大勝に終わり、ウァレリアヌス帝と七万のローマ兵の大半が捕虜となってしまった。馬上のシャープール一世の前に跪《ひざまず》いて降伏するウァレリアヌスを描いたナグシェ・ロスタムの磨崖壁の浮き彫りは、高校世界史の教科書にも掲載されているほど有名である。

余勢を駆ったシャープールは、翌年にはカッパドキアまで進出して勢威を示したが、意気揚々と帰国の途についたところを、思いもかけず背後よりパルミュラ軍の追撃を受け、多くの戦利品も放棄してクテシフォンまで敗走する羽目になってしまった。二六二年のことで、このときパルミュラ軍を率いたのがセプティミウス・オダエナトゥスであった。

オダエナトゥス

オダエナトゥスはウァレリアヌス帝の奪還にこそ成功しなかったものの、息子のガッリエヌスが後継者として皇帝に即位するのを支援し、私兵を率いて対立候補を攻め滅ぼすなど、おおいに功績があった。そのためガッリエヌス帝の信頼も厚く、東方諸州の防衛を一任されるに至る。

彼の死後に作成されたものではあるが、二七一年八月付けのパルミュラ碑文の中で「諸王の王にして東方全域の総督」と呼ばれている。「諸王の王」というイラン風の称号は、おそらく二六二年のシャープール一世に対する勝利を誇示して自ら名乗ったのであろう。他方「東方全域の総督」は、同年にガッリエヌス帝から贈られた称号である。「インペラトール（将軍）」「レクス（王）」などと称されたのも、これら東方諸地域の支配をローマ皇帝から認められた結果であろう。オダエナトゥスとガッリエヌス帝の合名の貨幣さえ発行されている。

このように自らも「王」と称したオダエナトゥスであったが、ローマの臣属国の地位を脱して独立を指向する気配は感じられない。とはいうものの、当時のローマ帝国は北方異民族の侵入や西方属州の離反（ガリア帝国）によって極度の混乱状態にあったため、オダエナトゥスは事実上の半独立状態にあった。軍人としてのみならず政治家としてもきわめて有能で、叛服《はんぷく》常なきベドウィンの族長たちを懐柔する一方で、メソポタミアからシリアにかけてのオアシス都市も味方につけてサーサーン朝軍と対峙し、ローマの東方国境をよく守備したのは、ローマ皇帝の信頼と授与された称号に十分値する働きであったと言えよう。

しかし二六七年、カッパドキアに侵入したゴート族を迎え撃つべくエメサまで出陣した際に、長男のヘロデスともども、甥《おい》のマエオニウス（オダエナトゥスの早世した兄の息子と言われる）とその一味によって暗殺されてしまった。マエオニウスは自ら「王」であることを宣したが、オダエナトゥスの妃《きさき》であったゼノビアの迅速な行動により、クーデターは直ちに鎮圧され、ここに古代オリエント史上クレオパトラと並び称される、女王ゼノビア登場の運びとなるのである。

ゼノビア

ゼノビアというのはラテン語における呼称で、パルミュラ語碑文ではバト・ザッバイ（ザッバイの娘）と呼ばれている。父のザッバイはシリアに勢力を持つアラブ系部族の族長で、母はギリシア人だったという説が有力である。しかしエジプト語に堪能《たんのう》であっただけでなく、クレオパトラやプトレマイオス朝の後裔《こうえい》であると誇称したことなどから見て、エジプト出身であったとの説もある。エジプト語のほかにラテン語、ギリシア語その他の外国語に通じ、側近として重用した新プラトン派の哲学者ロンギヌスの指導を受けて学問にも明るい才女であった反面、アラブの族長の娘という生まれと育ちから、幼時より乗馬や狩猟に親しみ、夫に従ってクテシフォンへの遠征にも参加したと伝えられる。

『ヒストリア・アウグスタ（ローマ皇帝群像）』という史料によれば、ゼノビアの顔色は浅黒く、瞳《ひとみ》は黒く輝き、歯は真珠のように白く、声は澄んで男のようであったという。さらに十八世紀の歴史家ギボンは、その著書『ローマ帝国衰亡史』の中で彼女について、美貌《びぼう》においてクレオパトラに劣らず、貞節と勇気においてははるかに勝る、まさにオリエント世界屈指の女傑と評している。

ゼノビアはオダエナトゥスの後妻で、父とともに命を落としたヘロデスは先妻の子であった。そしてこのときすでに、ゼノビアとオダエナトゥスの間にはウァバッラトゥスという息子がいたので、暗殺事件はゼノビアの陰謀だったという説も流布している。自らの息子を王位に即けるのに邪魔なヘロデスを片付けるため、叔父の王位に野心を抱くマエオニウスを唆し、凶行後は速やかに彼を討って目的を達したというのである。

ともあれゼノビアは、その後間もなくウァバッラトゥスを父の後継者として王位に即け、自らは若年の息子の共同統治者となることによって権力を掌握し、一連の混乱を収拾することに成功した。その後二年間のパルミュラの情況については史料がないが、ローマでは二六八年にガッリエヌス帝を弑逆《しいぎゃく》して帝位を簒奪《さんだつ》したクラウディウス・ゴティクスも二年後に陣中で病没、その後継者の地位をめぐって争いが起こっていた。

この混迷に乗じる形で、ついにゼノビアはエジプトへ進撃することを決断する。彼女が初期の段階より、ローマの東方属州を糾合して分離独立し、西方のガリア帝国に匹敵するパルミュラ帝国を樹立する意図を有していたか否かは、必ずしも明らかでない。しかし先にも記したように、当時のパルミュラ商人は、それまでの交易ルートがサーサーン朝領となってしまったために、思うような活動ができず苦境に陥っていた。したがって代替ルートとして紅海からインド洋に抜ける海上ルートに進出することが必要、そのためにはこのルートの起点であるエジプトを支配下に置かなければならないという、経済的動機が大きかったのは間違いないところである。

サーサーン朝軍の侵略からローマの東方属州を護るという名目のもとに派遣された将軍ザブダー指揮下の七万の大軍は、エジプト人の協力者も得てローマ軍を破り、アレクサンドリアを占領することに成功した。エジプトはローマにとって穀倉であるうえに、右にも記したようにインド洋交易の要《かなめ》でもあった。したがってそこをパルミュラに占領されたと知ったローマは恐慌に襲われた。まさにかつてアントニウスと結託したクレオパトラが、ローマに反旗を翻したときと似たような情況が出来《しゅったい》したのである。

パルミュラの滅亡

二七〇年にローマ皇帝位に即いたアウレリアヌスは、直ちには反撃に出なかった。ゲルマン人のアラマンニ族やゴート族との戦い、西方属州が分離独立したガリア帝国への対応に追われて、その余裕がなかったのである。二七〇年後半から翌年の初めにかけて、アウレリアヌス帝とウァバッラトゥス、実際上はゼノビアとの間に、なんらかの形で一時的に妥協が成立していたらしいことが、当時の貨幣の銘文やパピルス文書から窺える。ウァバッラトゥスとアウレリアヌスの名と胸像の刻された合名の貨幣が、アレクサンドリアやアンティオキアで発行され、パピルス文書には「我々の主、ローマ人の最も傑出した全能の王セプティミオス・ウァバッラトス・アテノドーロス」と記されている。

ところが二七一年の後半になると、ウァバッラトゥスの胸像のみを刻した貨幣が鋳造されるようになり、しかも彼の名に付された称号は「カエサル」「アウグストゥス」に変化している。これは、ローマから独立した独自の皇帝を戴《いただ》く、いわばパルミュラ帝国の樹立を宣言したに等しい。またこのころになると、ゼノビアの胸像を刻した貨幣も現れる。パルミュラの列柱道路に建てられた石柱の持ち送り碑文では「女王」と呼ばれ、やがて彼女自身、ローマ帝国の皇妃を意味する「アウグスタ」と自称するようになる。

このころがパルミュラの絶頂期で、ローマの東方属州であるシリア、パレスティナ、アラビア・ペトラエア、エジプトを支配下に収めた。さらにゼノビアはアンティオキアから数万の軍勢を送って、カッパドキアのアンキュラ（現在のアンカラ）を占領させた。アナトリアへの進出は、黒海《こっかい》交易への参入を狙ったのではないかとも言われる。その目的は達せられなかったものの、この時点でパルミュラの領土はユーフラテス川からエジプトまで拡大し、一時的とはいえ、東西交易路のすべてを押さえる大国にまで発展したのである。

3－4　パルミュラの列柱道路。石柱の途中に設けられた台座（持ち送り）の上に功績者の胸像が飾られ、台座の側面には紀功碑文が刻された（筆者撮影）

事ここに至って、アウレリアヌスもついにパルミュラ制圧を決意。とりあえず帝国の秩序を回復すると、二七二年の初めに将軍のプロブスをエジプトに派遣する一方で、自らはアナトリアに進軍した。皇帝親征の報に接してこの地域の多くの都市は無血で開城した。パルミュラ軍との戦闘はアンティオキアとエメサ近郊で行われ、いずれもローマ軍の勝利に終わった。ウァバッラトゥスはこのときの戦いで戦死したと言われる。

ゼノビアはパルミュラに退いて籠城《ろうじょう》し、砂漠の中の長期戦で敵の消耗を狙う作戦を採ったが、アウレリアヌスが砂漠の諸部族を懐柔して味方につけ、またエジプトを制圧したプロブス軍が来援して補給路を確立させたことにより、ついにパルミュラの命運は尽きた。敗北を悟ったゼノビアはパルミュラを脱出してペルシアへの逃亡を図ったものの、ユーフラテス河畔に達したところでローマ軍に捕えられ、ここにおいてパルミュラはローマに降伏したのである。二七二年の秋のことであった。アウレリアヌスはパルミュラを略奪も破壊もせず、ローマ軍の守備隊を残して、戦利品と凱旋式の目玉になるゼノビアを伴って撤収したが、帰路ヘレスポントス付近でパルミュラ反乱の知らせを受けると、直ちに引き返してこれを鎮圧。ベール神殿を除いて町のすべてを破壊し、兵士には略奪を許可した。

ゼノビアの後日譚《たん》については二説ある。『ヒストリア・アウグスタ』によれば、二七四年にローマで挙行されたアウレリアヌス帝の凱旋式で、他民族の捕虜（その中にはガリア帝国最後の皇帝テトリクス一世もいた）とともに市内を引き回されたが、その際ゼノビアは金の鎖で自らを縛り、その美貌と威厳をローマ市民に示した。その後はローマ郊外にヴィラを与えられ、裕福な余生を過ごしたという。他方ゾシモスという歴史家は、彼女はローマに連行される途中で、病のためか、あるいは自ら食を断って命を落としたと伝えている。

破壊されたパルミュラの一部はその後、ローマ軍団の基地に姿を変えた。特にディオクレティアヌス帝の時代にはペルシア軍の侵攻に備えた城砦が築かれて、多くの兵士が駐留した。

このようにアラビアからシリアへかけての広範な地域で、隊商都市全般の衰微が観察されるのとは対照的に、アラブ・ベドウィンの活動はこの後見るように、三世紀から四世紀にかけて前代以上に活発になり、各地に大部族連合が結成されていった。当のアラブ自身が残した史料は決して多くないが、周辺諸国の記録から、彼らとの関わりが深まっていく様子とともに、砂漠における彼らの動向を窺い知ることができる。

5　アラブ諸族の動向

キンダ族

キンダ族は先にも記したように、三世紀初頭のサバァ軍によるカルヤ攻略を記録した碑文に登場するのが初出である。かつてマイーン、リフヤーン、ナバテア等の諸王国から来訪した商人で賑わっていた町に彼らの姿はなく、当時は「キンダとカフターンの王、サウル族のムアーウィヤの息子ラビーア」というアラブの首長がここを支配していた。しかしシャァル・アウタルの遠征軍に敗れた結果、この首長はサバァ王国の高原部における首都となっていたサヌアーに連行されたという。

後のアラブの伝承ではキンダはサウルのラカブ（添え名・渾名《あだな》）となっているが、右の呼称を見る限りサウル族はキンダの支配氏族で、その族長がキンダ族とおそらく隣接地に居住していたカフターン族を治めていたように読み取れる。カルヤの遺跡からは、これとほぼ同じか、やや早い時期の「カフターンとマズヒジュの王、［?］族でカフターン人の、ラビーアの息子ムアーウィヤ」の墓碑が出土している。碑文は南アラビア文字で刻されているが、言語は若干サバァ語の混じったアラビア語である。

カフターンは後にアラブの系譜学で、すべての南アラブ系部族の祖と位置づけられる。二世紀前半のプトレマイオスの『地理学』でナジュド高原中央部のマースィル、ハリバーンあたりに置かれているカタニタイという種族に同定できるのではないかと言われるが、碑文史料によれば三世紀の初めにはそれよりも南方にいたことになる。隊商交易のかつての主役たちが姿を消したあとのカルヤを治めていたが、二世紀の末近くにその座をキンダ系の首長に奪われ、やがて歴史の表舞台から姿を消したのであろう。ただ現在もカルヤから見て西南西のアスィール地方の山岳部に、その末裔《まつえい》であろうか、山羊の放牧を主な生業とするカフターンと称する部族が存在する。

キンダ族については、シャァルにやや後れてサバァの王位に即いた兄弟王イルシャラフとヤアズィルの一碑文に、北方の「キンダとマズヒジュとベドウィンの王、バッダーの息子マーリ

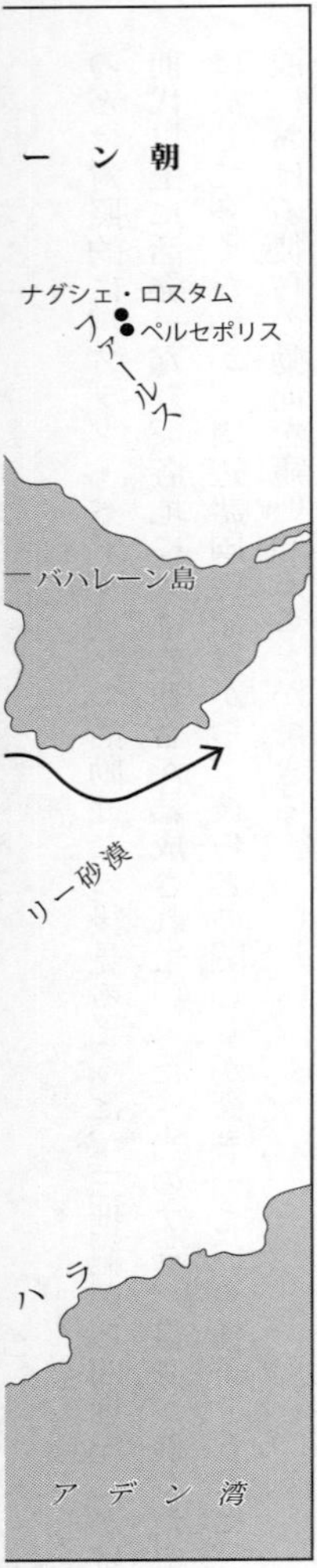

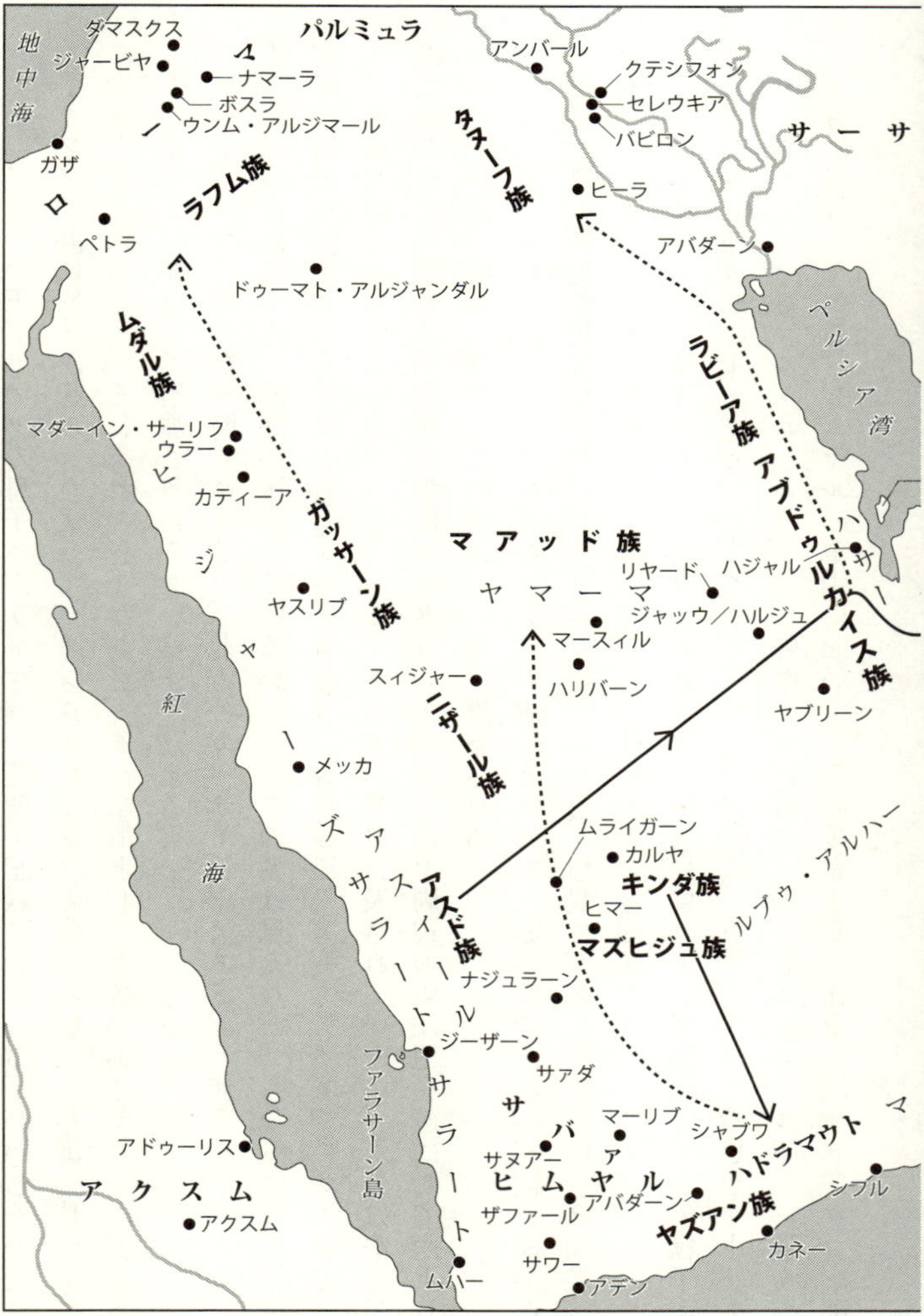

3－5　3～4世紀のアラブ諸族分布図（筆者作製）

ク」と「アスドの王、カァブの息子ハーリス」への遣使が記録されている。しかしその後サバァとキンダの間に紛争が起こったようで、キンダ王マーリクと配下の族長たちは一時マーリブに拘留され、人質としてそれぞれの息子たちを、また賠償として多数の馬やラクダを引き渡すことによって、ようやく解放されたらしい様子が窺える。

イルシャラフの単独統治時代に入ると、北方のガッサーン、アスド、ニザール、マズヒジュ等、諸族の王たちの許《もと》へ使節が送られているが、キンダの名は見えない。ちなみにこの約半世紀後の情況を伝えていると思われるナマーラ碑文（詳細後述）でも、アスドやニザールとともに名前を挙げられているのはマズヒジュで、キンダの名は言及されていない。これは決して偶然ではなく、おそらく三世紀後半にキンダ族の主力はカルヤ周辺の居住地を後にして南下し、サイハド砂漠の縁辺に移住したのではないかと推察される。

ところで、伝承ではハドラマウトがキンダの故地とされているようであるが、紀元前からのハドラマウト関連の碑文にその名が一切現れないところから見て、おそらくその説は間違っている。ハドラマウトとの関係が生じるのは、この移動後のことであろう。

その後しばらくは、南アラビアの対立する諸王国の陣営に傭兵として加わっている様子が窺える。しかし三世紀の末に至り、「キンダとマズヒジュの王、ムアーウィヤの息子マーリク」がヒムヤル王シャンマル・ユハルイシュに帰順して以降は、一貫してヒムヤル軍の一翼を担って遠征に参加している。ヒムヤルの軍中において、この後ますます比重が増すベドウィン部隊の中核となったのがキンダであった。なおアラブ諸族の首長を「王」と呼んでいるのは史料の「マリク」をそのまま訳したものであり、ほとんどの場合その実体は部族や部族連合の長にすぎない。

アスド族

先に、シャンマルがサーサーン朝の王都クテシフォンとセレウキアに遣使したと記したが、実はこのときの使節は、ヒムヤル王の名代としてサァダ市（イエメン最北の要衝）の支配を四十年間も任された人物で、別の機会には「アスドの王、カァブの息子マーリク」の許と、「タヌーフの地」へも派遣されている。北方の事情に詳しい点を買われたに違いない。

すでに幾度か名の出てきたアスド族は、南アラビア碑文を見る限り三世紀にはアスィール方面にいたようである。南下前のキンダ族が占めていた地の西隣に当たる。イスラーム期にはアズドと呼ばれるようになり、系譜学では南アラブ系で、サラートのアズドとオマーンのアズドの二支族から成るとされている。サラートはイエメンからアスィールにかけて南北に連なる山脈の分水嶺《ぶんすいれい》より西側の地域名なので、碑文で言及されているのはサラートのアズドのほうであろう。

一方、現在のオマーン人の中核をなすアズド族は、自分たちの祖先は先イスラーム期にイエメンから移住してきたと言い伝えている。マーリクという人物に率いられた移住第一陣は、サラートを出てワーディー・ハドラマウト沿いに東に進み、オマーン南東部のカルハート付近でアケメネス朝のペルシア人と戦ってこれを駆逐し、この地に居を定めたという。一般にはこの伝説はアナクロニズムで、アズド族の先陣がオマーンに移住したのは一世紀か二世紀前半と言われているが、これもそれほど確かな根拠に基づく説ではない。

ともあれ伝承ではその後、中央アラビア経由でオマーンに移住したアズドの別の一族が、マーリクの末裔に代わって支配権を握った。サーサーン朝からこの一族に与えられたジュランダーという称号がやがてこの一族の名称となり、さらにはマーリク系のアズドもジュランダーと称するようになったという。サーサーン朝とジュランダーの間にはホスロー一世（在位五三一〜五七九年）の治世に協定が結ばれ、前者はオマーンに四〇〇〇人の兵士を駐屯させるとともに、アズドの王の許（おそらくルスターク）に代官を置いた。またペルシア人が海岸地帯に居住したのに対して、アズドは内陸部を領有したという。

タヌーフ

さてタヌーフはというと、タバリーの年代記によればペルシア湾近くで結成された大部族連合であった。プトレマイオスの『地理学』で、先に挙げたカタニタイのすぐ近くに置かれているタヌイタイ／タヌエイタイに同定できるのではないかと言われるが、もしそれが正しければ、最初は内陸にいたのがその後ペルシア湾岸に移動したのか、それとも内陸部から湾岸にかけての広い地域に散在する諸族が大連合を形成したかのいずれかであろう。

サーサーン朝が成立するとその圧力に押されて北上し、ユーフラテス川西方のヒーラからアンバールへかけての地に移住したと伝えられる。しかし実際にはさらに西方に発展したようで、その結果、シリア砂漠においてパルミュラの勢力と衝突する事態に立ち至ったのではないかと思われる。それを窺わせるのが、パルミュラの女王ゼノビアがタヌーフの王ジャズィーマを謀殺したという伝承である。このジャズィーマについては、南シリアのウンム・アルジマールで

3－6　タヌーフ王ガディーマに言及した、ナバテア語（上）とギリシア語で記された墓誌碑文（Fisher, *Arabs and Empires before Islam*, p.29.）

発見された碑文（ナバテア語とギリシア語の二語で記された墓誌）に名を残す「タヌーフ王ガディーマ」に比定され、歴史的に実在したことが確実視されている。伝承ではジャズィーマ自身は、タヌーフとともに北に移動したアズド族の出であったという。先のオマーンのアズドとの関連で言えば、サラートを出て中央ア

ラビア経由でペルシア湾岸に向かったアズドの一派のうち、湾岸を東に進んでオマーンに達した一族と分かれて、タヌーフと行動を共にして北に向から集団もいたと考えると判りやすい。ジャズィーマの王位は彼の甥（姉妹の息子）のアムルが継承した。ラフム朝と呼ばれる王朝を開いたのは、このアムルであったとされる。サーサーン朝のナルセ一世の三世紀末の碑文に、同王の支持者（ただし臣下か同盟者かは不詳）の一人として挙がっている「ラフマーイ王アムル」がこれであろう。ただラフムは南シリアに居を構えていた部族で、彼らが全体としてイラク方面に移動して政権を担ったわけではなく、その中のナスル家の一族（アムルの父方の家系）がユーフラテス川西方でタヌーフ部族連合を統率したのが、世にいうラフム朝である。よってラフム朝という通称はこの政体の実体を指すには不適当、正しくはナスル朝（Naṣrids）と呼ぶべきという意見が専門家の間では強い。したがって本書でもこちらを使用する。

なお、ナスル朝はヒーラを首都としたと言われるが、五世紀以前にヒーラの存在を実証する史料がなく、ジャズィーマに始まる三代の首長とシリアとの関係の深さを見ても、果たして彼らが当初からヒーラを本拠地としていたのか、かなり疑問である。

ちなみにラフム族も南アラブ系に分類されている。しかし彼らとアラビア南部のつながりを示す史料は皆無で、おそらく元々シリア方面にいた集団と考えられる。そもそもアラブを北と南の二系統に分類するのは、ウマイヤ朝期の党争の過程で対立する二派を色分けすることから始まったと言われ、必ずしも当該の部族の出身地を示しているわけではない。

タバリーの年代記が伝えるところによれば、アムルはその後ゼノビアと争ってこれを死に至らしめ、ジャズィーマの仇《かたき》を討ったという。アラブの歴史家の観点から、ゼノビアの死とパルミュラの滅亡が、もっぱら対立するアラブの勢力争いの結果として捉えられている。実際にはパルミュラと利害が衝突するタヌーフの族長が、パルミュラを攻めるローマ軍と手を結んだということではなかろうか。急速に勢力を拡大させたパルミュラが、ローマと敵対する一方で、シリア砂漠では対抗勢力のベドウィンと深刻な摩擦を引き起こしていたことが窺え、非常に興味深い。

ナマーラ碑文

これはシリア砂漠のナマーラ（ダマスクスの南東約一〇〇キロ）で発見され、現在はパリのルーブル博物館に収納されているイムルルカイス（イムルゥ・アルカイス）の墓碑である。右記のアムルの息子、したがってナスル朝の二代目の王に当たるアラブの大族長の遺業、特にその征服と支配の及んだ範囲が、ナバテア文字を使って初期のアラビア語で記されている。貴重な史料であるが碑文テキストの解読と解釈には少なからぬ異論があり、テキストの読みはいまだ確定していない。したがって以下に挙げるのは暫定的な訳文である。

これは全アラブの王、アムルの息子、王冠を戴くイムルルカイスの墓碑である。彼はア

3－7　ナマーラ碑文（Fisher, *Arabs and Empires before Islam*, p.406.）

スドの両族とニザール族、および彼らの王たちを支配した。マズヒジュ族を潰走《かいそう》させ、シャンマルの町ナジュラーンの門前において、槍の穂先で（彼らを）撃ち倒した。さらにマアッド族をも支配した。息子たちに町や村を委《ゆだ》ねて統治させ、彼らはローマのために指揮を執った。彼が死を迎えるまで、彼の事績に匹敵する業をなした王は存在しなかった。二二三年カスルール月七日（西暦三二八年十二月七日）。彼の子孫たちに幸いあれ。

マアッドは半島中央部に広く展開する諸部族の連合体である。ニザール族とマズヒジュ族はこれまですでに幾度か出てきた部族で、前者はマアッドの南方でメッカから見て北東の方角の砂漠に、また後者はカルヤとナジュラーンの間にいたらしい。アスドの両族とはサラートのアスド族と、そこから分かれて湾岸方面に向かった一族を指すと思われる。ただ、当時後者がすでにオマーンに移住していたのか定かでないし、たとえそうであっても、イムルルカイスが遠隔の彼の地までも武力で征圧したとは考えられない。彼が母方の血筋でこの分派につながっていたことが、支配を主張する根拠なのではないか。

要するにイムルルカイスはシリアから南アラビアに向かって遠征し、途中、進撃路に沿った地域の諸部族を従えつつ、ナジュラーンにまで達したのであろう。文面をそのまま事実として受け容《い》れてよいかどうかという問題はあるにせよ、当時のアラビアでは前例のない大遠征が敢行されたことは確かであろう。彼が「全アラブの王」と誇称するのも宜《むべ》なるかなである。

年代的に見て、シャンマルと呼ばれているのがヒムヤル王シャンマル・ユハルイシュであったのは間違いない。ただナジュラーンを征服・占領したとは記されていないし、ヒムヤル側にこの件に触れた碑文は残されていないので、シャンマルの指揮するヒムヤル軍との本格的な戦闘は行われなかったのではないか。

ナスル朝はアラブ諸族、とりわけタヌーフの覇権を握って以降はサーサーン朝との関係を深め、下賜金と引き換えに同王朝西部の砂漠地帯の警備を担うとともに、対ローマ／ビザンツ帝国戦においては先兵の役割を果たしたと言われている。その二代目の王の墓がシリアにあり、しかもローマへの協力が墓誌に記されているとは、いったいどういうことなのであろう。

ラフム族が元来シリア南部に根を張った部族であり、父のアムルはローマのパルミュラ攻めに一役買ったらしいことも考え合わせると、イムルルカイスがローマに協調的であったのはそれほど不思議ではないのかもしれない。しかしその間、サーサーン朝とはいかなる関係にあったか。伝承ではシャープール二世（在位三〇九～三七九年）の治世には、イムルルカイスと息子のアムルがサーサーン朝国境に近い砂漠地帯のアラブ部族を治める役を担っていたとされる。本拠地をヒーラに定めサーサーン朝の衛星国的な地位が確定するまでは、ローマとサーサーン朝との間でどっちつかずの態度をとっていたのであろうか。

イムルルカイスの南方遠征と、先述のシャンマルの北方への遣使の前後関係はよく判らない。また「タヌーフの地」と言われているのが具体的にどこなのか、どういう目的で誰と会見するつもりであったのかも、現段階ではよく判らない。だがいずれにせよ、アラビア半島の南北の勢力が軍事的に衝突したことや、周辺の帝国をも巻き込む外交が試みられていたことが史料から窺えるというのは、これまでになかった新しい事態である。ベドウィン集団の勢力拡大という現実を前にして、これをいかに自らの陣営に取り込んでいくかが帝国の課題となるのも、このころからである。

シャープール二世のアラビア遠征

シャープール二世のアラビア半島遠征について、このあたりで触れておくのが適当であろう。ホルミズド二世の四男でサーサーン朝の第九代君主に当たるこの王は、母の胎内にいるうちから三人の兄を差し置いて君主となることを定められ、誕生前に死去した父によりシャープールと名付けることまでが決められていたという。生没年と在位年が一致するきわめて稀な君主である。

当然のことながら幼少のころは、国政は大貴族たちによって左右され、対外的に積極策は取りにくい情況にあった。それをよいことに、アブドゥルカイス（アブド・アルカイス）族をはじめとするアラブ・ベドウィンがペルシア湾を渡って対岸のイラン側に侵入し、湾岸一帯を占拠したという。ペルシア湾も紅海も海を挟む両岸の地勢・気候に変わりはなく、住民の生活様式もほぼ同じである。その時々の両岸の政治情勢・力関係の変化に伴い、双方の住民は昔からお互いに、対岸への侵入という形で移住を繰り返してきた。

しかしやがて軍の指揮を執れる年齢に達したシャープール二世は、領内のアラブ勢力を一掃したのみならず、バハレーン・ハサー地方あたりからアラビアに攻め込んで、半島中央部の部族を殲滅《せんめつ》しつつヤスリブの郊外にまで迫ったと伝えられる。先にも見たように、アラブ勢力がエチオピアの王に救援を求めたという伝承もあり、このときのペルシア軍の侵攻の激しさを物語っている。年代的には四世紀の第2四半期のことと思われる。およそ四半世紀前にイムルカイスの率いる北からの遠征軍に蹂躙《じゅうりん》された中央アラビアの諸部族に、今度は東からより強力な敵が襲いかかったことになる。さらにおそらくそれからあまり間を置かず、南からベドウィンを主体とする部隊が、波状的にこの地に襲来した。

ヤズアン族の北方遠征

ハドラマウト西部と言われるが、実際にはかつてのアウサーン王国のやや南方に位置するアバダーンというところで、ここを本拠地として四世紀以降大きな勢力に発展するヤズアン族（イスラーム期の文献ではズー・ヤザン）の首長が残した長文の磨崖碑文が発見された。

内容の大部分は、この一族が三代にわたって行った一二度の遠征の記録である。末尾に西暦に換算して三六〇年に当たるヒムヤル暦による年紀があるので、記されているのは四世紀の第1四半期から半ば過ぎにかけて起こったことであろうと、おおよその見当がつく。

三代にわたるヒムヤル王にも言及がなされているが、王名に正規の王号が付されずライダーン城主とのみ呼ばれているのは、きわめて異例なことである。先にも触れたように、シャンマル・ユハルイシュの治世に続く四世紀のヒムヤルには複数の王が乱立し、王権が弱体化して混乱した時代であったという印象を受ける。ヤズアン族はこの機を捉えて、勢力の拡大を図ったのではないかと思われる。一二度のうちヒムヤル王に従ったのはサラートやアスィールを対象にした四度の遠征だけで、他の遠征については、通常は見られる「王の命令によって」という一句がなく、どうもヤズアン族の主導で行われたらしい。

当初この一族を脅かしていたのはすぐ東隣のハドラマウトであったが、これを圧倒して後は、近隣諸族のベドウィン部隊を率いて半島中央部への遠征を繰り返した。ちなみにヤズアン族自身はベドウィンではなく、南アラビア土着の集団である。四度目の遠征では、東進してハドラマウト、マハラを転戦した後に、長駆ヤブリーンを襲撃しているのに驚かされる。ヤブリーンはリヤードの南東およそ二八〇キロに位置するオアシスで、マハラから北上するにはルブゥ・アルハーリー砂漠を越えて行かねばならない。また八度目の遠征では、リヤードとヤブリーンの間に位置するジャッウとハルジュまで進軍して、マアッド部族連合の諸族と交戦している。

最後の一二度目の遠征にはキンダ族やマズヒジュ族も加わり、二〇〇〇人の戦士と一六〇騎の騎兵からなる部隊が、メッカ北東のスィジャーの井戸のあたりでマアッドに属すアブドゥルカイス族の支族と戦った。そこはニザール族とガッサーン族の領地の境界に当たると記されている。アブドゥルカイスはバハレーンの対岸あたりのペルシア湾岸にいたことが知られているが、一部はかなり内陸にもいたことがこれから判る。

ヤズアン族の一連の遠征は、交戦後は敵から奪った馬、ラクダ、羊などの戦利品と捕虜を伴って帰還するという略奪行の範囲を出ないもので、次章で見るような、征服地に部隊がそのまま居座るという、占領、移住とは形態が異なっていた。それにしても、南アラビアの最南部と言っても過言ではない地の部族が中心となり、半島中央部へ略奪行が繰り返されるとは、それまで例のなかったことである。時代的・地域的に見て、イムルルカイスの遠征に対する報復とは考えられず、むしろシャープール二世の遠征によってマアッドをはじめとする諸族が混乱に陥り、弱体化したのにつけこんでとられた行動と解したほうがいいようである。

ガッサーン族

イスラーム勃興に先立つ世紀に重要な役割を演じるガッサーン族については次章で詳しく扱うが、やがてライバルとなるラフム族とキンダ族についてはすでに紹介を済ませているので、彼らについても四世紀までの史料の範囲内で簡単に見ておきたい。

アラブの系譜学ではラフム族と同じく南アラブ系に分類され、先イスラーム期に南アラビアからシリアに移動したと言われることの多いこの部族の原住地は、実際にはどこであったのか。史料上の初出は三世紀半ばごろ、族長の許へサバァ王イルシャラフから使節が送られたことを伝える碑文の記事である。この使節は同時にアスド族やニザール族の族長の許へも行っているので、当時のガッサーン族の居住地もアスィールからヒジャーズあたりではないか、との見当はつく。

さらに次世紀のアバダーン碑文に、ヤズアン族の遠征隊がアブドゥルカイスの支族と戦ったスィジャーの井戸付近が、ニザールとガッサーンの境界と記されている。スィジャーというのはメッカから北東の方角におよそ三八〇キロ離れた、三つの井戸と小さな岩山のある場所の名称だという。この碑文からはニザールとの位置関係までは判らないが、次のナバテア語の碑文からそれが明らかになった。

かつてデダーン王国が栄えたヒジャーズ北部のウラーの南東五〇〜七〇キロに位置するカティーアという場所で、岩壁に三世紀か四世紀のものと思われるナバテア文字で「ザイドマナートの息子のアッサーン王ハーリサト」と記された碑文が発見されたのである。ここから四世紀前後にガッサーン族はスィジャーを挟んでニザール族の北に位置し、そこからウラーあたりにかけてのヒジャーズ地方にいたらしいと推察がつく。なおナバテア語にはアラビア語のガインに当たる子音がないので、ガッサーンはアッサーンと表記される。さらに三六三年、ユリアヌス帝のペルシア遠征に従ったアンミアヌス・マルケリヌスが、ユーフラテス河畔でアッサーン族のサラセンの族長から待ち伏せ攻撃を受けたと、著書に記している。これも著者がアラム語の発音を採用したまでで、問題のアッサーンがガッサーンであることに異論はない。

このように、史料ではかなり広い範囲からガッサーン族やその首長に言及する記事が出てくるが、彼らがヒジャーズからユーフラテス河畔に至る広い地域を領域としていたことなどありえず、支族が広範囲に散居していたと解するほかはない。この情況はこれ以降も変わらず、ガッサーン族がまとまって軍事的・政治的に行動したことはなかったと考えられている。それが次章で見るように、ローマ／ビザンツ帝国の衛星国としてのガッサーン朝というのは虚構、と批判される所以《ゆえん》である。

マヴィア

本節の最後に、ベドウィンの族長として勇名を轟《とどろ》かせたマヴィアについて語ろう。彼女については、アラブ諸族へのキリスト教の布教という観点から、キリスト教会史家が強い関心を示して記録を残している。それによると、彼女は死去した夫の跡を継いで族長の地位に即いた。亡夫はローマと同盟関係にあったらしいが、当時のこのような関係は属人的なもので、当人が死去すれば御破算になる慣いであった。そこで早速マヴィアは一族を率いて、シリア南部からエジプト北東部へかけてローマ領の町や村を次々に襲い、寇掠《こうりゃく》をほしいままにした。

たまりかねたローマ側が和平を申し入れると、マヴィアは講和の条件として、モーゼスという隠修士を主教として彼らの許に派遣することを求めた。これに応えてローマの当局は、砂漠に隠遁《いんとん》していたモーゼスに、アレクサンドリアで大主教による叙任を受けさせようとした。ところがモーゼスがアリウス派の大主教によって叙任されるのを頑強に拒んだため、事態はおおいに紛糾した。教科書的には、キリストの人性を強調するアリウス派は、三二五年のニカイア公会議で異端と宣告されたことになっている。しかし実はその後も、ローマ皇帝の中にはこの派を熱烈に支持する者がいた。事件当時のウァレンス帝もその一人であったため、アレクサンドリア教会の大主教にアリウス派のルキウスが任命されていたのである。

しかしこの一件、結局ローマ側が譲歩し、モーゼスは砂漠に追放されていた「正統派」の司祭から叙任され、アラブ部族民たちの主教となって以後の布教に尽くしたという。一方、要求が通ったマヴィアは、矛を収めてローマとの間に改めて同盟の協約を結んだ。

ところで、史上有名なゲルマン民族の大移動が始まったのがまさにこのころである。ゴート族の領内侵入に直面したローマは危機的な情況に置かれていた。右記のウァレンス帝は三七八年のハドリアノポリス（アドリアノープル）の戦いで戦死し、ゴート族は首都のコンスタンティノープルに迫った。このとき、風雲急を告げる首都を防衛するために、マヴィアは麾下《きか》のベドウィン部隊を援軍として派遣した。教会史家の伝えるところでは、蛮族のゴート人もアラブ・ベドウィンの蛮族ぶりには度肝を抜かれたらしく、怖《お》じ気をふるって撤退を余儀なくされた。

これ以降、シリア砂漠を中心にアラブ部族民へのキリスト教の布教が進んだという。ただしマヴィアがすでにキリスト教徒であったのか、それともモーゼスによって洗礼を授けられたのかについては、説が分かれている。

第四章　アラビアの古代末期——諸勢力の角逐

この章で扱うのは、一般にジャーヒリーヤ時代と呼ばれている時期である。「ジャーヒリーヤ」とは「無知」「無明」というような意味で、ムハンマドを通じてアッラーの啓示がアラブに伝えられる以前の時代を、イスラームにおける伝統的時代区分でこのように呼んでいる。なかでも歴史的にイスラーム前の約百五十年間を指すのは、アラビア史においてその時期がイスラーム誕生の前段階の社会的・文化的素地を形成した時代であることと、イスラーム時代になって記録されるアラブの詩人たちが詠《うた》った事象の多くが、おおよそ五世紀半ば以降に位置づけられることによる。しかし先イスラーム期のアラビアが決して「無知」でも「無明」でもなかったことは、これまで見てきたところから明らかである。この時代を「ジャーヒリーヤ」と呼ぶのは、あくまでもイスラーム的観点から見てのことにすぎない。したがって本書では、この術語を章題とするのは避けることにした。

とはいえ以下に見るように、五世紀半ばごろからイスラーム誕生までのアラビア史は、確かに一つのまとまった時代相を示している。そこで第六章でイスラーム勃興後の時代を中世と呼ぶことに合わせて、本章ではこの時期をアラビアの古代末期と呼ぶことにしたい。

1 オリエント三列強とアラブ三王国の対立と抗争

ヒムヤル王の中央アラビアへの遠征

四世紀のヒムヤル王国は複数の王が乱立気味で、どこに王権の中枢があるのか判らぬような情況であったと前章に記したが、それでも世紀の前半から確認できる一つの王統にやがて権力は集束し、五世紀の半ば過ぎにかけて少なくとも五代続く王朝を形成した。そのうち最後の三代の王については、ハムダーニーやナシュワーンによるヒムヤル王の系譜にも名を挙げられているので、確かに実権を握っていた王だったのであろう。このうち、四世紀末から次世紀の半ば近くまでおよそ半世紀の長きにわたって王位にあったアビーカリブ・アスアドは、後世の伝承でイラクに遠征したと語り継がれるほど強力な支配者であった。

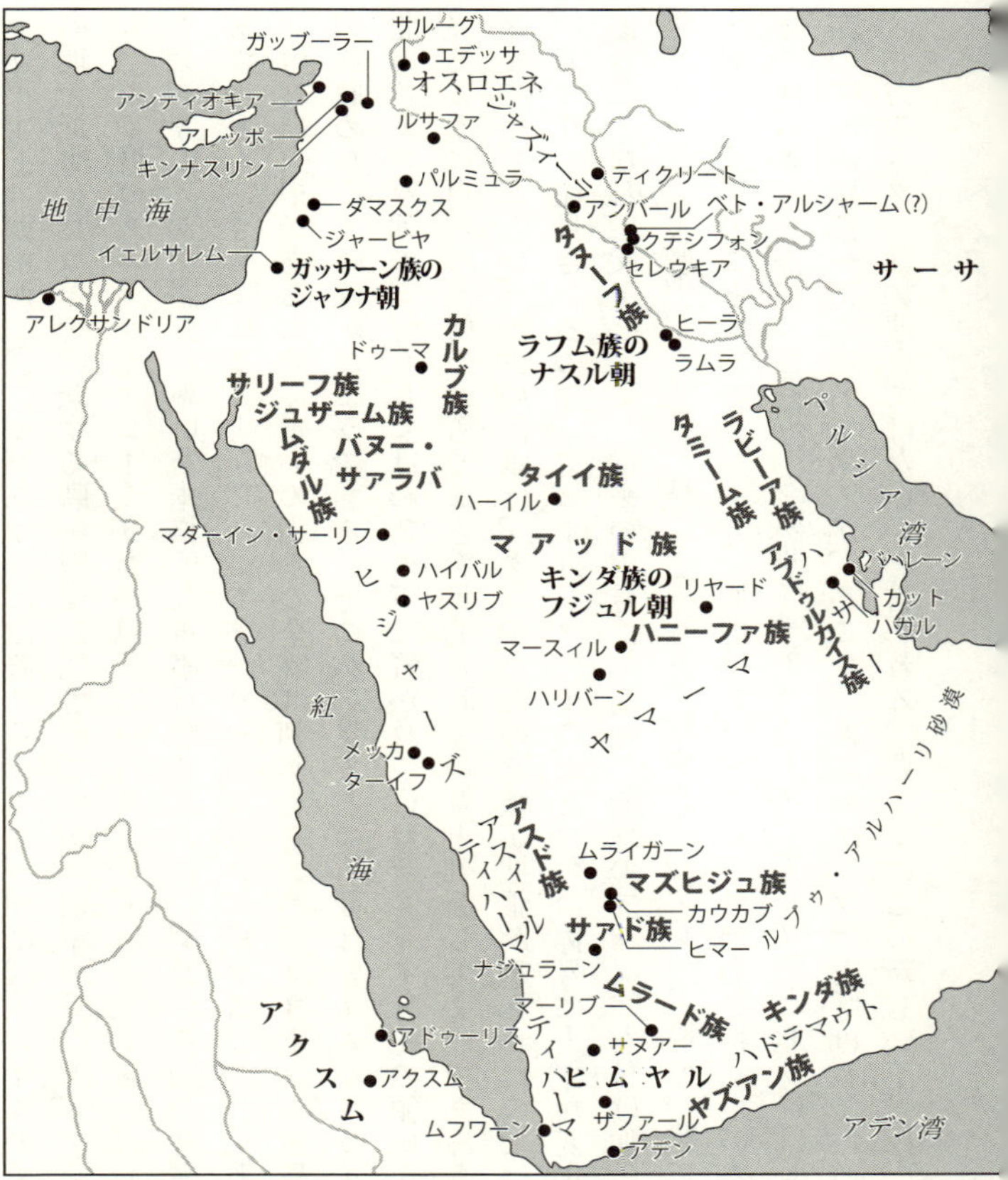

4－1　5～6世紀のアラビア（筆者作製）

リヤードの西南西二〇〇キロあまりに位置するマースィルに、ヒムヤルの遠征軍がマアッドの地を征服したことを記念する磨崖碑文が残されている。前章で見たヤズアン族の遠征と異なり、この度はヒムヤル王アビーカリブが息子のハッサーン・ユハァミンとともに陣頭に立ち、キンダ等のアラブ諸族も率いた本格的な軍事行動であった。関連する別の碑文にマースィル周辺の地名が記されていることから、このあたり一帯で戦いが繰り広げられたと推察できる。

碑文に欠損があるために戦いの相手の全容は判明しないが、タヌーフの族長たちと戦って勝利を収めたことは確かなようである。そこから見てこの遠征は、イムルルカイスの遠征以来、北方のナスル朝の支配もしくは影響の下に置かれていたマアッドとその領域を征圧し、次項で見るように自らの支配下に置くことを目的としていたと判断してよいであろう。遠征軍がイラクまで達したという後世の伝承は、タヌーフとの交戦が拡張解釈されたのではないだろうか。

何よりも注目されるのは、アビーカリブ父子の王としての称号に大きな変化が見られる点である。すなわち父子ともに、従来の王号に「高地と低地のアラブ」を付け加えた新しい王号を帯びている。「高地のアラブ」は、おそらく半島中央部のナジュド高原一帯に勢力を張るマアッド部族連合のことであろう。一方「低地のアラブ」がどの勢力を指しているのかは、いまひとつはっきりしない。「低地」の原語は「ティハーマ」で、文字どおりにはヒジャーズよりも西の紅海沿岸部一帯の地名であるが、ここで「低地のアラブ」と呼ばれているのは、ヒジャーズ北方のムダル部族連合ではないかと言われる。要するにこの新しい王号は、南アラビアのヒムヤルの王が、半島の中央部から北西部へかけての諸族を支配下に置いたことを公に宣言したものと解せる。

この碑文には年紀がないため遠征の正確な年代は判らない。しかしヒムヤル暦で西暦四三三年に当たる年が記された別の碑文では、アビーカリブ父子の王号にまだ変化は見られない。したがって遠征が行われたのはそれ以降、おそらく四四〇年代ではないかと推察されている。

キンダ王国フジュル朝の成立

ところで、この遠征が先のヤズアン族のそれと異なっているもう一つの点は、従軍したキンダ族を中心とする部隊の一部が、そのまま征服地に居座ったと思われる点である。

というのもアラブの伝承では、キンダ王国の建国がアスアド・アルカーミル（アスアド・アブーカリブとも呼ばれ、碑文のアビーカリブ・アスアドに比定される）の遠征と結びつけて語られているのである。それによれば、アスアドによって征服されたアラビア中央部にキンダ王国が建てられたが、その王には、アスアドの息子ハッサーンの異父兄弟との説もあるフジュル・アーキル・アルムラールが立てられたという。このハッサーンと、アビーカリブの息子で遠征にも同行したハッサーン・ユハァミンとの同定については異論ない。またフジュルについては、ナジュラーンの北東に位置するカウカブの近くに残されている碑文の「キンダ王、アムルの息子フジュル」がこれに相当するのではないかと言われている。

これらの推定が正しいとすると、三世紀後半にいったん南に移住したキンダ族はこの遠征を機にその一部が北方に進出し、ヒムヤル王の名代的な立場でマアッド部族連合を支配・統率したものと思われる。その政体を従来はキンダ王国と呼びならわしてきたが、キンダ族の主体はハドラマウトの北辺に留《とど》まったままで、北へ移動したのは一部にすぎない点から見るとこの通称は不適当、フジュル朝（Hujrids）と呼ぶほうが実状に合っているのではないかという意見が最近では強い。

ともあれこのような形で、ヒムヤルの衛星国的存在としてキンダ族の支配する王国が、五世紀半ばに半島中央部に成立した。伝承によればフジュルは半島北東部のラビーア族にも影響力を有しており、彼らを率いてペルシア湾岸のハサー地方や、ナスル朝の支配領域であるイラク近辺にまで遠征して略奪を働いたという。また半島北西部においては、当時ローマと同盟関係にあり、下賜金の支給と引き換えに南部国境をベドウィンの襲撃から警護する任を負っていたサリーフ族の首長と戦い、これを破ったという伝承もある。

アラブの首長の権威が、武力だけでなく配下に富を分配できる能力にかかっているのは、今も昔も変わらない。現在は原油収入を有力部族の族長に分配することによって、アラブ諸国の王たちの地位は保たれているが、いま問題になっている時代では、部族連合の首長の富の源泉は、略奪品と隣接する帝国からの下賜金であった。気前のいい首長の許には周辺部族が参集して部族連合が形成されたが、いったん富の分配が滞ると「金の切れ目は縁の切れ目」とばかりたちまちにして連合は瓦解《がかい》するのが常であった。それだけに大所帯を抱えた首長は、たえず周辺各地に部隊を送って略奪品の獲得に努める一方で、パトロンの帝国との関係維持にも意を用いたのである。

他方、ベドウィン勢力の強大化という事態に直面した周辺の帝国にとって「夷《い》を以《もっ》て夷を制す」政策は理に適《かな》ったものであった。有力首長に下賜金を給付して懐柔し、ベドウィンの襲撃や侵入の危険に曝されている国境の警備を肩代わりさせるとともに、戦時には先兵の役割を果たさせたのである。サーサーン朝とナスル朝、ローマ／ビザンツとサリーフ族や六世紀のジャフナ朝との関係は、まさにそのようなものであった。ただヒムヤルとキンダ族に関しては、そもそも前者とアラブ諸族の関係がサーサーン朝やローマ／ビザンツと異なっていたことや、フジュル朝成立の経緯から見て、これとは違っていたと思われる。ヒムヤルにとってフジュル朝は、北からの脅威に対する防波堤というより、自らが北へ進出するための橋頭堡《きょうとうほ》であったのではないか。

ハーリス・アルマリクの栄光と挫折

このフジュル朝の勢力が最も大きくなったのが、フジュルの孫ハーリス・アルマリクの時代である。五二七年末か翌年初めに死を迎えるまで、四十年もしくは六十年の長きにわたって王位にあったと伝えられる。イスラーム系の伝承によれば、最盛期にはナスル朝の首都ヒーラを占領しただけでなく、ユーフラテス川を越えてメソポタミア南部にまで進出を図ったという。ただその時期については、ナスル朝の最盛期を現出したムンズィル三世（在位五〇五年ごろ〜五五四年）の前任者時代という伝承とムンズィルの治世中という伝承があって、判断に窮する。

なお後者によると、ムンズィルは宗主であったサーサーン朝のカワード一世（在位四八八〜四九六年、四九八／九〜五三一年）から、当時この王が肩入れしていたマズダク教を受容するよう求められたが、これを拒否したためヒーラを追われ、代わって要求に応じたハーリスがヒーラとその周辺の支配を認められるようになった。しかしカワードの息子のホスロー一世（在位五三一〜五七九年）の即位とともに情況は一変、ムンズィルが復権し、ハーリスは家族や財産を残したままヒーラからカルブ族の領域に逃れたものの、そこで死を迎えたという。この伝承ではハーリスの没年とホスローの即位年との間に齟齬《そご》が生じるが、ホスローは即位前より父を説得してマズダク教弾圧に政策を転換させているので、ハーリスの失権はそのときに起こったと考えれば、年代上の矛盾はある程度解消される。

ちなみに前後の事情は不明なのだが、ハーリスは娘のヒンドをムンズィルに輿入《こしい》れさせ、二人の間に生まれた息子が後にムンズィルの王位を継いでいる。ヒンドは熱心なキリスト教徒でヒーラに修道院を建設し、生家と婚家の諍《いさか》いにもかかわらず妃としての地位を保持して、ヒーラの人々から篤《あつ》く尊敬されていたという。

以上はイスラーム系の伝承に基づくハーリスの半生であるが、ビザンツ側の史料の伝えるところはこれと異なっている。それによると、皇帝アナスタシウス一世（在位四九一～五一八年）がこのハーリスの許へ使者を送って同盟の協約を結んだという。ところがパレスティナ州の総督であったディオメデスとハーリスとの間に不和が生じ、身の危険を感じたハーリスは砂漠に逃れた。だがこの情報を得たムンズィルが直ちに部隊を派遣してハーリスを殺害したというのである。

これら二つの系統の相反するように見える伝承を、整合的に理解するにはどうすればよいのであろうか。最も無理のない解釈は、いったんはヒーラを占領しイラク方面にも勢力を伸ばしたハーリスが、結局ムンズィルとの争いに敗れて撤退したのを知って、ビザンツ側がこれを自らの陣営に取り込もうとしたものの、皇帝の意向とは裏腹にハーリスと現場の総督が衝突してしまったため、同盟関係が長続きしなかったということではないか。ハーリスが孤立したのを知ったムンズィルはその機を逃さず、すかさずこれを討ったのであろう。

興味深いのは、ヒムヤルの衛星国的存在であったはずのフジュル朝の首長が、ビザンツと協約を結んで下賜金を受け取るような関係に入っていることである。後述するように六世紀に入ると、ビザンツ皇帝はキリスト教徒のヒムヤル王やアクスム王に積極的に働きかけて、サーサーン朝およびその支援を受けたアラブ部族やユダヤ教徒に対して共同戦線を張ろうと試みている。アナスタシウス帝がハーリスと協約を結んだのもそのような政策の一環で、ヒムヤル側も了解済みだったのではないか。その後ユスティニアヌス帝がヒムヤル王に使節を派遣し、ハーリスの子孫をマアッドの王にしてくれるよう依頼しているところから、ビザンツ側はヒムヤルがフジュル朝の宗主であることを十分認識していたと判断できるし、引き続きフジュル朝の戦力に期待するところ大であったことが見て取れる。

ナスル朝ムンズィル三世の活躍

ジャーヒリーヤ時代のアラブ三王朝の中で、フジュル朝とジャフナ朝は実は数代しか続いていない。それに対してナスル朝はヒーラを中心に三百数十年続いており、真に王国と呼べるのはこの王朝のみとさえ言われる。その王朝で最も華々しい活躍を見せたのがムンズィル三世で、六世紀の初めから半ば過ぎにかけ半世紀の長きにわたって王位にあり、アラビアの覇権を賭《か》けて他の二王朝と争う一方で、サーサーン朝の対ビザンツ戦においても大きな働きを見せた。

時のサーサーン朝の支配者はカワード一世とホスロー一世であったが、特に後者はムンズィルをオマーン、バハレーン（ハサー地方）、ターイフ（メッカの東南東九七キロの都市）に至るまでのヤマーマ、それにヒジャーズの残りの地域の王に任じたと、歴史家のタバリーが伝えている。要するに、ジャフナ朝の支配下にあるシリアと、ヒムヤル王国の支配下にある半島南西部を除く、全アラビアの支配を彼に委ねたということであろう。ホスローの即位は五三一年であったが、ムンズィルはそれに数年先立つ五二七／八年にフジュル朝のハーリスを殺害し、半島中央部に勢力を持つこの王朝に大きな打撃を与えたばかりであった。おそらくホスローは、このようなムンズィルの勢力拡張を追認しただけでなく、ジャフナ朝やフジュル朝の残党、およびそれを背後から支えるビザンツやヒムヤルとの戦いを積極的に支援したと思われる。

しかし実はそれ以前より、ムンズィルがキンダ族の支配する中央アラビアに勢力拡大を図っていたことが、マースィルに残されている先に挙げたのとは別の磨崖碑文から確認できる。西暦五二一年に相当する年紀のあるこの碑文は、ヒムヤル王マァディーカリブ・ヤァフルが、ムンズィルに支援されたアラブ諸族の反乱を鎮定するために遠征してきたことを記録した碑文で、キンダとマズヒジュのベドウィン部隊のほかにバヌー・サァラバとムダルの部隊も従軍したと記されている。ただ、このキンダとマズヒジュはヒムヤル王が南アラビアから率いてきた部隊のようで、この地域を支配していたはずの肝心のフジュル朝ハーリスの動向が不明なのがやや不可解である。

後述するようにマァディーカリブは、アクスム王によってヒムヤルの王位に即けられたキリスト教徒の王であった。この当時ヒムヤルでは、ユダヤ教徒の王によってキリスト教徒の迫害が行われたため、自身もキリスト教徒でヒムヤルの宗主をもって任じていたアクスム王は、ヒムヤルに軍を派遣して王の首を挿《す》げ替えることを繰り返していた。またこの当時ムダル部族連合を率いていたと思われるバヌー・サァラバはガッサーンの支族で、別の史料の中で「ローマ人たちのアラブ」と呼ばれているところから見て、ビザンツと同盟関係にあったことは明らかである。つまりこのときの遠征は、勢力を南に拡張しマアッドの支配を企てるムンズィルを押し戻すために、フジュル朝の力だけでは不十分と見たヒムヤル王が自ら部隊を率いて出撃したもので、バヌー・サァラバの率いるムダルの部隊は、ビザンツのユスティヌス一世（在位五一八〜五二七年）からの援軍と考えられる。

ユスティヌスがサーサーン朝のカワードと対立していたこの時期、ムンズィルはメソポタミア北部からエジプトまで続くビザンツ領のあらゆる地点で侵入を繰り返し、破壊と略奪の限りを尽くしていたとビザンツ側の史料は伝えている。このムンズィルが当時のアラビアを含むオリエント世界の政治的・宗教的対立の焦点となったのが、五二四年の二月に開かれたラムラにおける会見である。そもそもの発端は、ムンズィルがビザンツ領のオスロエネを攻めて、軍の指揮官二名を捕虜にしたことであった。それに対してユスティヌス帝はムンズィルの許に使節団を送り、捕虜の返還交渉を行った。会談はムンズィルが滞在していたヒーラ南東のラムラという場所で行われ、結果的には二名の捕虜は解放され、ムンズィルとの間に和平協定も結ばれた。

しかしこの会見が歴史上注目されるのは、その場に前年領内のキリスト教徒の虐殺を行ったユダヤ教徒のヒムヤル王からの使節が到来し、会見の参加者の前で披露されたムンズィル宛《あて》の書簡の中で、この王が自らの反キリスト教運動への支持を求めるとともに、ムンズィルにも領内のキリスト教徒の弾圧を勧めたことによる。しかし、結局ムンズィルはヒムヤル王の願いには耳を貸さずに終わったという。ヒーラをはじめとして領内に多くのキリスト教徒を抱えるムンズィルは、宗教的にはきわめて慎重であった。後述するように、当時のキリスト教界の教義・宗派対立はきわめて深刻であったし、宗主のサーサーン朝がゾロアスター教を国教としている事情も考えれば、彼の対応は妥当なものと評価できる。

ともあれこの時代にはビザンツ、サーサーン朝、ヒムヤル、アクスム、それにアラブの諸王国の思惑が、軍事・政治面のみならず宗教的対立も絡んで、非常に複雑化していた。右記のヒムヤルにおけるキリスト教徒迫害も、後述するように間もなく周辺諸国を巻き込む国際的な事件に発展する。一方で、このようなムンズィルの寇掠にほとほと手を焼いたユスティニアヌス帝により、ガッサーン族に属するジャフナ家のハーリスが取り立てられ、やがて世に言うガッサーン朝の隆盛を見る運びとなるのである。

ジャフナ朝ハーリスの登用

ガッサーン族の四世紀の動向については前章で見たところであるが、この部族とビザンツ帝国の関わりが史料から窺えるのは五世紀の末ごろからである。

九世紀の歴史家イブン・ハビーブによると、当時ビザンツと同盟関係にあったアラブ部族はサリーフ族で、ビザンツ領内のアラブ諸族からビザンツに納める税を取り立てる役目を任されていた。サァラバに率いられて南から移動してきたガッサーン族も、当初は要求されるまま税を納めたが、やがてこれに反抗してサリーフ族と戦いになり勝利を収めた。これに慌てたのがビザンツ当局で、ガッサーン族がサーサーン朝側についてビザンツ領を侵すのを恐れ、早々に使節を送って同盟の協約を結んだという。以後、下賜金の支給と引き換えに、ガッサーン族がそれまでサリーフ族が担っていた役割を果たすことになった。

おそらくこれと同じ事件と思われる記事が、ビザンツ側の史料にも残されている。テオファネスの年代記によると、五〇二年ごろにアナスタシウス帝が、ガッサーン族の首長としては初めてサァラバの息子ハーリスと同盟の協約を結んだ。それ以降パレスティナ、アラビア、フェニキア等の属州が平穏と平和を享受できたと記されているのは、言外にそれまでガッサーンの部族民がこれらの地域の町村を荒らし回っていたことを示している。アナスタシウスはフジュル朝のハーリスとも協約を結んでいるので、相前後して二人のハーリスと同盟して国境地帯の守備を固めようとしていたことが判る。なお先に見たヒムヤル王の遠征軍にムダルを率いて加わったバヌー・サァラバとは、この一族のことであろう。

しかしこのような努力にもかかわらず、アナスタシウス、ユスティヌス両帝の時代を通じて、国境を警備するビザンツ軍もアラブの同盟軍も、ムンズィルの神出鬼没とも言える活動を制御しきれず、寇掠をほしいままにされていたことは、すでに見たとおりである。

そこでユスティニアヌス帝は、バヌー・サァラバとは別の一族に属するジャフナ家のジャバラの息子ハーリス（在位五二八／九～五六九／七〇年）を取り立てて、ビザンツと同盟関係にあるすべてのアラブの統率者に任命し「王」としての権威を授けた。五二八年か五二九年の出来事である。ただ当時の盟約関係は本来属人的なものなので、ユスティニアヌスが同盟したのはハーリスとであってガッサーン族とではない。またハーリスが各地に散居するガッサーン族全体の首長になったわけでもない。ビザンツ皇帝の権威を後ろ楯に、下賜金を軍資金にしたハーリスとその一族が、ジャフナ家の幕営地であったゴラン高原のジャービヤを拠点にシリア周辺のアラブ諸族を糾合し、ムンズィル率いるペルシア側のアラブに対抗するというのがこの政体の本質であった。したがってガッサーン朝という通称は適当ではなく、ジャフナ朝（Jafnids）と呼ぶべきではないかというのが専門家たちの最近の見解である。

その後、ハーリスとムンズィルの戦いが延々と続くことになる。ビザンツとサーサーン朝の間には間歇《かんけつ》的に休戦条約が締結され、少なくともその間戦いは停止したが、条約には両国と同盟関係にあるジャフナ朝やナスル朝に関する取り決めがなかったということもあり、両帝国の休戦期間中もアラブ同士の戦いは、宗主国の代理戦争の様相を呈しながら続いた。ビザンツの歴史家プロコピウスは武人としてのハーリスの能力にかなり辛い評価を下しているが、それでもついに五五四年、アレッポの南西の方《かた》キンナスリン近郊の戦いでハーリスは宿敵ムンズィルに勝利して命を奪うという戦果をあげ、ユスティニアヌス帝による抜擢《ばってき》に応えたのであった。

2　アラビアの一神教化の進展

先イスラーム期のアラビアの宗教

他の諸地域における初期の信仰も、他との違いが際立つ岩石や樹木、あるいは自然現象を対象とするアニミズム的なものであった。半島内の砂漠に点在する壁一面に巡礼者が自分の名を彫りつけた岩山や、カァバ神殿の壁に嵌《は》め込まれた黒石に代表されるような隕石《いんせき》、さらにはナバテアの遺跡でよく目にするベティルと呼ばれる柱状の石の浮き彫りなどは、アラビアにおける聖石信仰の根強さを示している。

都市や国家が成立すると、それぞれ特定の神を守護神として崇《あが》めるようになった。パルミュラのバァル、ナバテアのドゥシャラ、サバァのアルマカーなどがそれである。しかしいずれの国においても国家神のほかに多くの神々が存在し、人々はごく自然に複数の神々に奉納を行い願を掛けていた。農業や隊商交易の重要性が高まるにつれ、太陽・月・金星などの星辰《せいしん》や嵐《あらし》・雷などの気象現象が神格化されるようになる。

砂漠の民が信仰する神々も次第に人格化が進み、個性が明確になってくる。ウッザー（ウッザイ）、ラート（アラビア語定冠詞を付けてアッラートとも呼ばれる）、マナートの三女神の地位は特に高く、アッラーの三人の娘などと言われることもあった。そのアッラーは語源的にはアラビア語で「神」を意味する「イラー」に定冠詞「アル」が付いたアルイラーの短縮形もしくは訛《なま》った形で、イスラーム以前より「神」を意味する語として使用されていた。創造神として多くの神々の中でも最高の地位を認められていたと言われる。

このほかにも半島各地に様々な神が存在したが、多くは偶像の形（人もしくは動物）で崇拝されていたため、それぞれの神の名は偶像の名でもあった。イスラーム成立後に著された書物には、各地に祀られていた偶像の名とそれを祀る部族の名が記されている。しかし主神殿の本尊以外に、信者がいるところどこでも複製が作られて祀られるのは仏像と同じことで、同一の神の偶像が各所に存在した。たとえばイスラームの至聖所となる前のカァバ神殿には、各地から集めた三六〇体もの偶像が祀られていたと言われる。ジャーヒリーヤ時代にはこのような偶像を祀った神殿が各地に散在し、それぞれに一年の決まった時期に巡礼が行われ、偶像には犠牲が捧げられた。その慣習はイスラーム時代になっても、現在なお盛んなメッカへの巡礼に受け継がれている。

4－2　マダーイン・サーリフに残るベティル（筆者撮影）

ユダヤ教のアラビアへの流入

第二章にも記したように、ユダヤの地は前三七年以降、ローマの元老院から「ユダヤの王」に任命されたイドゥメア人のヘロデの支配下に置かれていた。彼の最晩年（前四年）にイエスが生まれたと言われる。ヘロデの死後その遺領は息子たちに分割されたが、やがてその王統も絶え、一世紀半ばには再びローマの総督が統治する属州に戻された。民衆の宗教的・民族的感情を理解しない総督たちのもとで高まったユダヤ人の反ローマ感情は、六六年ついに爆発し、七〇年にイェルサレムの陥落と神殿炎上で敗北に終わる反乱（第一次ユダヤ戦争）が勃発した。さらにその後半世紀を経て蓄積された反ローマ感情は、一三二～一三五年に再び反乱（第二次ユダヤ戦争、指導者の名にちなみバル・コクバの乱と呼ばれる）となって爆発したが、これも鎮圧されユダヤ人社会は壊滅的な打撃を受けた。

時の皇帝ハドリアヌスは度重なる反乱の根を断ち切るために、ユダヤ的なものを一掃しようとした。ユダヤ教の指導者は処刑され、ユダヤ暦は廃止、ローマ風の植民市として再建し名称をアエリア・カピトリナと改めた旧イェルサレムにユダヤ人の立ち入りを認めず、違反者には死罪を科した。またユダヤ人の自称である「イスラエル」という名や「ユダヤ属州」という地名も廃され、かつてユダヤ人と敵対したペリシテ人に由来する「パレスティナ」という地名があえて新属州名に取り入れられた。

その結果、多くのユダヤ人が外地に移住することを余儀なくされ、歴史上ディアスポラと呼ばれる情況が出来した。地理的に近く、隊商交易を通じて古くから交流のあったアラビアにも多くのユダヤ人が移住したと推察される。隊商路沿いに南下した彼らは、特に中西部のヒジャーズ地方に入植し、ハイバルやヤスリブなどで集落を形成した。さらに南下してイエメンに定住した者も少なくなかったと思われる。

ユダヤ人の集落には礼拝の場所としてシナゴーグ（ユダヤ教の会堂）が設けられ、共同体の宗教生活のみならず社会生活のセンターとなった。ユダヤ教という宗教の性格上、積極的な布教活動が行われたとは考えられないが、周辺の住民の中で改宗する者が少なくなかったようである。イスラーム化後もイエメンにはなお多くのユダヤ教徒がいて、一九四八年のイスラエル建国後、パレスティナへ移住した者の数は一〇万にものぼったという。その多くはおそらくイスラーム化以前にユダヤ教徒となった現地人の末裔ではないかと思われる。後述するキリスト教のように、積極的な宣教活動の結果としてではなく、ディアスポラのユダヤ人を通じてユダヤ教は半島の住民の間に浸透したのである。

南アラビアの一神教化の兆し

サバァ王国の国家神アルマカーの主神殿は、首都マーリブの市壁の外に建てられたアッワーム神殿である。ここから数百点の碑文が出土して貴重な研究史料となっている。どういうものかというと、祈願が成就してお礼参りする信者が、願掛けに際して神に約束してあった金属製

（多くは金か青銅）の像（雄牛のような動物が多いが、人物像もあった）を奉納したときの、奉納の理由と神への謝辞を記した石碑が残っているのである。石碑の頂部にソケット状の枘穴《ほぞあな》を穿ち、そこに奉納物の脚部を差し込んで奉納したのである。やがて祭儀が廃れ神殿が廃墟となると、貴金属の像は抜き取られ多くは熔解《ようかい》されてしまったが、盗掘者にとって無価値な石碑は放置され、史料として活用される日を待つことになったのである。

これらの奉献碑文の末尾は、ほとんどの場合、神への祈願文で結ばれているが、それらを二世紀後半を境として二つのグループに分けることができる。すなわち、二世紀中葉以前の碑文の祈願文が、いずれもアルマカーを含む複数の神名を挙げてこれに加護を求めているのに対し

4－3　娘が難産の末に孫娘を無事出産したことを感謝して、母親がブロンズ製の娘の像を神に捧げる旨を記した奉献文。石碑の上部に見える枘穴に脚部が差し込まれていたブロンズ像は今では失われている（*Yémen au pays de la reine de Saba'*, Paris, 1997, p.126.）

て、それ以降のグループに含まれる碑文のうち、複数の神名を挙げているのはわずかしかなく、ほかはいずれもアルマカーの名のみを挙げている。またこれより若干ずれるが三世紀に入ると、アルマカーという神名に言及する際には、その前に「主」という語を冠して、「誰某《だれそれ》の主たるアルマカー」という形をとるのが一般的になってくる。これらの現象はサバァのアルマカー信仰が、流入したユダヤ教の影響を受けて一神教的なものに変化していく過程を示しているのかもしれない。

キリスト教の布教

伝説上では最初にキリスト教徒となったアラブの王は、エデッサの王で「黒いアブガル」と呼ばれるアブガル五世である。持病からの癒《いや》しを求める王とイエスとの間に交わされた往復書簡と言われるものが伝えられていて、これを契機に王は改宗しエデッサに布教が行われたと言われる。

この伝説自体は史実として認めることはできないが、エデッサに初めてキリスト教が伝来したのは二世紀半ばごろで、世紀末あたりにアブガル九世（在位一七七〜二一二年）が改宗したと推測されるので、アラブ世界で最初にキリスト教の布教が行われたのはエデッサであったということは認めてよいようである。バル・コクバの乱（第二次ユダヤ戦争）が完全に鎮圧され、ユダヤ人がパレスティナから放逐されたのを機に、新宗教を奉じるユダヤ人の宣教活動が東方でも活発化した結果と考えることができるかもしれない。

しかしアラブ世界への布教の活発化が史料的に確認できるのは四世紀以降である。そしてそれは、ローマ帝国においてキリスト教が公認された後に激化した、教会内におけるキリストの位格と本性をめぐる論争と密接に関連している。この論争は単なる教義上の対立ではなく、当時キリスト教の四大センターであったローマ、コンスタンティノープル、アンティオキア、アレクサンドリアの教会間の勢力争い、帝室内部の対立などが絡む非常に複雑なものであった。問題解決のためたびたび開かれた公会議によって、さらに新たな異端が生まれるということも起こった。対立する諸派、特に公会議で異端と宣告され帝国内で迫害を受けた教派は、帝国の辺境部や国外に活路を求めて積極的に布教活動を推進した。

教科書的にはキリストの人性を強調するアリウス派は、三二五年のニカイア公会議で異端と宣告されたことになっている。しかし実はその後も、ローマ皇帝の中にはこの派を熱烈に支持する皇帝がいた。コンスタンティウス二世（在位三三七～三六一年）もその一人であった。教会史家のフィロストルギウスが伝えるところによると、皇帝は南アラビアの異教徒たちの間にも正しい信仰を広めることと、海路彼の地方を訪れるローマ商人のために教会建設の許可を得ることを目的に、アリウス派のテオフィルスに率いられた使節団をヒムヤル王の許に派遣した。ちなみにエチオピアのアクスム王は、おそらくこの少し前のエザナ王時代に、アリウス派と対立するアタナシウス派のフルメンティウスの働きによって、キリスト教徒となっていた。

テオフィルスの交渉はスムーズに進み、首都のザファールと交易港のアデン、その他もう一ヵ所に教会を建設する許可を得た。ヒムヤル王の改宗にも成功したのではないかと従来は考えられていた。というのも、前述のアッワーム神殿の碑文に残されている王名から判断して、この神殿が使用されたのは、四世紀中葉に在位したサァラーン・ユハンイムと息子のマルキーカリブ・ユハァミンの共同統治時代までで、それより後にここでアルマカー神の祭儀が執り行われた形跡はない。一方、ザファール近郊で発見された西暦三八四年に当たる年紀のある碑文は、右記のマルキーカリブと二人の息子の共同統治時代のものであるが、その末尾の祈願文に記されている「彼らの主たる天の主」が一神教徒の神であることは、後の時代のユダヤ教徒やキリスト教徒によって記された祈願文に照らして疑いない。ここから、四世紀の半ば過ぎにヒムヤルの少なくとも支配者層が、伝統的な宗教を棄《す》てて一神教の信徒になったと推察されるからである。

ただ後代のアラビア語史料は一致して、五世紀前半のヒムヤル王がユダヤ教徒であったと伝えている。また近年徐々に増加しつつある碑文史料や考古史料に拠って、南アラビアでは少なくとも五世紀中ごろまではユダヤ教が支配的で、キリスト教の影響が及ぶのはそれ以降と説く者が現れる一方で、この地方の一神教徒の多くは特定の宗派や教団に属さないハニーフと呼ばれる人々であったと主張する者もいて、他の諸問題同様、この問題に関しても専門家の意見は割れている。しかしいずれにせよ五世紀のヒムヤルの領内では、ユダヤ教やキリスト教に改宗する者の数が次第に増加し、互いに対立しながらそれぞれの勢力拡大を図っていた。

四三一年にエフェソスで開かれた公会議は新たな異端を生んだ。ネストリウス派である。この派は、イエス・キリストが神性を持つと同時に人性も持つという両性論を認めるだけでなく、キリストの位格は一つではなく神格と人格の二つに分離されると考える。また人性においてキリストを生んだマリアが「神の母（テオトコス）」であることを否定する。

ビザンツ帝国内で異端として迫害を受けたネストリウスの支持者たちは、サーサーン朝の領内に活動の場を移し、セレウキア・クテシフォンを中心に、ビザンツの影響下にある西方教会とは絶縁した東方教会（アッシリア東方教会の前身）を正式に独立させた。これによってサーサーン朝当局の態度は寛大なものになり、領内での布教が進んだ。ネストリウス派は宣教活動にきわめて熱心で、サーサーン朝領内にとどまらず海陸の交易ルートに沿って、中国やインドにまで布教を行ったことが知られている。ペルシア湾岸の特にアラビア半島側に点在する教会址は、海上ルート沿いにインドに向かった宣教者たちの足跡とも言える。

また総主教を頂点とする教会組織も整備された。歴代の総主教をはじめ各教区に任命された主教の名、彼らを招集して行われた公会議の記録などが残っていて、この派の活発な活動を窺い知ることができる。後述するナジュラーンにも宣教が行われたし、アラビア海に浮かぶソコトラ島にさえイラクから十三世紀の末まで主教が派遣されていた。

カルケドン公会議による教会分裂とその影響

四五一年に教皇レオ一世の要請によりビザンツ皇帝マルキアヌスによって招集・開催されたカルケドンの公会議は、いわゆる正統派から一般に単性論支持派とみなされている東方諸教会の分離を決定づけた会議として重要である。公会議で問題となったのはキリストの本性をめぐる解釈の違いであった。ネストリウスの思想を強く批判するエウテュケスが、受肉以前のキリストには二つの本性（神性と人性）があったが、受肉後には人性が神性に吸収され融合してしまったため、単一の本性しか認められないと主張したのが契機となり、再び論争が起こったのである。

結局、最終的に正統と認められた両性論（Dyophysitism）は、キリストは一つの位格の中に神性と人性の二つの本性があり、この二つは「混ざり合うことも、変化することも、分割されることも、引き離されることもない」という点を強調する立場である。しかしこれではネストリウス派の主張に近すぎると批判する神学者たちは、キリストの一つの位格の中で神性と人性は「分割されることも、混合されることも、変化することもなく合一して一つの本性になる」と主張した。この立場は合性論もしくは一性論（Miaphysitism）と呼ばれる。この論の特徴は、受肉したキリストは一つの本性のみを持つが、その本性は神性と人性の両方の特質を保持しているとするところにある。合性論派はエウテュケス派を批判するが、両性論派からはどちらも単性論（Monophysitism）とみなされ攻撃された。

合性論派はビザンツ皇帝に支持された両性論派（カルケドン派）と袂《たもと》を分かち、やがてシリア正教会（ヤコブ派教会）、アルメニア使徒教会、コプト正教会、エチオピア正教会として分離・独立することになる。これらの教会はエウテュケス主義のみを単性論と捉える立場から、単性派教会とみなされることを拒絶している。その立場を尊重する場合には、カルケドン公会議の決定を否定して生じた派なので、一括して非カルケドン派（Non-Chalcedonians）とか反カルケドン派（Anti-Chalcedonians）と呼ばれる。

先にも記したように、門外漢には煩瑣《はんさ》とも思えるこの論争は、単なる宗教上の問題では終わらなかった。皇帝が国教であるキリスト教の教義と教会の統一を、帝国の統一を維持する重要な手段と考え、異端認定されたグループを迫害・弾圧したため、問題は政治的・社会的な様相を強く帯びることになった。しかもシリア、アラビア、エジプト、さらにはエチオピアのキリスト教徒のほとんどが非カルケドン派であったため、ビザンツの東方支配は皇帝の思惑とは裏腹にかえって不安定化した。ビザンツの宗教政策に対する強い反感が、後にアラブ・イスラーム軍のシリアやエジプトの征服を容易にしたと言われるほどである。

アラブ部族民の改宗とビザンツの対応

マヴィアの乱に際して見たように、シリア砂漠を中心にアラブ部族民の間にキリスト教の布教が進んだのは、四世紀の後半以降である。布教には修道士の影響が大きかった。砂漠の住民に限らず民衆が何より求めたのは病からの癒しで、有徳と評判の高い修道士の許には人々が殺到したため、修行を妨げられた修道士は静寂な場を求めて、砂漠や高い柱頭に避難を余儀なくされたというのは、聖人伝などでよく目にする逸話である。一方で、いわゆる蛮族のキリスト教への改宗は、帝国と蛮族の関係の円滑化、さらには前者による後者の支配に有効に作用したため、皇帝側でも望むところであった。ただそこに右に記した教義論争が絡んでこじれると、反ビザンツ感情に一挙に火がつき危険な事態になりかねないため、非常に悩ましい問題であった。

　サーサーン朝領内で熱心な宣教を行ったのは実はネストリウス派だけではなかった。合性論派の活動も活発で多くの信者を獲得していた。特に有名なのはクテシフォン近くに位置するベト・アルシャームの主教シメオンである。ペルシア生まれで論争に長《た》けていることで名高く、ナスル朝の首都ヒーラやクテシフォンにおいてさえ説教を行い、ムンズィルの部下のアラブ部族民のみならずゾロアスター教の聖職者さえ改宗させたと伝えられる。先に触れたラムラの会見に、シメオンがビザンツ側交渉団の一員として加わっているところに、彼の影響力の大きさが窺える。またネストリウス派から合性論派に宗旨替えしたアフーデンメーは、ティクリート（後にサラディンやイラクの元大統領サッダーム・フセインがここで生まれた）の主教としてジャズィーラ（イラク北部のティグリス川とユーフラテス川に挟まれた地方）のアラブ部族民への布教に大きな成果を上げた。

先にも述べたことであるが、必ずしもすべての皇帝がカルケドン派を支持したわけではなく、ビザンツの教会政策に揺れのあったことが、事態を複雑にしていた。アナスタシウス帝は合性論派寄りであったため、その治世中にシリアやアラビアを含む帝国の辺境部で、この派は大きく勢力を伸ばしたと言われる。ガッサーン族は南からこの一帯に移動してきたのがたまたまこの時期に当たっていたため、間もなくこの派のキリスト教徒となった。そして次の皇帝ユスティヌスが一転して合性論派に対して厳しい政策をとると、この派の信徒を保護するためおおいに貢献した。特にジャフナ家の活動が顕著だったようである。

その跡を継いだユスティニアヌスも、基本的にカルケドン派の立場に立って教会の統一を図ろうとしたので、合性論派は引き続き困難な情況に置かれた。ただこの皇帝には後述するように、ジャフナ家を介して合性論派との融和を図ろうという姿勢も見られる。

合性論派がこの困難な時期を乗り越えるにあたり、ユスティニアヌスの妃テオドラの果たした役割が大きい。サーカスの踊り子や娼婦《しょうふ》まがいの仕事で暮らしを立てていたと言われるこの女性を見初めたユスティニアヌスは、叔父のユスティヌス帝に身分違いの結婚を禁じた法律の改定までさせて妻とした。周囲の反対を押し切って無理を通した彼の目に狂いはなく、逆境を生き抜いて皇妃にまで登り詰めたテオドラは、聡明《そうめい》かつ有能でたびたび夫に助言して国政に関与しただけでなく、胆力のある女丈夫でもあった。五三二年に首都の市民が起こしたニカの乱に際し、うろたえて船で逃げ出そうとする夫を叱咤《しった》して思いとどまらせ、反乱を鎮圧させた一件は特に有名である。

このテオドラが宗教的には合性論派支持者で、皇帝の意志に反してエデッサの主教にヤコブ・バラダイオスを任命した。ヤコブは存命中にシリア、メソポタミア、小アジアの広大な地域を徒歩で回り、二七（一説に八九）名の主教と八万とも一〇万とも言われる下級聖職者を叙任したと伝えられる。彼の奮闘によって危機に瀕していたシリアの合性論派教会は立ち直り、そのゆえをもってこの教会は後世「ヤコブ派」とも呼ばれることになったのである。このヤコブの任命をテオドラに強く働きかけたのが、ジャフナ朝のハーリスであった。

合性論派の擁護者・調停者としてのジャフナ朝

ユスティニアヌスがハーリスを取り立てて、ビザンツと同盟関係にあるすべてのアラブ部族を束ねる王としたのは、一義的には彼の軍事面での能力を見込んでナスル朝のムンズィルに対抗させるためであったが、その一方で合性論派のアラブを懐柔するため、彼らに対するハーリスの影響力に目をつけたのではないかと推察される。サーサーン朝と一進一退の攻防を続けるビザンツにとり、両者の間で叛服常なきアラブ部族民をいかにコントロールするかは大問題であった。ユスティニアヌスはその役割をハーリスに期待したのであろう。

ハーリスのほうでもその点を十分心得て、皇帝との個人的関係や帝室の彼に対する信頼を梃《て》子《こ》にして、アラブ部族民や合性論派のキリスト教徒に対する支配と影響をいっそう強めていった。五四二年にテオドラ皇妃に働きかけて二人の主教の任命を勝ち取ったことにより、合性論派内におけるハーリスの声望はいっそう高まったに違いない。そのうちの一名は前述のヤコブであるが、もう一人のおそらくジャービヤの主教になったのではないかと言われるテオドルは、シリア南部からアラビアへかけての砂漠の民への布教に尽力した。

ハーリスは晩年コンスタンティノープルにユスティニアヌスを訪ね、どの息子を後継者に選んだかを報告し許可を得ている。父の死後に跡を継いだのはムンズィル（在位五六九／七〇～五八一／二年）で、ナスル朝との戦いにおいても宗教政策においても父の方針を踏襲し、合性論派の特にアラブ部族民の間での声望は父に劣らなかった。しかしユスティニアヌスを継いだ数代の皇帝には、彼ほどサーサーン朝やアラブ部族民に対する大局的な戦略がなく、ムンズィルとの間にハーリスとユスティニアヌスの間にあったような信頼関係を築けなかった。このことが後々災いし、後述するようにやがてジャフナ朝とビザンツのいずれにとっても不幸な結末を迎える。

それはともかくとして、ビザンツの当局と合性論派の間だけでなく、合性論派の内部で対立する勢力間や、砂漠で遊牧生活をおくるアラブ部族民の間の交渉や紛争の調停・仲裁者としての役割が、ジャフナ朝のもう一つの重要な機能であった。そのような場合、交通の要衝や辺境に位置する殉教者を祀った教会が、諸勢力の会する場となることが多かった。その代表がルサファ（レサファ）の聖セルギウス教会である。

4－4　ルサファ市外の「ムンズィルの会見場」と呼ばれる建物に残された「アラムンダロスの幸運は勝利する」とギリシア語で記された碑文。巡礼などで人々が参集する機会に、ここで紛争の調停や裁定などが行われたのではないかと考えられている（Fisher, *Arabs and Empires before Islam*, p.331.）

セルギウスはキリスト教公認前のマクシミヌス・ダイア帝（在位三〇八〜三一三年）の時代に宮廷警護に当たっていた兵士であったが、キリストの否認を拒否した咎《とが》により処刑されルサファに葬られた。ルサファはユーフラテス川を離れてパルミュラに南下するルートの途中に位置する軍事的・経済的に重要な町で、迫害の嵐が収まると人々は彼のためにそこに立派な教会を建立した。その後、特にアラブ人キリスト教徒の間に高まり且つ広がった聖セルギウス崇拝熱は、実に瞠目《どうもく》すべき勢いであった。セルギウスを保護聖人と頼み、彼と同じ名を名乗る聖職者や修道士が各地に輩出した。また碑文史料の証するところによれば、四世紀の半ば以降、シリアを中心にセルギウスに献ぜられた教会や礼拝堂は非常な多数にのぼった。

　六世紀にはジャフナ朝の首長がとりわけこの聖人の崇拝に熱心で、各地に聖セルギウス教会を新しく建設したほかにも関連施設の整備に尽力したため、教派の壁を越えてアラブ人キリスト教徒の間で彼らの声望は高まったという。

3　宗教的対立と政治的対立――ナジュラーンのキリスト教徒迫害

ヒムヤル王国におけるユダヤ教徒とキリスト教徒の対立

先述のように、ヒムヤル王国で住民が実際にキリスト教に改宗するようになったのはいつごろからかという点について、専門家の意見は一致していないが、遅くとも五世紀の後半にキリスト教徒がかなりの数に達していたことは、間違いないようである。そして彼らとユダヤ教徒との対立・抗争は、政治的問題と絡んでやがてはこの王国を分裂・崩壊に導く大きな要因となった。

というのも、三世紀末以来ヒムヤルに宗主権を揮《ふる》っていたアクスム王国がキリスト教国であったことにより、ヒムヤル国内のキリスト教徒たちがアクスム王の保護や、さらにはシリアの教会を通じてビザンツ皇帝のそれを頼りにしたのに対して、アクスムの支配からの独立を図る勢力はユダヤ教徒と結びつき、アクスムとビザンツへの対抗上、サーサーン朝の支援を仰いだため、ヒムヤル国内の抗争が当時のオリエント世界の列強の介入を招き、一挙に国際紛争に発展する可能性が生じたのである。

アラブの伝承ではアスアド・アブーカリブ（碑文のアビーカリブ・アスアド）がヤスリブに遠征した際に、その地のユダヤ教徒の影響を受けて自身もユダヤ教徒になったとされている。改宗の契機はともかくとして、この王とその跡を継いだ息子たちがユダヤ教もしくはユダヤ教的な一神教の信徒であったことは、碑文史料から見ても認められる。したがって五世紀の半ば過ぎまで、ヒムヤルの少なくとも支配者層の間ではユダヤ教が優勢であったと考えられる。

この世紀の第3四半期あたりに、ナジュラーンでアズキールという名のキリスト教聖職者が殉教したという記録がある。これがヒムヤルにおけるキリスト教徒の迫害と殉教の始まりといってよい。ただこの殉教についてはユダヤ教徒の仕業という通説の一方で、布教に鎬《しのぎ》を削るキリスト教の教派間の対立が引き金になったという説もある。ナジュラーンにはイラクのヒーラからネストリウス派の宣教が行われたほかに、世紀の後半には他派の布教も活発になっていた。特にカルケドンの公会議で異端とされた合性論派は、教会や修道院のネットワークを通じてシリアとイラクの両方につながりを持っていた。

アラビアでキリスト教徒の迫害が起こった場合のビザンツ皇帝の立場は、実は微妙であった。というのも、彼らの多くやエチオピアのアクスム王国は非カルケドン派に属していたため、ビザンツから見て宗教的には敵対勢力であるが、政治的には反サーサーン朝の立場をとる友好勢力であったからである。

アクスムの介入とユダヤ教徒の反発——第一回目のキリスト教徒大迫害

アビーカリブ・アスアドの王朝が断絶した後の、五世紀半ば過ぎの数十年間のヒムヤル王国の政情は、史料が十分でないため判然としない。しかしおそらくこの世紀の末あたりに、宗主をもって任じるアクスムの介入があったようで、六世紀初めに王位にあったマルサドイラーン・ヤヌーフは、おそらくキリスト教徒であったろうと言われる。しかし彼の次には再びユダヤ教徒が王位に即いた。この王によってナジュラーンや首都のザファールで大規模なキリスト教徒の弾圧が行われ、ユダヤ教への改宗を拒んだ多くのキリスト教徒が刑死（キリスト教徒側の観点では殉教）したようである。遅くとも五一七年から次の年へかけての冬のことであった。この王は名が伝わらず、後述する第二回目の大迫害を行ったユダヤ教徒の王と同一人物であったか否か不明である。

この情報は直ちにアクスムに伝わり、間もなく合性論派の情報網を通じて、シリア北方の現在ではトルコ領となっているサルーグあたりまで知れわたった。これに対して当時のアクスム王エッラ・アスベハ（キリスト教徒名はカレブ）は、危機に瀕しているヒムヤル領内のキリスト教徒を救援するために、紅海の対岸に遠征軍を派遣する決意を固めた。その準備の様子を伝える史料が幸運にも伝存している。

本名は不詳だが通称をコスマス・インディコプレウステスというギリシア系の商人が、その文献の著者である。紅海からインド洋方面の海上で活動していて、インドへも渡航した経験があるのが添え名の由来とされるが、実際にはインドまでは行っていない。それはともかく、この人物はその後いわば出家してネストリウス派の修道士となった。そして商人時代の経験をもとに『キリスト教世界地誌』という書を著した。これは著者が構想する宇宙とこの世界の姿を表出せんとした奇書の部類に入る書であるが、実体験に基づく紅海とインド洋周辺の記事は、六世紀前半のこの一帯の貴重な研究史料となっている。

目下の問題との関連では、ユスティヌス帝の治世の初めに彼が紅海岸のアドゥーリス港で、出陣直前のアクスム軍の遠征準備を目撃したときの記事が重要である。この皇帝が即位したのは五一八年の七月なので、コスマスがここを訪れたのはこの年の夏と考えられている。

そこで彼は当地の統治者から、アドゥーリス市の門の外に据えられた石碑のギリシア語碑文の模写を依頼された。模写を王の許に送るよう命令されていたこの人物が、折良く来訪したギリシア人のコスマスに模写の作業を任せたわけである。問題の碑文は大理石の玉座に刻されていて、内容は氏名不詳の王によってなされた大遠征の記録であった。これが前章第2節で言及した「アドゥーリス紀功碑文」と呼ばれるものである。内容についてはそこで概要を記したので、繰り返す必要はないであろう。おそらくエッラ・アスベハはアラビアに遠征軍を派遣するにあたり、この地方に対するアクスムの支配の正当性を示す歴史的根拠を、先祖が残したこの碑文に求めたのではないかと推察される。

この遠征に言及したと思われる碑文や文献はほかにもあるが、このときはエッラ・アスベハ自身は出陣せず部下の将軍に指揮を任せたと解せる記事と、王自身も海を渡ったと解せる記事があって、この点はどうもよく判らない。遠征軍は向かい風となる南からの冬風が吹きはじめる前に紅海を渡り、五一八年の十月にヒムヤル軍との戦闘が始まった。結果はアクスム軍が勝利し、敗北を喫したヒムヤル王は逃亡して山中の砦に避難したと伝えられる。

そこで次のヒムヤル王には、キリスト教徒のマァディーカリブ・ヤァフルがアクスムによって擁立された。そして遠征軍は翌五一九年の五月以前、すなわち海上を北からの夏風が吹きはじめる前に、一部の部隊を残して本国に帰還した。なお先に見た、ナスル朝のムンズィルに対抗して五二一年に中央アラビアに遠征したのがこのヒムヤル王である。

ズー・ヌワースの反撃――第二回目のキリスト教徒大迫害

しかし五二二年にクーデターが起こり、親アクスム政権は倒された。首謀者はアラブの伝承ではズルア・ズー・ヌワース（ユダヤ教徒名はユースフ〔ヨセフ〕）と呼ばれ、碑文にはユースフ・アスアル・ヤスアルという名で登場するユダヤ教徒で、臣下の碑文の中でさえヒムヤル王の正式な王号は付されず、単に「諸部族の王」と呼ばれているところから見て、ヒムヤル王としての正統性を欠いた簒奪者であったことは疑いない。

権力を掌握したズー・ヌワースはアクスムの駐留部隊を掃討する一方で、キリスト教徒に対する攻撃を早速開始した。まず首都ザファールのキリスト教徒を攻め、この地の教会を破壊した。ついで西へ下って紅海岸の港ムフワーン（後にコーヒーの積出港となるモカ）に至り、この地のキリスト教徒を攻撃するとともに、やはりその地にあった教会を破壊した。そして自身はアクスム軍の襲来に備えて海岸部の迎撃態勢を整える一方で、腹心のシャラフィール・ヤクブル（ヤズアン族の首長でアラブの伝承ではズー・ヤザンと呼ばれている）を当時キリスト教徒の牙城《がじょう》となっていたナジュラーンに派遣し、町の包囲を命じるとともに、北から来襲するかもしれぬキリスト教徒への援軍に備えさせた。ナジュラーンの北方に位置しシリアやイラクからこの町に通じるルートを押さえるヒマーの岩壁に、シャラフィールが刻した五二三年七月に相当する年紀のある碑文が二点残されていて、それを読むと右に記したズー・ヌワースの一連の作戦がよく判る。

十月になって海上を南からの冬風が吹きはじめ、アクスム船団来襲の危険性が薄らいだのを見計らい、ズー・ヌワースは紅海岸の砦を後にしてナジュラーンに向かった。彼の到着を待って攻撃は本格化し、ついに十一月の半ば過ぎにナジュラーンは抵抗むなしく陥落する。教会は中に籠もっていたキリスト教徒もろとも焼失したという。

その後、この町のキリスト教徒の指導者であったハーリス（ギリシア語ではアレタス）をはじめとするキリスト教徒たちはユダヤ教への改宗を迫られるが、拒んだために十一月二十四日と二十六日の二日間に多くの者が処刑され殉教した。二十五日に処刑が中断したのは、ユダヤ教の安息日に当たる土曜日であったことによる。これが当時の人々に大きな衝撃を与えヒムヤル王国滅亡の遠因ともなった、ナジュラーンにおけるキリスト教徒迫害（もしくは殉教）の顚末である。

このように迫害の一連の経過が詳しく判っているのは、アラビアの南端で起こった事件としては例外的に多くの史料が残っているからである。それは前章にも記したように、迫害の張本人とも言うべきズー・ヌワースのムンズィル宛の書簡が、五二四年の二月初めにラムラで開かれた会合の場で、立場を異にする多くの参加者の前で披露されたことや、ナジュラーンの生き残ったキリスト教徒から次々にもたらされる情報が、教会や修道院のネットワークを通じて広範囲に拡散したことによる。事件を知らせる手紙の写しや、そこから得られた情報をまとめた殉教録が作成され、それらはまた複数言語に翻訳されて広まった。これらの文書の一部が写本の形で伝存し研究史料となっているのである。

先に名を挙げたベト・アルシャームの主教シメオンは、ラムラの会合の場でズー・ヌワースの書簡が読み上げられるのを聞いた後、ヒーラでナジュラーンから到着したキリスト教徒から新たに聞き出した情報も付け加えて認《したた》めた手紙を、同じ合性論派に属するシリアのガッブーラの大修道院長シメオンに宛てて送った。これが、現存するこの事件に関する第一報である。

この出来事は、ユダヤ教徒でもキリスト教徒でもない半島の住民にも強い印象を与えたのではないかと思われる。アラブの伝承は、ハーリスに改宗を迫って拒まれたズー・ヌワースが、見せしめとして多数の市民を地中に掘った坑《あな》に投げ込み、火をかけて焼き殺したと伝えている。『コーラン』の中でも言及され、またナジュラーンがその後ウフドゥード（坑）と呼ばれるようになったことを見ても、人々の受けた衝撃の大きさが窺える。

アクスム軍の再度の遠征とズー・ヌワースの死

ともあれ短期間のうちにアラビア半島外にまで知れわたった結果、ナジュラーン市民の殉教は当時のキリスト教世界にとって大事件となった。迫害を受けているのが主に合性論派のキリスト教徒だとしても、その下手人がユダヤ教徒だとなると、救援を求められたビザンツ皇帝が非カルケドン派に厳しいユスティヌスであったとしても、これを無視することは許されなかった。しかし北方でサーサーン朝と対峙するビザンツには、南アラビアに援軍を派遣する余裕はなかった。そこで皇帝はアクスム王に使いを送り、ヒムヤルへの派兵を要請するとともに、ビザンツからはアクスム軍の渡海を援助するために輸送船団を派遣することを申し出た。

この要請がなくともアクスム王エッラ・アスベハが出陣の決意を固めていたことは言うまでもない。前回の遠征が中途半端な形で終わったことで、新たな迫害が引き起こされたと考えたのであろう。今回は反乱分子の息の根を止めるまで戦いを続けるつもりで、前回に勝る大軍を王自らが率いて海を渡ったと伝えられる。五二五年の五月十八日過ぎのことであった。

両軍の戦いの細かい経過についてはよく判らないが、結果は前回と同じくアクスム軍の圧勝であった。中央アラビアに遠征し、ナスル朝の部隊やアラブ部族民との戦闘では優勢であったヒムヤル軍も、アクスム軍には全く歯が立たなかったようである。敗れたズー・ヌワースは捕虜となって縄目の恥を受けることを潔しとせず、最後は乗馬もろとも海中に身を投じて死を選んだと伝えられる。かくして彼のアクスムへの反乱は失敗に終わったが、その名は祖国の英雄として後世語り継がれることになった。

エッラ・アスベハによって新たに、キリスト教徒のスムヤファァ・アシュワァがヒムヤルの王位に据えられた。前章にも記したように、「ヒムヤルの人々に対しては王として、アクスム王に対しては名代として、アクスム王に仕える」のがこの王に期待される役割で、アクスムの傀儡《かいらい》政権と言ってよいであろう。後事をこの王とエチオピア人駐留部隊に託し、同じ五二五年の十二月にエッラ・アスベハは遠征軍の本隊とともに帰国した。

4 最後の光芒

ユスティニアヌス帝の南方政策

五二七年にビザンツ皇帝の地位を継いだユスティニアヌスは、サーサーン朝との戦いを有利に進めるためにアラビアやエチオピアの力を利用すべく、南方政策に力を入れた。即位の翌年か翌々年にジャフナ家のハーリスを登用して、ナスル朝のムンズィルの動きを抑えようとしたことはすでに記した。ついで五三〇年前後にアクスム王とヒムヤル王の許へ使節のユリアヌスを派遣したことが、プロコピウスによって伝えられている。

まずアクスムのエッラ・アスベハ王には、インドの港で中国産の絹を買い入れて、それをビザンツに転売してくれるよう要請した。それまでビザンツは主にペルシア領を通るルートで運ばれてくる絹を購入していたが、これでは敵国を潤すことになるのが悩みの種であった。そこでユスティニアヌスが目をつけたのが海上ルートである。

実はインドの港には、いくつかのルートを通じて中国産の絹が集まっていた。『エリュトラー海案内記』には、シルクロードの途中から南に分岐するルートを通ってインドの北西部に運ばれた後に、カンバート湾のバリュガザ（現バルーチ）やインダス河口のバルバリコンから輸出される絹と、雲南《うんなん》かチベットを越えるルートを通ってガンジス河口まで運ばれた後に、船でインド南西部の港まで輸送され、そこから西方に輸出される絹への言及がある。六世紀ともなれば、中国南部の港から海路をとってインドの港まで運ばれる絹もあったはずである。これをアクスムの商船が買い付けてビザンツへ転売してくれれば、アクスムも儲《もう》かるしビザンツも助かるとアクスム王を説得したわけである。エジプト船がインドまで航行することがなくなってから数世紀が経《た》つこの時代には、インドへ赴こうとするビザンツの商人は、アドゥーリスまで行って、そこでエチオピアかインドの商船に便乗せねばならないという情況であった。したがってビザンツがインドで絹を大量に買い付けようと思えば、アクスムに頼らざるをえなかったのである。

他方、ヒムヤルのスムヤファァ王に対しては、ナスル朝のムンズィルに殺されたキンダ族のハーリスの子孫で、当時亡命中であったカイスをマアッド族の王に即け、ヒムヤル軍とマアッドの部隊が一体となってペルシア領に攻め込んでくれるようにと要請した。サーサーン朝を南から攻めることによって、北方における同朝の戦力を殺《そ》ぐ狙いであった。

両王とも使節のユリアヌスには承諾の回答をしたものの、実際にはいずれの要請も実行に移されなかった。というのも、地理的にインドに近いペルシアの商船がインドの交易港で待ち構えて商品を先に買い占めてしまうので、アクスム商人が絹を購入するのは不可能であったという。またヒムヤル王にとって、広大な砂漠を横断した後にペルシア軍と矛を交えるのはこれまた困難であったとプロコピウスは伝えている。

ちなみに絹については、五五二年に東方に派遣されたネストリウス派の修道士が蚕卵を竹筒の中に隠して持ち帰ったことにより、中国が門外不出としていた養蚕技術がビザンツに伝わったと言われる。ユスティニアヌス帝の絹の入手に対する強い執念が感じられる逸話ではないか。

それはともあれ、カイスをハーリスの後継者とすることだけは実現したようである。というのも後日ユスティニアヌス帝が、キンダ族とマアッド族を率いるカイスの許へノンノソスという使節を送っているからである。このときノンノソスはアクスムとヒムヤルにも赴いており、ユスティニアヌスの南方政策が継続していたことが窺える。ヒムヤルの王位は間もなくアブラハに簒奪されるが、ユスティニアヌスはこのアブラハに対してもペルシア攻撃を繰り返し促した。

なお同じ時期に、ヒジャーズ北部を支配していたアブーカリブが、自領をユスティニアヌスに寄進するという珍しい事件が起こっている。とはいえ、そこは砂漠の直中《ただなか》のナツメヤシしか生えていない土地なので、ビザンツ領になったというのは名目上で、実際はアブーカリブの支配がそのまま続いた。しかし下賜金を受領して同盟者となったアブーカリブの働きにより、ビザンツの南境の安全が強化されたことは間違いない。このアブーカリブはジャフナ家のジャバラの息子と呼ばれているので、ハーリスの兄弟であったと思われる。

アブラハによるヒムヤルの王位簒奪

ヒムヤルにおけるスムヤファァ・アシュワァの治世は長くは続かなかった。おそらく五三〇年代の前半のうちにクーデターが起こり、王位が簒奪されたのである。クーデターを起こしたのは駐留エチオピア人部隊で、アブラハという名の首謀者が王位に即いた。

プロコピウスの伝えるところでは、このアブラハはもとはアドゥーリスで取引をしていたビザンツ商人の奴隷であったが、エッラ・アスベハの遠征に従軍して南アラビアに渡ったという。そして駐留部隊の中でやがて頭角を現し、アクスム王によって擁立されたヒムヤル人の王を引きずり下ろして、エチオピア人のそれも奴隷が多数を占める部隊を中核とする政権を樹立した。そのようにいわば卑しい身分の出であったが、その後の経過を見るとこのアブラハは軍事的・政治的才能を備えたなかなかの傑物で、歴史に名を留めるに至ったのも宜なるかなと思われる。

駐留軍反乱の報に接したエッラ・アスベハは、鎮圧のために直ちに三〇〇〇人からなる部隊

4－5　サヌアーの金曜モスク。柱頭に十字架が刻された石柱を、内部で目にすることができる（筆者撮影）

を派遣した。ところが南アラビアに上陸した兵たちは、エチオピアより恵まれて豊かなその地が気に入ってしまい、そこに留まることを願ってアブラハ側に寝返ってしまった。驚いたエッラ・アスベハは鎮圧部隊の第二陣を送ったが、この部隊はアブラハ軍との戦闘で手痛い敗北を喫し、撤退を余儀なくされた。さすがのエッラ・アスベハもそれ以上の手は打てず、結局はアブラハ政権を容認せざるをえなかったというのである。

　このようにアブラハの政権は、元来はアクスムの駐留部隊が主体となって樹立したものであったが、アブラハは碑文の中ではヒムヤルの伝統的な王号を名乗り、エチオピア文字ではなく南アラビア文字を使いサバァ語で文章を記している。つまりあくまでもヒムヤルの正統的な王として振る舞おうという姿勢が見られる。やがてアクスムとの関係も、少なくとも形のうえではアクスム王が宗主で自らはその臣下、という伝統的な位置づけに落ち着いたようである。また宗教的には熱心なキリスト教徒で、首都のサヌアーをはじめとして各地に教会を建設した。現在のサヌアーの金曜モスクにはアブラハが建てた大教会の一部が転用され、往時の名残を留めている。

アクスムの傀儡政権を倒して成立しアクスムからの独立性は高まったとはいえ、エチオピアからの侵入者が原住民を支配するという体制には変わりないので、在地勢力の抵抗は根強く、これを押さえ込んで支配を安定させるまでには十数年を要したようである。

ところでアブラハが奉じたキリスト教について、興味深い指摘がなされている。キリスト教の根本教義である「父なる神とその子キリストと聖霊」という三位一体の神に言及するに際し、アクスムの傀儡であったスムヤファァ・アシュワァは、「ラフマーナーン」に続けて「その子たる勝利者キリスト」を挙げている。ラフマーナーンは古代南アラビア語で「慈愛あまねき神」を意味する語で、南アラビアではこのころユダヤ教徒たるとキリスト教徒たるとを問わず、一神教の神を指すために用いていた。アブラハの碑文でもこの語は用いられている。

問題はそれに続く語である。アブラハはどの碑文でも「子たるキリスト」とは言わず、一貫して「メシア（救い主）」という語を用いている。同時代のアクスム王の碑文では「神」に続くのは「神の息子（キリスト）」なので、アブラハはエチオピア人でありながら、エチオピア教会の教義にも背いてあえてこうした表現を採ったと考えられる。

イエスが救い主であることまでは認めないでもないが、神の子であることは絶対に認められないというのは、当時のユダヤ教徒や後のイスラーム教徒に共通するキリスト観である。アブラハは南アラビアに渡った後に、その地の特に支配者層に浸透していたユダヤ教に影響されたか、あるいは支配地の住民との宗教上の摩擦はできるだけ避けようと、この点については妥協したかのいずれかであろう。

ちなみにラフマーナーン（ラフマーン＋限定辞アーン）はアラビア語ではアッラフマーン（定冠詞アル＋ラフマーン）で、後にバスマラと呼ばれるイスラームの決まり文句「慈愛あまねく慈悲深き神の御名において」で、アッラーの属性を指す形容辞として使用される語である。

アブラハのマーリブ・ダム碑文

マーリブ・ダムの近くに、CIH 541という認識略号を付けられた有名な碑文がある。アブラハによって立てられた大きな石の角柱の四面に、文字がびっしり浮き彫りされている。末尾に西暦に換算して五四八年三月という年紀のあるこの碑文は、前年の七月に決壊したダムの修理工事が終わったことを記念するのが本来の主旨であるが、この一年足らずの間にアブラハの身辺で重大事件が立て続けに起こったことが記されていて、きわめて興味深い内容となっている。

まず東部でキンダ族とサバァの勢力が中心となった反乱が起こる。これにはこの方面の在地勢力のヤズアン族も加わっていた。そこでアブラハはエチオピア兵とヒムヤルから徴発した兵士の混成部隊を編制し、反乱軍を鎮圧するため派遣した。五四七年六月のことである。ところがそれがほぼ片付くかと思われた翌七月に、今度はマーリブ・ダムが決壊したとの知らせが届いた。夏のモンスーン期に山岳部に降る雨が多い年、ダムがワーディーを流れ下る大量の水を支えきれずに決壊するのはこれが初めてではなく、過去にもダムの修理の記録はある。またアブラハの治世中の五五八年十一月にも、再度修理を行ったという碑文が残されている。

そこでアブラハは陣頭指揮を執るため自らマーリブに赴くとともに、諸部族にダム修理に必要な人員の動員をかけた。それが五四七年十月である。このときアブラハはマーリブの教会の奉献式も挙行している。ところが工事を始めて間もなく、疫病が発生した。各地から多数の人や役畜が集められて不潔な環境で作業を行えば、そのようなことが起こっても不思議ではない。犠牲を最小限に抑えるために、工事はいったん中止となり人夫たちは解散した。

次に最も興味深くかつ重要な記事が続く。この年の終わり近くに、アブラハの許に四方から使節が相次いで到着したというのである。アブラハにとって重要度の高い順に、アクスム王の全権大使、ビザンツ皇帝の全権大使、ペルシア王の大使、ついでナスル朝のムンズィル、ジャフナ朝のハーリス、その兄弟と思われるアブーカリブのそれぞれから、使節が来訪したと記されている。「全権大使」「大使」「使節」と訳し分けたのは、それぞれの原語に違う語が使われているからで、当時のヒムヤルと周辺勢力との関係をアブラハがどう認識していたかが見て取れる。

アブラハの招きに応じて、当時のオリエントの三列強とアラブの三人の実力者からの使節が一堂に会したわけであるから、なかなかの見物《みもの》であったに違いない。マアッド、ムダル等、アラビア半島の有力部族からの参加者がいないのは、それらが独立の勢力とは認められていなかかったことを示している。

残念ながら会合の目的は判らない。アラビアにおける各自の勢力範囲を画定するための交渉が目的という説もあるが、疫病による工事の中断がなければダムの修理は十二月までには終わる予定であったろうから、竣工《しゅんこう》記念の祝典への招待であった可能性もある。しかしいずれにせよ、使節が到着したときのヒムヤルの情況は、招請状が送られたときとは一変してきわめて混乱していた。したがって会合の所期の目的が達成されたとは思えない。碑文には使節たちの到着を記すだけで、それ以上の情報がないのはそのせいであろう。ただこの当時のアブラハが、諸勢力が招きに応じて使節を派遣してくるだけの大物であったというのは認めてよいのではないか。

疫病が終息した翌年一月に工事は再開され、五十八日かけて三月にダムの修理は完了したという。

アブラハの中央アラビア遠征

ナジュラーンから北に二三〇キロ、カルヤト・アルファーウの西南西一六〇キロの地点に位置するムライガーンの岩壁に、アブラハが刻した重要碑文が二点残されている。近くに水場があるので、南アラビアから中央アラビアに遠征する部隊が必ず幕営する場所であったと思われる。

そのうちの Ry 506（Murayghan 1）という認識略号の付された碑文には、末尾に西暦に換算して五五二年九月という年紀がある。それを読むと、同年の四月にバヌー・アーミル（もしくはアムル）が反乱を起こしたので、マアッドに対して四度目の遠征を行ったと記されている。キンダ、サァド、ムラード等、諸族の兵を率いて鎮定に向かい、マースィルの南のハリバーンまで進撃して叛徒《はんと》を征伐した。降伏したマアッドは人質を差し出して恭順を誓ったというが、興味深いのは、ナスル朝のムンズィルによってマアッドの支配を任されていた息子のアムルも、アブラハと交渉の末、自分の息子を人質に差し出したと記されている点である。おそらくはそれがアムル自身の身の安全が保障される条件であったのであろう。

フジュル朝が支配するマアッドをムンズィルが狙っていることは、先に見たマァディーカリブ・ヤァフルの碑文からも窺えたが、ハーリスがムンズィルに討たれてフジュル朝の力に翳りが見えて以降は、ナスル朝はいっそう中央アラビアへの影響力を強めたのであろう。アブラハはこの一帯のアラブ諸族、なかでもマアッドに対する支配権をヒムヤルに奪い返すために、遠征を繰り返していたと考えられる。なおこのアムルはムンズィルと彼に討たれたハーリスの娘ヒンドとの間に生まれた息子である。すなわちハーリスの外孫に当たるので、アブラハなどよりマアッドに対して支配権を主張できる立場にあったとも言える。

もう一点は比較的最近その存在を知られるようになった碑文（仮にMurayghan 3と呼ばれる）で、マアッドの地に遠征した帰りに刻したと記されている。年紀がないので正確な年代は判らないが、ムンズィルの息子アムルを追い出し、ムンズィルに奪われていたマアッドのアラブを取り戻したと記されているので、五五四年より前に作成されたことは間違いない。というのもこの年、先述のようにムンズィルはジャフナ朝のハーリスとの戦いで命を落とし、同年の夏にアムルが父の王位を継いでいるからである。短い碑文で、戦いの詳細は記さずに服属させたアラブ諸族を列挙しているだけなので、もう一方の碑文に記されているのと同じ遠征の記録である可能性も否定できない。服属させたのは「マアッド、ハガル、カット、タイイ、ヤスリブ、グザームのすべてのアラブ」と記されている。このうちマアッド、タイイ、グザーム（ジュザーム）は部族名、ハガルとカットはペルシア湾岸の地名、そして最も興味深いのが今日のメディナに当たるヤスリブである。アブラハの言わんとしているのは、東はペルシア湾岸から西はヒジャーズ地方に至るまで、すなわちアラビア半島全体のアラブ諸族を支配下に置いたということで、これが事実かどうかはさておいて、五五〇年前後の数年間が彼の権力のピークであったのは確かであろう。

イスラームの伝承でアブラハといえば、ムハンマドが生まれた年に行われたと言われる、メッカへの失敗に終わった遠征が有名である。遠征軍を先導した象がメッカ市民に与えた印象が強かったためであろう、この年（五七〇年ごろと言われる）は「象の年」として記憶されている。しかしアブラハは五六〇年代の半ばに死去したと考えられる。したがって仮に遠征が行われたとしても、五七〇年ごろではありえない。これとは別に、この遠征が行われたのは五五二年という伝承もあるので、Ry 506 に記されている遠征がそれではないかという説が提出されている。近年発見された碑文に、アブラハが服属させた部族としてヤスリブのアラブが挙げられているのを見ると、彼の一部の部隊がメッカをかすめる程度のことは起こったかもしれない。であったとしても、当時のメッカはまだ取るに足りない存在として、名を挙げられることがなかったのであろう。

サーサーン朝によるヒムヤル征服

アブラハ没後、王位を継いだのは息子のヤクスム（アクスムとする史料もある）であったが、治世期間は数年と短かった。その後を継いだヤクスムの腹違いの弟マスルークは、アブラハがアブー・ムッラ・ズー・ヤザン、通称サイフ・ブン・ズィー・ヤザンの妻のライハーナを奪って生ませた子であった。ズー・ヤザンという族名からサイフが、すでに幾度か言及したイエメン東部に勢力を持つ部族（ヤズアン族）の有力者であったことが判る。政治的には反アクスムの独立派、宗教的にはユダヤ教徒であった。ヤクスム、マスルークともに過酷な支配を行ったため、エチオピア人の王に対する人々の反感は頂点に達した。しかし独力では政権を打倒することが不可能と見たサイフは、シリアに赴いて時のビザンツ皇帝ユスティヌス二世（在位五六五～五七八年）に援軍の派遣を願い出た。しかし自身がユダヤ教徒であることが障害となって、ビザンツの援助を得ることは不可能と悟り、それならペルシアに頼るしかないとヒーラに向かった。

さすがのホスローも、遠隔の南アラビアに部隊を派遣するのはリスクが大きいと考え、最初は逡巡《しゅんじゅん》したという。しかし側近の進言も容《い》れ、戦死しても惜しくない八〇〇人の罪人からなる部隊を編制し、ワフリーズを指揮官とする八隻の船団をペルシア湾から送り出した。途中嵐でそのうちの二隻を失ったが、残りの部隊は南アラビアの南岸に上陸し、現地の独立派の部族と合流してマスルーク王の部隊と激突した。

戦いの詳細は伝えられていないが、結果は独立派の勝利に終わった。マスルークは戦死しエチオピア兵は掃討されたという。この敗北をもってアクスム王国のヒムヤルに対する支配に終止符が打たれるとともに、ヒムヤル王国自体もこの時点で滅亡したというのが、一般の理解である。年代はビザンツ側の史料によると五七〇年代の初め、アラブ・イスラームの伝承によれば五七五年ごろのことであった。紀元前のサバァ王国に始まり、紀元後はヒムヤル王国に受け継がれて千三百年以上にわたって続いた古代南アラビア諸王国の歴史は、ここで幕を閉じたのである。

その後、ペルシア軍に同行したサイフを王とするサーサーン朝の傀儡政権が樹立された。つまり南アラビアの住民にとっては支配者がエチオピア人からペルシア人に代わっただけで、他民族に従属する立場には変わりがなかった。ただユダヤ教徒にとってはキリスト教徒の支配者よりはまだまし、ということであったかもしれない。

サイフが間もなく死去すると、南アラビアの政情は再び混乱に陥った。そこでワフリーズが再度派遣され、以後この地はサーサーン朝の一つの州としてペルシア人の役人の支配を受けることになった。中央アラビアを勢力下においていたヒムヤルを征服したことにより、アラビア半島の大半がサーサーン朝の勢力圏に入った。

インド洋と地中海を結ぶ交易ルートも、そのほとんどが同朝によって押さえられた。すなわち、ペルシア湾ルートに加えて内陸ルートも彼らの統制下に置かれることになり、紅海ルートについても紅海南方のアラビア側が彼らの支配下に入ったので、アクスムは二世紀末以来保持していた紅海の制海権を失った。さらに属国のヒムヤルを失ったことによる打撃は大きかった。ここにおいてオリエントの三列強の力のバランスは崩れ、サーサーン朝が優位に立った。そしてこれは、ユスティニアヌスの推し進めてきた南方政策が破綻したことも意味していた。この新たな情況に応じて、彼の後継者たちは戦略を立て直すべきであったのだが、次に述べるように情況をさらに悪化させる途を選んでしまうのである。

ジャフナ朝とナスル朝の終焉

ユスティニアヌス帝の許可も得て父の跡を継いだムンズィルであったが、同帝の後継者との間に父の代のように良好な関係を築くことができなかった。史料には、ナスル朝との戦いに備え諸部族を動員するのに必要な軍資金をユスティヌス二世に要求したところ、皇帝の逆鱗《げきりん》に触れ、その後しばらくビザンツとの関係が疎遠になったと記されている。前帝が同盟者に軍資金を下賜するだけでなく、ビザンツ領への侵入を控える代償に敵のペルシア皇帝やナスル朝の首長にまで貢納金を贈っていたのを、新皇帝は改めたと言われる。不名誉で屈辱的というだけでなく、経済的に負担が大きすぎるという理由もあったようである。

その後和解が成立し、マウリキウスが指揮するビザンツ軍とともにクテシフォン占領を目指してペルシア領に侵入した。しかしティグリス川の橋が落とされて渡河できなかったこともあり、遠征は失敗に終わった。ムンズィルがペルシア側に内通したのがその原因とマウリキウスが時の皇帝ティベリウス（在位五七八～五八二年）に讒言《ざんげん》したことにより、ビザンツ宮廷との関係は再び悪化した。ムンズィルが合性論派のアラブの代表者的存在であったことも、皇帝派から睨まれた一因であったのは間違いない。

とどのつまり奸計《かんけい》に陥ったムンズィルは捕縛され、コンスタンティノープルに連行された。そして病死したティベリウスの跡を継いで、宿敵ともいうべきマウリキウス（在位五八二～六〇二年）が帝位に即くと、シチリア島への流刑に処せられたという。五八二年のことであった。この処置に怒った息子のヌウマーンは、報復としてビザンツの東方領を荒らし回り、属州アラビアの首府ボスラの守備隊と戦って隊長を討ち取りなどしたが、結局はほどなく父同様騙されて捕えられ、処刑されたとも流刑に処せられたとも言われる。

このようにジャフナ朝の最期は実にあっけないものであった。その後、傘下にあったアラブ諸族はちりぢりとなり、ペルシア側についた部族も多かったという。また合性論派キリスト教徒は、彼らのいわばチャンピオンを失い窮状に陥った。しかし他方のビザンツ側も、それと気付かずに砂漠の海に面した防波堤を自ら突き崩してしまったため、数十年後に南から押し寄せる大津波には、抗すべくもなかったのである。

他方のナスル朝も同様にあっけない最期を迎えることになる。三世紀末以降三百年以上続いたこの王朝の最後の首長となったのは、ムンズィル三世の孫に当たるヌウマーンであった。この人物について何よりもよく知られているのは、おそらく五九〇年代の前半にキリスト教に改宗したことである。それまでナスル朝の君主は一貫して多神教徒であったが、ヌウマーンが初めてネストリウス派のキリスト教徒として洗礼を受け、一族の者もそれに続いたという。とはいえ彼がサーサーン朝のホスロー二世（在位五九〇年、五九一～六二八年）の不興を買ったのは、この改宗が原因ではなかったようである。

このホスローは五九〇年にいったん即位したものの、バフラーム・チョービーンの反乱で帝位を奪われてビザンツのマウリキウスの許に亡命し、この皇帝の援助で復位できたという経歴の持ち主である。この亡命に際してヌウマーンに助けを求めたが得られなかったのをホスローは忘れていなかったとか、ホスローのお気に入りの詩人をヌウマーンが殺してしまったのが原因とか言われるが、彼が排除された正確な理由はよく判らない。いずれにせよ六〇二年ごろホスローはヌウマーンを捕殺し、これによってナスル朝は滅亡した。

ホスローが個人的な感情だけで、重要な同盟国を滅ぼしてしまったとは思えない。おそらく当時のサーサーン朝が、もはやナスル朝を必要としなくなっていたのが最大の理由であろう。すなわち、アクスム王国の勢力を南アラビアから駆逐しヒムヤル王国を滅ぼしてしまったことにより、アラビア半島のほぼ全域がサーサーン朝の勢力圏となり、南方からの脅威は除去された。一方、西方ではジャフナ朝が滅びたことによりこの方面の砂漠からの脅威もおおいに弱まった。そのような情況を見てホスローは、砂漠の防波堤はもう必要ないと判断したのであろう。数十年後に大津波が襲来するとは予測できなかったのである。まさに「狡兎《こうと》死して走狗《そうく》烹《に》らる」ではないか。

このようにジャフナ朝もナスル朝も敵対する勢力に敗れて滅びたわけではなく、それまでいわばパトロンであった帝国に討たれて、歴史の舞台から姿を消したのであった。

第五章　イスラームの誕生と発展——アラビアの新世紀

1　イスラームの誕生

メッカとカァバ神殿

以下に記すイスラーム勃興期の史料となるのは、『コーラン』を除けば九世紀以降に執筆、編纂《へんさん》された文献がほとんどである。つまり、すでにイスラームが思想的にも政治的にも権威・権力として確立した時代に、そこから過去を振り返って著されたわけであるから、当然のことながらイスラームの誕生と発展の経緯は、イスラーム的視点から整理・叙述されている。果たしてそれをそのまま事実として受け容れてよいのかという問題意識が、この時代の歴史を扱う際には特に必要とされる。

さてムハンマドの生誕地メッカはアラビア西部のヒジャーズ地方にあり、半島の南北方向ではほぼ中央の、紅海から七〇キロほど内陸に入ったところに位置している。アラビア半島では紅海に沿って山脈が走っているが、メッカはこの山脈の西側の麓《ふもと》にある。元々は岩山に囲まれたワーディーの谷間に位置する集落で、夏の季節風を受けて山に稀に降る雨の後を除くと、谷に水が流れることはないので、人も動物も井戸の水に頼っているようなところであった。

イエメンとシリアを結ぶ隊商路は山脈の東側を南北に走っているので、メッカはその道からはかなりはずれている。紅海と山麓の間の狭い平野部はティハーマと呼ばれるが、ここを南北に貫く交通路も港に近い海沿いに走っているので、メッカはこのルートからもはずれていた。

要するに地理的に見て農業を行うにも商業が発展するにも向いておらず、そのままでは多くの人口が集中するような場所ではなかった。したがって住民は、本来なら家畜の放牧で暮らしを立てるよりほかなかったと思われる。

プトレマイオスの『地理学』にマコラバという名前で言及されている場所がメッカではないかという説がある。南アラビア語で「神殿」を意味するミクラーブという語の転訛《てんか》と考えられるので、これは二世紀前半にメッカのカァバ神殿の名声が半島外にも聞こえていた証拠で、メッカはすでにこのころには多くの巡礼者を迎える町として栄えていたのであろうと推察するわけである。しかしアラビア半島には、すでに見たように各地に多くの神殿が存在した。たとえプトレマイオスの時代にメッカに神殿があったとしても、それが半島の神殿の中でも特別の存在であったという証拠はどこにもない。したがってプトレマイオスのマコラバをメッカに比定するのは、やや早計と言わざるをえない。

ではカァバ神殿の起源はいつごろに求められるのであろうか。メッカの市民が本格的に商業を行うようになるのは六世紀になってからで、それ以前にここに人が集まる契機となったのは、やはり巡礼者を引きつける神殿の存在であろうから、メッカの発展の歴史を考えるうえで、神殿の起源の問題は重要である。

しかしカァバ神殿の考古学調査などできるはずはなく、科学的に起源を探るのは不可能である。そこで伝承を見ると、『コーラン』の第二章（雌牛の章）にはアブラハムが息子のイシュマエルに手伝わせてカァバを建てたと記されている。後述するようにムハンマドはユダヤ教徒に反論して、自らの教えはモーセによってユダヤ教が創始される以前の、アブラハムに遡る真正の一神教であると主張した。そこからアッラーの神殿であるカァバの基礎を据えたのがアブラハム父子という主張がなされたのであろう。ではなぜムハンマドはイスラエル民族の祖であるアブラハムを尊重するのであろうか。その理由が『旧約聖書』の「創世記」に記されている。

アブラハムと妻サラの間には高齢になっても跡継ぎの息子が生まれなかった。そこでサラは夫にエジプト人の女奴隷ハガルを側女《そばめ》とし、彼女から跡継ぎを得るよう勧めた。ハガルはやがて男子を出産しイシュマエルと名付けられた。ところがその後、神がサラの子宮を開かれたので、サラにも男の子が生まれイサクと名付けられた。実子が生まれたサラにとってハガルとイシュマエルの存在は疎《うと》ましいものとなり、夫の尻《しり》を叩《たた》いて二人を砂漠に追い出してしまったという。このイサクの子孫がユダヤ人とも呼ばれるイスラエル民族であり、伝説上はイシュマエルの子孫が砂漠の住人アラブということになっている。つまりアブラハムはイスラエル民族の祖であるだけでなく、アラブ民族の祖でもあるとムハンマドは考えていたのである。そして父とともにカァバ神殿を建てたのは、当然のことながらイシュマエルでなければならなかった。

起源を確かめる術《すべ》はないものの、かなり古くからメッカの谷に四角い壁で囲まれた神殿（カァバとは立方体を意味する）があったのではないかと推察されている。ただ元々どういう神の神殿であったかはよく判っていない。アッラーの神殿と呼ばれ、アッラー自身の偶像はないがほかの神々の多くの偶像が祀られていたというが、最初からそういう神殿であったとは思えない。ムハンマドの青年時代には壁の高さは人の背丈くらいで屋根はなかったというから、かなりささやかな印象を受ける。それが火事で焼失した後に、召命前のムハンマドも参加してほぼ現在の規模に建て直されたという。火事で焼失したということは、建材として木材が多用されていたに違いない。再建にあたっては、紅海岸の難破船の船材が再利用されたと伝えられている。少なくとも柱や梁《はり》などの骨格部分は木材で組み立てられたのであろう。ともあれ、ある時点よりこの神殿には四方から巡礼者が訪れるようになり、現在の暦で三月ごろに巡礼日が設定されたようである。

伝承によると、ムハンマドの五代前の祖先に当たるクライシュ族のクサイイという人物が、メッカの町の支配権を握ったという。五代前というと五世紀の後半あたりになる。クサイイは一族の者をメッカに呼び集めて政権を固めた。その結果、以後メッカはクライシュ族の町として知られるようになった。クサイイはカァバの鍵を預かっただけでなく、巡礼者に水や食物を施す権利も握ったと伝えられている。

5－1　20世紀初頭のカァバ神殿（W. Facey, *Saudi Arabia by the First Photographers*, London, 1996, p.31.）

神殿に多数の偶像を集めるようになったのも、各地からの巡礼者を引き寄せるためクライシュ族がとった戦略ではなかったかと考えられる。巡礼期にメッカ自体に市が立つことはなかったが、巡礼者の数が増えればそれだけ近隣の市は賑わい、メッカの住人にもビジネスチャンスが広がることになる。土産品として遊牧民の間でも人気の高い偶像の製作が盛んであったようであるし、巡礼者が屠《ほふ》る犠牲獣の数が増えるに伴い、その皮を鞣《なめ》す皮革産業も隆盛を見た。後述するように、実はこの皮革こそがメッカ商人にとって重要な地元産の交易品となったのである。

アブラハのメッカ遠征

前章に記したようにアブラハは彼の王国の首都というべきサヌアーに、キリスト教の大きな教会を建てた。伝承によると彼はアクスムの王に手紙を書き、その教会をアラブのハッジ（大巡礼）の地に変えてみせると約束したという。その噂《うわさ》を耳にしたのがナースィー（イスラーム暦施行前のアラビアで暦月と季節のずれを調整する任を担っていた職）の男で、人々がメッカのカァバ神殿へ行うハッジをサヌアーの教会に変えようとしていると立腹し、教会を汚物で汚したという。怒り心頭に発したアブラハは、カァバ神殿の破壊を目的にメッカに進軍した。

メッカは市壁もない町で、とても遠征軍の攻撃には耐えられない。そこで市民は最初から抵抗を諦《あきら》めて山に避難したという。しかし神が鳥の大群を遣わし、遠征軍の頭上に焼き煉瓦の飛礫《つぶて》を投げつけさせたので、敵は食い荒らされた茎のようになって退散したと、『コーラン』の第一〇五章（象の章）に記されている。神が自ら神殿をお護りになったと評判になり、これを機会にカァバへの巡礼者の数は増加し、メッカの町も発展したと伝えられている。

イスラームの伝承以外に史料がないので、実際にアブラハ軍がメッカに遠征したとの確証はない。しかし『コーラン』の記事を読む限り、おそらくムハンマドが生まれる前に起きたこの事件について、半世紀以上経ってもなおメッカの人々は、当時の恐怖心そのままに記憶していたのではないかという印象を受ける。遠征軍が飛礫に打たれたというのは、天然痘などの疫病に感染したのではないかと推測されている。

またサヌアーの教会とメッカのカァバが対立したのは、キリスト教の最も重要な行事である復活祭が、春分後の満月直後の日曜日に当たるので、メッカを含むヒジャーズ地方の巡礼祭と時期的に重なる可能性が高く、巡礼者を取り合うことになるからであり、またナースィーが憤慨したのは、暦に従ってアラビアの各地で挙行される巡礼行事と年市のサイクルが乱されてしまうからであろう、という解釈も行われている。

メッカ商人の交易

六世紀半ば、ムハンマドの曽祖父《そうそふ》ハーシムのころより、クライシュ族は遠隔地交易に乗り出した。夏は北のシリア、冬は南のイエメンに隊商を派遣して、インド洋と地中海を結ぶ国際中継貿易でおおいに活躍した結果、ムハンマドが生まれたころのメッカは、アラビア半島随一の都市として繁栄を謳歌していた。しかしそのような繁栄の反面、メッカ市民の貧富の格差は広がり、人々の生き方や精神が荒廃するなどの余弊が生じた。ムハンマドの宗教的覚醒《かくせい》は、このような問題の解決に彼が煩悶《はんもん》する中で生まれたものである。

これは私が大学生時代に教室の講義で聴いた、イスラーム勃興当時のメッカの情況と、ムハンマドに新宗教を興させた要因に関する解説である。そのときは、そんなものかと特に疑念も抱かず聴いていたが、今はこの説明ではどうも納得できない。

まずこの時期、サーサーン朝とビザンツの抗争によってペルシア湾ルートが機能不全に陥ったので、その代替ルートとしてイエメンとシリアを結ぶ隊商路が栄えたという解説が、説得力に乏しい。第二章で述べたようにペルシア湾から地中海に抜けるルートは複数あったので、あるルートが戦乱で通行不能になっても、別のルートを通じて交易は継続した。一方、六世紀半ばといえばイエメンがアブラハの支配下に置かれていた時代で、半島中央部で南北勢力が衝突を繰り返していた。したがって香料の道も決して安全ではなかった。また次章で述べる十世紀に好例が見られるように、ペルシア湾ルートが機能不全に陥った際に代替ルートとして栄えるのは紅海ルートであることが多かった。ただ、紅海の入口の東側がペルシア領となって以降は、紅海ルートを通じた交易が阻害されたことにより、陸上ルートの重要性が高まったということは考えられる。しかしイエメンを経由する取引は、当然ペルシア当局のチェックを受けたであろう。これらの諸点を勘案すると、六世紀の半ば以降、香料の道による交易が特段に盛んになったという主張には従えない。

またこれもすでに記したことであるが、メッカはメインルートからかなりはずれたところに立地していた。したがって、メッカの人々がシリアやイエメンに商用で赴いたということはあっても、メッカが国際交易の中継センターになったということはありえない。さらにメッカ商人が主に取り扱ったのは、国際貿易で取引されるような商品ではなく、地元産の皮革製品であったということが、史料に基づいて主張されている。確かにメッカの人たち自身も、自分たちの目玉商品は地元産の皮革であると認識していたようである。

これに対して、特にビザンツ軍の間で様々な用途で皮革に対する需要がきわめて高かったのは事実だが、かといって重くてかさばる皮革をわざわざメッカからシリアまで運んだであろうか、という疑念が呈せられている。しかしシリアからの帰り荷となる穀物やブドウ酒も重くてかさばる荷物である。これを運ぶのに必要な頭数の駄獣にシリアまで皮革を担がせて行くのは、商人にとってそれほど大きな負担にならなかったのではないか。

皮革ではなく、アラビア半島で産出される金と銀がシリア向けの主力商品になったという主張もあるが、これにも賛意を表せない。クライシュ族自身が鉱山業を営んでいたわけではないから、金・銀を入手するにはその対価が必要とされる。ではクライシュ族にどんな対価があったのか、また彼らに大量の金・銀を購入するだけの財力があったのか、などという問題が解明されない限り、彼らがシリア向けに用意した主力商品が金や銀であったとは言うのはむずかしい。

メッカの商人がシリアやイエメンに赴いて取引を行っていたということは事実であろう。彼らが運ぶ商品の中にイエメンやインド産の布や香料、それにアラビア産の金・銀が含まれていたということも否定しない。しかし彼らの主力商品は地元産の皮革を中心とする比較的地味な物で、それを売って農業のできないメッカにとって不可欠な、麦を中心とする食糧やブドウ酒などの飲料を買い求めていたのではなかろうか。また後にヤスリブに移住したムハンマドは盛んにメッカ商人の隊商を襲撃するが、メッカの商人全体が組織したような大きな隊商は例外で、たいていは家族単位と思《おぼ》しき小規模な隊商であった。

ともあれ、半島各地から多くの巡礼者が訪れる神殿を有し、市民の交易活動も順調に発展したことによって、ムハンマドが活動したころのメッカは、成年男子の数が二千数百人、したがって全体では子供や郊外の居住者も含めて一万人程度の人口を有する都市に成長していたらしい。当時のアラビア半島ではかなり大きな町であったことは間違いない。

とはいえ商業のレベルが右に記した規模であった以上、経済の繁栄により社会的不公正や個人の倫理観の欠如が目に余る爛熟《らんじゅく》したメッカ、というのはどうも想像しにくい。したがってムハンマドがメッカにおいて新宗教を興すに至った要因は、別なところにあるのではなかろうか。

ムハンマドの召命と宣教

ムハンマドが最初に神の啓示を受けたのは四十歳前後で、六一〇年ごろのことではなかったかと言われる。彼が後に人々に語ったところによると、ある日メッカ郊外のヒラーという岩山の洞窟《どうくつ》でまどろんでいると、何者かが現れ彼を押しつぶすようにして何事かを語ったという。そのようなことが何度か続き、最初はただ恐れおののくだけであったが、やがてそれが唯一神アッラーの（大天使ガブリエルを介しての）啓示であることを悟るのである。

アッラーはムハンマドに最後の審判の日が近いと告げ、その日のために備えるよう人々に警告せよと命じた。何よりも重要なのは唯一神アッラーを信じ、その教えに従って善行に励むことで、カァバ神殿に祀られているような神ならぬ偶像を拝むことは、最大の悪行であると説かれた。

アッラーからの啓示はその後も断続的に下り、ムハンマドは自らが神の預言者であるとの自覚を持つに至る。当初は身内やごく近しい者に体験や考えを説いていたが、六一四年からは大衆伝道を開始した。メッカの市民たちに最後の日の到来が迫っていることを警告し、唯一なる神への帰依を説いた。『コーラン』に収められているムハンマドの言葉（アッラーの啓示）は、後ろの章へ行くほど短くなっている。実は一番後ろのほうに置かれているのが、ムハンマドが最初に受けた啓示で、そこからはおおまかに言って、前に行くに従い新しい啓示になるよう章が配置されている。これを見ると、最初は神からの啓示をそのまま口にして説教していたムハンマドが、次第に啓示の言葉をいわばコントロールする一方で、おそらく

5－2　天使ジブリール（ガブリエル）から啓示を受けるムハンマド。エディンバラ大学所蔵『集史』「預言者ムハンマド伝」載録の細密画

散発的に下るであろう啓示を編集していたらしい様子が窺える。

ここまで読まれた読者はすでにお気付きのことであろう。ムハンマドの教えはきわめてユダヤ教的である。身辺にキリスト教徒がいたらしいという説もあるので、キリスト教の影響もないではないだろうが、先に記したアラブ民族とイスラエル民族の祖が、ともにアブラハムを父とする腹違いの兄弟であるという信念などを見ても、少なくともこの時点ではユダヤ教への親近感が強く感じられる。とはいえムハンマドが『旧約聖書』を読んだことなどありえず、旧約的な知識は周辺に数多くいたユダヤ教徒から、いわば耳学問で習得したのであろう。これはムハンマドに限ったことではなく、当時のアラビア半島の人々にとり、この旧約的な知識は半ば常識として浸透していたのではないかと推察される。ムハンマドの説教を読むと、相手がそういった知識を有していることをいわば前提としているとしか考えられない箇所が少なくない。

ムハンマドの教えを最初に受け容れたのは妻のハディージャ、ついで従弟で娘ファーティマの婿であったアリーが続き、親友であったアブー・バクルも初期の改宗者であった。ほかに若い世代を中心に成年男子が一〇〇名程度、成年女子もほぼ同程度が、この新興宗教の信者となったと言われる。これが、現在は世界中に多くの信徒を抱えるイスラームの教団の第一歩であった。

エチオピアへのヒジュラ（移住）

しかしメッカ市民の多くはムハンマドを嘲笑《ちょうしょう》した。奇跡を起こすことのできぬ者は神の使徒などではなく、憑《つ》き物つきか不出来な詩人ではないかと馬鹿にした。とはいえ、いつの世も若者が新興宗教の虜《とりこ》になるのは、親にとってはもちろんのこと社会にとっても問題であった。またほとんどの市民が古くから信仰し、お祀りしている神々を否定する輩《やから》の行動をいつまでも黙認することはできなかった。ムハンマドと彼に従う者への迫害は日増しに激しくなり、棄教への圧力は強まった。そこでムハンマドは信者たちに、エチオピアに亡命することを勧めたという。彼はそこを「誰に対する不正も許さない王のいる正義の地」と呼んでいる。一般には、キリスト教徒のアクスム王なら一神教を奉じるムハンマドの信徒たちを保護してくれるに違いないとムハンマドは考えた、と解釈されている。そうかもしれない。しかし、ほとんど誰も注意を払わないもう一つの伝承がある。

それはメディナを攻めたメッカ軍をムハンマド軍が塹壕を掘って迎撃した、いわゆる塹壕の戦いの後の逸話である。攻撃が不首尾に終わった後、メッカのアムル・イブン・アルアースが仲間のクライシュ族の男数人を集め、一緒にナジャーシー（アクスム王）を頼ってエチオピアへ行かないかと提案したというのである。その理由は、ムハンマドの力はもう手がつけられず、このままいけば彼が勝利するであろう。彼の支配下に入るくらいならナジャーシーの部下になるほうがまし、というものであった。仲間たちもこれに賛同し、贈り物として最も喜ばれる皮革をたくさん集めて海を渡ったという話である。もちろん、反ムハンマド勢力という理由だけで彼らがアクスムで冷遇されることはなかった。

これらの伝承から判るのは、当時のメッカ市民は宗派や党派にかかわらず、アクスム王に保護を願い出れば、それが叶《かな》えられると信じていたという事実である。おそらくこの信念は、ユダヤ教徒を除けば、メッカ市民に限らずヒジャーズからイエメンにかけての住民に共通していたのではなかろうか。イエメンから追い出されはしたものの、アクスム王の権威と影響力はヒジャーズではなお健在であったのである。

話を元に戻そう。ムハンマドの信徒たちは六一五年前後より、第一陣の一〇名を皮切りに五月雨式にメッカを脱出してエチオピアに移住した。これがヤスリブへのヒジュラに先立つ、第一回目のヒジュラと呼ばれるものである。『預言者ムハンマド伝』には移住者として八三名の成年男子の名が挙げられている。妻子を伴って移住した者もいるので、総数は一〇〇名以上にのぼる。しかし改宗した一〇〇名前後の成年男子のうち八三名もエチオピアに行ってしまうと、メッカでムハンマドの周辺にはほんの少数しか残らなかったことになる。

このヒジュラが行われた理由について、通説では満足できない研究者により様々な異説が提唱されている。確かに、布教を始めてまだ一年かそこらしか経っていないのに、信者の大半がアフリカに移住するとは尋常でない。また預言者とともに少数の成年男子しか残留しなかったのは、ヤスリブへヒジュラしたときのような切迫した身の危険は、まだ感じていなかったからであろう。さらに問題とされるのは、メッカにおける迫害が亡命の真の理由なら、六二二年にムハンマドたちがヤスリブに移住した際、なぜこれに合流せずエチオピアに留まり続けたかという点である。メッカ市民が改宗したという誤報に惑わされて帰国した三三名以外は、六二八年までは戻ろうとしなかったのである。

諸説挙げて検討する余裕はないので結論だけを記すと、私としては、シリア戦線でビザンツ軍を撃破したペルシア軍により六一四年に聖都イェルサレムが占領された事件が、このヒジュラの背後にあるという説に与《くみ》したい。このときムハンマドが受けた衝撃の大きさを示すと言われるのが、次に挙げる『コーラン』第三〇章（ギリシア人の章）の冒頭部である。

　ギリシア人たちは打ち破られた、もっとも近い地において。だが彼らは、敗北のあと、いずれ勝利を得るだろう、数年のうちに。過去にあっても未来においても、万事は神のもの。その日、信者たちは喜ぶだろう。神助を喜ぶだろう。神は、その欲したもう者をお助けになる。神は力強きお方、慈愛あつきお方である。神がお約束を違えることなどない。しかし、多くの人々はこれを知らない。

一神教徒のビザンツ軍がペルシア軍に敗れたということで、ムハンマドの敵たちは大喜びしたらしい。イェルサレムをはじめパレスティナ諸都市の住民が、大挙してエジプトに避難しているという情報はメッカにも達したに違いない。しかしペルシア軍はさらに進撃しシナイ半島やエジプトまでも占領するに至った。このような情況を前に、メッカの住民がペルシア軍のヒジャーズ侵攻もありうると恐れたとしても不思議ではない。かつてのシャープール二世のアラビア遠征を記憶している者もいたに違いない。そこでムハンマドは生まれて間もない自らの教団を守るため、信者たちの多くをエチオピアに避難させたのではないかと推察されるのである。

一方、亡命者たちがヤスリブのムハンマドに直ちに合流しなかったのは、予言されているビザンツ軍の勝利が実現するのを待っていたから、と説明される。そして六二八年、ついにこの予言は現実のものとなった。この年ペルシア軍はヘラクレイオス帝の率いるビザンツ軍に降伏し、長年にわたって続いた両帝国の戦いはビザンツ側の勝利で終結した。また奇《く》しくもこの年は、ムハンマドとメッカとの間でフダイビーヤの和議が成立し、亡命者の安全が保障された年でもあった。このような情況を見て、この年以降エチオピアから亡命者の帰還が始まったというのである。

ヤスリブへのヒジュラ

やや進みすぎた時計の針を元に戻そう。

エチオピアに渡らずメッカに留まった者たちは、引き続き厳しい迫害に曝されていた。六一九年に妻のハディージャと伯父で長年の保護者であったアブー・ターリブと死別したことは、ムハンマドにとって特に痛手であった。そのように困難な情況に置かれていたとき、ヤスリブからこちらへ来てもらえないかという移住の勧誘があったのである。

ヤスリブはメッカの北方およそ三五〇キロ、紅海からは一六〇キロほど内陸に入ったところに位置している。後に「預言者の町（メディナ）」と呼ばれるようになったが、ムハンマドの移住時には町と呼べるほどの大きな集落はなく、小さな農業集落の集まりであった。地下水位が高いために多くの泉があり、土地も肥沃《ひよく》で農耕に適しており、特にナツメヤシの栽培が盛んであった。

人口の三分の一程度がユダヤ教徒で、肥沃なナツメヤシ園の多くは彼らによって所有されていた。一方で彼らは商人としての活動も活発で、半島内だけでなくシリアやイラクの諸都市とも関係を維持していた。残りの三分の二ほどがいわゆる多神教徒のアラブで、有力部族のハズラジュ族とアウス族がユダヤ教徒も巻き込んで、数十年間血で血を洗う戦いを繰り返し、ともに疲弊しきっていた。

そのような情況に置かれたヤスリブのアラブの幾人かが、メッカを巡礼で訪れた際にムハンマドの説教を聴き心を打たれた。その後ムハンマドの許を訪れる者の数は増え、ついにハズラジュ族の入信者たちを中心に、ヤスリブにおける部族間闘争の調停者としてムハンマドをメッカから迎えようと決断した。メッカにおける布教が行き詰まり、自身の身の危険も感じていたムハンマドにとっても、この招きは好都合と感じられたに相違ない。六二二年の六月に彼はヤスリブへの移住を決意し、エチオピアへ移住したときと同じく信徒たちは三々五々ヤスリブに

5－3　イスラーム勃興期のアラビアとシリア、イラク（筆者作製）

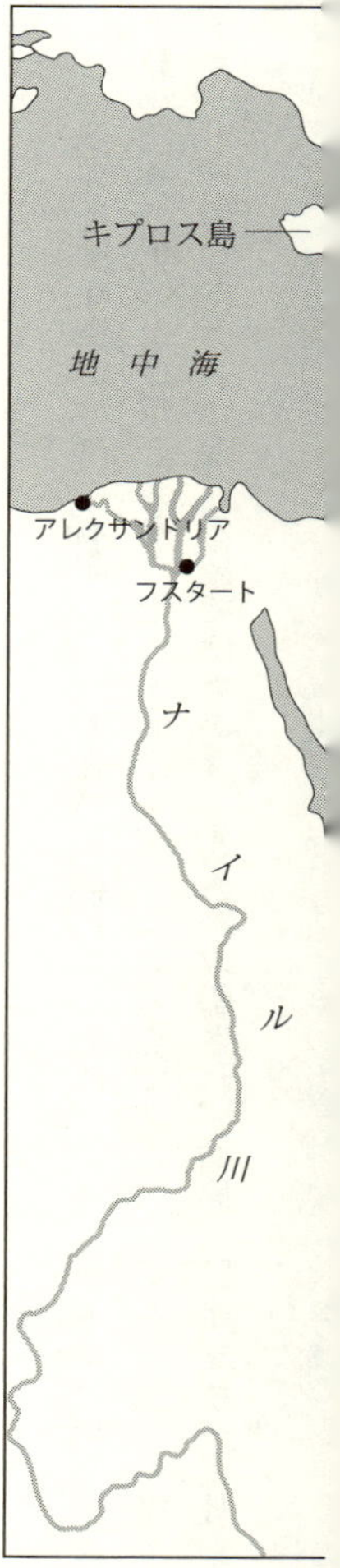

脱出した。最後にムハンマドとアブー・バクル、そしてアリーが続いた。同年の九月下旬のことであった。成年男子が七〇名あまりとその家族がこのときの移住者の総勢なので、数だけ見ると先のエチオピアへの移住者よりも少なかったことになる。

　このヤスリブへのヒジュラの結果、この土地にイスラーム共同体ウンマが成立し、後のイスラーム国家の原型が生まれたため、イスラームの思想や歴史ではこのヒジュラの重要性が強調される。第二代カリフ（次節参照）のウマルが六三八年にイスラーム暦を定めた際には、このヒジュラの行われた年が紀元として選ばれた。西暦六二二年七月十六日がヒジュラ暦の元年元日に当たる。

　ムハンマドを迎えたヤスリブでは、異論を唱える者はいたものの、結局は彼を調停者とする和平に大多数の者が賛成した。宗教的に彼の教えを受け容れた者は必ずしも多くはなかったが、政治的に彼の仲介を受け容れることには皆が賛同したのである。ヤスリブの部族間抗争は、そこまで煮詰まっていたという見方もできる。一方のムハンマドは、彼を神の使徒として受け容れたからには、皆がアッラーの信者になったとみなした。

ヒジュラ後間もなく、ヤスリブ（以後メディナと呼ぶ）に居住するムハージルーン（メッカからの移住者）、アンサール（メディナでの援助者）、それにユダヤ教徒諸部族との間で、メディナにおける新しい共同体のあり方に関する取り決めが締結された。一般にメディナ憲章と呼ばれている文書がそれである。

メッカ征服

メディナへの移住によって信者の数が格段に増え、イスラーム共同体の指導者としての地位を確立させたムハンマドは、メッカとの武力闘争の決意を固めた。それまではもっぱら新宗教の布教に努める宗教家であったのが、以後は政治と軍事の面でも指導力を発揮するようになる。シリアより戻るメッカの隊商を襲って略奪を働いたのは、メッカに経済的打撃を与えることを目的とするほかに、信者たちの生活を支えるためでもあった。メッカ側は当然反撃に出たので、これ以降バドルの戦い（六二四年）、ウフドの戦い（六二五年）、塹壕の戦い（六二七年）などが続き、一進一退とは言いながら、結束が固く戦意が高いムハンマド軍側が次第に優勢になってきた。

この過程で興味深いのは、右記の三つの戦いが終わるごとに、ムハンマドがメディナのユダヤ教徒部族の集落を攻撃し、その土地・財産を奪っている点である。バドルの戦いの後ではカイヌカーウ族、ウフドの戦いの後ではナディール族が攻撃され、結局、財産をすべて放棄してメディナを出て行くことを余儀なくされている。塹壕の戦いの後で攻撃されたクライザ族はさらに悲惨で、降伏後、成年男子はすべて処刑、女・子供は奴隷にされるという憂き目に遭っている。追放もしくは処刑されたユダヤ教徒は、メディナの資産の半分近くを所有していたと言われる。それが戦利品となり、ムハンマドによって再配分された。その結果ムハンマド自身はメディナ最大の資産家となり、移住者たちも中級以上の資産家となった。メディナのアラブも、それなりに潤ったようである。ユダヤ教徒が攻撃を受けた理由はそれぞれ語られるが、どれも半ば言いがかりと言っていいような内容で、最初から彼らの資産を奪うのが目的の軍事行動ではなかったのか、と疑いをかける者が出てくるのも当然である。

そもそもメディナに移住する段階では、ムハンマドは自らと同じく唯一神を信じるユダヤ教徒が、彼を神の使徒として受け容れてくれることを期待していたと言われる。しかしユダヤ教のラビ（教師）たちは彼の信仰をあざけり、ムハンマドは彼らとの論争を余儀なくされた。その過程でおそらく彼は、ユダヤ教徒との訣別《けつべつ》を決断し、以後は一転して彼らに攻撃的になったのであろう。アラビアのユダヤ教徒が親ペルシアであることは、周知の事実であった。ヒジュラ以降きわめて政治的に敏感になったムハンマドにとり、彼らの存在は次第に危険なものと映ったに違いない。それに加えて、移住者たちの生活を支えなければならないという必要性が相まって、ユダヤ教徒部族への攻撃を引き起こしたのではあるまいか。

さて、このようにしてメディナ全体を完全に掌握したムハンマドは、六二八年に信徒を率いてメッカへの小巡礼（ウムラ）を試みた。これを遮ろうとしたクライシュ族とフダイビーヤで交渉が行われた結果、十年間の休戦と、ムハンマドの巡礼団はいったんメディナに帰る代わりに、翌年はムスリムが自由に巡礼できるよう、メッカの住民が三日間だけ町を引き払うことなどが約束された。これをフダイビーヤの和議と呼んでいる。

これに基づき、翌年ムハンマドたちは平和裡《り》に巡礼を行った。しかし六三〇年になると、部族間の争いから生じた刃傷沙汰《にんじょうざた》を口実に、ムハンマドは軍勢を率いてメッカに迫った。塹壕の戦いではメッカ軍に味方した周辺の遊牧民も、今回は多くがムハンマド側に立って参戦していた。メッカ側にはもはや抵抗する気力はなく、ここにおいてムハンマドはメッカの無血征服に成功したのである。同年の一月のことであった。ムハンマドは早速カァバ神殿に赴き、内部の偶像をすべて破壊したと伝えられている。

2 大征服の始まり

北方の情勢

メッカ征服後のムハンマドとメディナ政権の動きを追う前に、この間のビザンツとサーサーン朝の動向を見ておこう。この後、半島外に進出するアラブ・イスラーム軍の初期の大成功のお膳立《ぜんだ》てをしたのは、ほかならぬこの二大帝国なのであるから。

前章で述べたようにビザンツ皇帝マウリキウスの援助で復位したホスロー二世は、マウリキウスの在位中は友好関係を維持したので、その間は両帝国の和平は保たれた。ところが六〇二年、ドナウ川方面の駐屯部隊が反乱を起こしてマウリキウスを殺害し、反乱軍に推戴《すいたい》された百人隊長のフォカスが帝位を簒奪した。そこでホスローはマウリキウスの仇討《あだう》ちを大義名分として出兵し、ここに六二八年まで続き両国をおおいに疲弊させる因となるビザンツ・サーサーン朝戦争が始まった。ペルシア軍はアナトリアやシリアに攻め込み、シリアの諸都市を占領しアンティオキアを包囲した。しかしビザンツ側もよく抗戦したので、六〇九年までは一進一退の攻防が続いたようである。

一方、カルタゴ総督であったヘラクレイオスが、六〇八年ごろにフォカスに対して反乱を起こした。息子で父と同名のヘラクレイオスは艦隊を率いてコンスタンティノープルに向かい、彼の従兄弟《いとこ》のニケタスは別働隊を率いてエジプトに攻め入った。それに対応してシリアに配置されていた部隊がエジプトに急派されたため、シリアの国境警備がすっかり手薄になってしまった。そしてこれ以降、その間隙《かんげき》を突いたペルシア軍のビザンツ領への侵攻が本格化するのである。

六一〇年十月、ヘラクレイオスが艦隊を率いてコンスタンティノープルに攻め寄せると、首都はわずか二日で開城。フォカスは捕らわれて処刑され、代わってヘラクレイオスが皇帝として即位した（在位六一〇〜六四一年）。しかし即位直後にアンティオキアは陥落し、ペルシア軍はシリア、パレスティナの諸都市を占領しつつ進撃した。そして六一四年にはイェルサレムが陥落し、キリストが磔刑《たっけい》にされた十字架の断片と言われる聖遺物（いわゆる聖十字架）をホスロー二世に奪われる事態に立ち至った。その後もペルシア軍の進撃を遮るものはなく、ついにエジプトまでが占領されてしまったことは、すでに記したとおりである。また北方ではアナトリアも占領したサーサーン朝は、一時的とは言えかつてのアケメネス朝の領土を回復した。

数年間の準備を経て、六二二年の四月にヘラクレイオスはサーサーン朝に占領された領土を奪還するための戦いを開始した。皇帝の率いる軍勢は海路キリキアに上陸し、カッパドキアを取り戻した後、さらにアルメニアに進軍した。しかしそこから直接東へは進まず、大きく北へ迂回《うかい》したのである。その作戦を理解するには、北方の草原地帯の情況を知らねばならない。

当時、ビザンツ帝国の北のハンガリー平原に勢力を有していたのは遊牧民のアヴァールであった。その東のサーサーン朝領の北方の草原には西突厥《とっけつ》がいて、アヴァールと敵対する一方で、ペルシア領への侵入を狙っていた。サーサーン朝はアヴァールと同盟を結び、皇帝不在のコンスタンティノープルを攻めさせたが、首都駐留軍が奮闘した結果、この攻撃は失敗に終わった。六二六年のことである。他方のヘラクレイオス帝は西突厥の統葉護可汗（トン・ヤブグ・カガン）と同盟し、カフカース方面からメソポタミアに侵攻する作戦をとった。六二七年十二月十二日にアッシリアの古都ニネヴェの近くで両軍は激突し、ヘラクレイオス帝自らが陣頭指揮するビザンツ軍が勝利した。敗北を喫したペルシア軍の抵抗は弱体化し、ヘラクレイオス帝はクテシフォン近くまで軍を進めた。運河の橋が落とされていてクテシフォンを攻撃することは叶わなかったものの、ホスロー二世の宮殿を略奪し莫大《ばくだい》な戦利品を獲得して軍を返した。

敗北を喫したペルシア軍では長年にわたる戦役で疲弊していたこともあり、ホスローに対する不満が爆発してクーデターが発生、ホスローの息子のカワード二世を帝位に据えた。ホスローは処刑されたとも獄死したとも言われる。六二八年のことであった。カワードは直ちにヘラクレイオスに使者を送って講和を申し入れ、同じく疲弊していたビザンツ側も厳しい条件を課さずにこれに応じた。ところがサーサーン朝ではこの年の十月に新王が没してしまったため、事態は複雑化した。カワードの息子でまだ若いアルダシール三世が跡を継いで即位したものの、帝国内の最大の実力者は、依然としてエジプトの占領を続ける将軍のシャフルヴァラーズであった。

そこでヘラクレイオスはシャフルヴァラーズと交渉し、エジプトからの撤退と引き換えに、彼がサーサーン朝の帝位を簒奪するのを援助するという合意

5－4　アーニョロ・ガッディ作「ヘラクリウス帝のイェルサレム入城」。フィレンツェのサンタ・クローチェ教会のフレスコ画「聖十字架伝説」の一部（M. A. Lavin, *Piero della Francesca*, London, 2002, p.112.）

に達した。その後の出来事の年代については説が分かれているが、聖十字架を返還したのがシャフルヴァラーズで、ヘラクレイオス帝自らがこれを捧持《ほうじ》して六三〇年三月二十一日にイェルサレムに入城したという点については、ほぼ意見の一致を見ている。一方、サーサーン朝では帝位をめぐる争いがこの後も続き、国内は混乱の極に達した。

アラビア半島内での宣教と征服

ムハンマドがメッカの征服に成功した折しも、メッカ南東のフナインの地に二万もの大軍が集結していた。ターイフのサキーフ族を中核とするハワージン族の部隊で、家族や家畜まで同伴した遊牧民が多く加わっていた。よりによってこの時期にこれだけの部隊が集結した理由と背景は実はよく判っていないのだが、メッカのライバルであったターイフが弱体化が著しいメッカを見て、この機会に一挙にこれを攻め落とそうとしたのではないかというのが、いわば通説である。しかしそれがたまたまムハンマド軍のメッカ征服と時期的に重なってしまったのは、彼らにとって全く不幸としか言いようがない。ムハンマドがメッカ遠征に率いてきた一万の軍勢にメッカ軍二〇〇〇が加わり、この部隊と激突した。結果は前者の完勝で、ハワージン族側は同伴していた女・子供六〇〇〇人と二万四〇〇〇頭のラクダを置き去りにして敗走したという。これらはすべて勝者の戦利品となった。その後、女・子供は返還されたものの、ラクダは戦場に遺棄された武器や馬とともに、戦いの参加者に分配された。

六三〇年一月末に双方一万人以上を繰り出したこの激戦（フナインの戦い）は、アラビアでは稀にしか見られぬ大きな会戦である。これに勝利したことにより、半島内でのムハンマドの名声は一挙に高まった。イエメンがサーサーン朝の支配下に入った前世紀の第4四半期以降、アラビアの大半は同朝の勢力圏となっていた。そのサーサーン朝がビザンツに敗れ著しく弱体化したことにより、アラビアに権力の大きな空白が生じたまさにそのとき、ムハンマドの率いるメディナ政権が新しい支配者となるべく登場したのである。このビザンツのサーサーン朝に対する勝利を、ある学者はいみじくも「ヘラクレイオスからイスラームへの贈り物」と言っている。

これ以降、アラビア各地の部族の首長は競うようにしてムハンマドの許に使いを送り、その権威に服することを誓った。ヒジュラ暦一〇年はことに使節が多く訪れた年なので、「遣使の年」と呼ばれる。イエメンのペルシア人支配者のバーザーンが、アブナーと呼ばれるペルシアからの移住者たちとともに改宗したのも、この年のことと言われる。ムハンマドがこれを受け容れる条件は、アッラーを唯一神、ムハンマドを神の使徒であると認め、その部族が崇拝してきた偶像を破壊することと、一定の税（サダカ）を納めることであった。使いをよこさぬ部族や地域には、ムハンマド側から使節を送って服従を迫り、従わぬ場合には武力で屈服させた。

このようにして、ムハンマドの生前にほぼ半島全域が彼の権威を認めたことにより、彼はいわばアラビアの覇者となったわけである。彼の観点からは、ユダヤ教徒やキリスト教徒を除いて、半島のアラブのほとんどがムスリムになったということであるが、メッカで初期に彼の教えを受け容れた信徒とは異なり、メッカ征服後のアラブの改宗はその多くが個人的な回心ではなく、部族が存立をムハンマドから安堵《あんど》してもらうために、集団的に宗旨替えしたにすぎなかった。長年崇拝してきた偶像神を破壊するのは辛《つら》かったろうし、メディナ政権に納税するのは不満であったに違いないが、背に腹は代えられなかった。

とはいえ、アラブに限らず多くの人々の信仰は現世利益的である。御利益のある神様こそが拝むに足る神様なのである。後述するように、戦って征服せよとお命じになり、それに従って戦えば必ず勝利と多くの戦利品をもたらして下さるアッラーは、間違いなくありがたい神様であった。勝利を重ねるごとにアラブのアッラーに対する信仰心は深まっていった。少なくともイスラーム史の初期の段階では、アラブを熱心なムスリムとしたのは、ムハンマドの説いた教義ではなくジハードにおける勝利と言って過言ではあるまい。またムハンマド没後は、戦いを継続し勝ち続ける以外に、叛服常なきアラブの遊牧民をカリフ政権につなぎ止めておく方法はなかったのである。

ムハンマドの死とカリフ政権の成立

前述のようにヘラクレイオス帝は、返還された聖十字架を捧持してイェルサレムに入城した。ユーフラテス川の上流に近いヒエラポリス（現在のマンビジュ）まで迎えに出て、そこからイエルサレムまで聖十字架に付き添ったと言われる。

ところがムハンマドはビザンツ皇帝のこの動きを、アラビアに遠征するための軍事行動と誤解したらしい。三万の軍勢を組織し、ビザンツ軍を迎え撃つためにシリア方面に出陣したといぅ。六三〇年の末のことである。しかしヘラクレイオスは軍を率いてコンスタンティノープルに帰還した後だったので、ムハンマドはアラビア北部のいくつかの町を攻略しただけで帰国せざるをえなかった。要するにこのときの遠征は空振りに終わったのである。

やや自意識過剰の感なきにしもあらずであるが、ペルシア軍がイェルサレムを占領したとの情報に接して、ムハンマドが直ちに信徒たちをエチオピアに避難させたことも考え合わせると、彼は布教の当初より外部世界からの脅威に非常に神経を尖《とが》らせていたと言えるのではないか。『コーラン』に「象の章」が含まれているのを見ると、その危機意識の源はアブラハのメッカ遠征にまで遡るのかもしれない。先に引用した「ギリシア人の章」を見る限り当初は親ビザンツであったはずのムハンマドが、アラビアの覇者となってからはビザンツを敵対勢力とみなしているのである。一方のヘラクレイオスは、メディナ政権がサーサーン朝に代わる脅威となることに、おそらくこの段階では全く気付いていない。

翌々年（六三二年）の巡礼月にムハンマドはようやく大巡礼（ハッジ）を行った。カァバをアッラーのみの神殿と定めて以降、彼が巡礼月に巡礼を行うのはこれが最初で最後であった。巡礼からメディナに戻ったムハンマドは体調不良を訴えるようになり、三ヵ月後に息を引き取った。同年の六月のことで、享年六十有余であった。

カリスマ的な指導者が世を去った後、後継者の選定でもめるのは世の常である。メディナ政権の場合、ムハージルーンとアンサールのどちらの陣営から指導者を出すかで議論はあったが、結局はムハンマドの古くからの友人で、最初期の改宗者でもあり、それまで巡礼の指揮などでムハンマドの代行を務めたこともあるアブー・バクルが選ばれた（在位六三二～六三四年）。しかし彼は神の使徒でも預言者でもなく、「アッラーの使徒の代理人（または後継者）」としてイスラーム共同体ウンマの代表者となったのである。アラビア語でハリーファ、一般には訛ってカリフと呼ばれる。彼に続いてウマル、ウスマーン、アリーまでの四代のカリフが正統カリフと呼ばれていることは、読者の大部分がすでにご存じのことであろうから、その間の説明は省略する。第三代カリフの時代までイスラーム政権の首都はメディナに置かれたが、第四代のアリーの治世に、ダマスクスおよびバスラを中心とする反対勢力と戦うため、イラクのクーファに遷都した。

第三章で記したように、当時の同盟や主従の契約は属人的なものであった。契約の一方の当事者が死去すると、その契約はいったん御破算になったのである。ムハンマド死去後のカリフと諸部族の族長との関係もまさにそれであった。半島各地の部族の多くはアブー・バクルが代表するメディナ政権の権威を認めようとはしなかった。税の納入を拒否するだけでなく、メディナのカリフ政権に対抗する勢力を結集して、公然と反旗を翻す者も現れた。そのうちのいくつかの勢力は、預言者と自称する人物によって率いられていた。ムハンマドに対抗する預言者はすでに彼の生前より出現していたが、死後さらにその数が増えたようである。イスラーム側からは「偽預言者（カッザーブ）」と呼ばれている。

アブー・バクルはこうした動きをすべてリッダ、すなわち背教・棄教とみなし、親メディナ派の遊牧部族の戦士を組織した討伐軍を編制して各地に派遣した。表面的・形式的に服していたにすぎなかった多くの部族をメディナ政権が支配下に置いたのは、この再征服活動を通じてのことである。アブー・バクルが派遣したハーリド・イブン・ワリードが、ヤマーマ地方でハニーファ族の偽預言者ムサイリマを討って以降、リッダは終息に向かった。

シリア遠征とビザンツ帝国との戦い

リッダの平定後、アブー・バクルはリッダ討伐のために組織した軍を解散せずに、北方に向けて放った。いったん解散してしまうと彼らを統制するのは非常にむずかしく、ある意味危険なことでもあった。彼らを軍として組織したままで政権に従わせるには、戦いを継続して勝ち続けるのが一番の良策だったのである。またリッダ制圧戦によって生じた制圧した者とされた者との内的緊張を解消する最善の方法は、新たな外敵を作りそれに向けてエネルギーを昇華させることであった。アラビアの遊牧諸部族はメディナ政権の統率の下に戦い、勝利すれば多くの戦利品の分配に与《あずか》れたし、運悪く戦死してもジハードの殉教者として天国行きが保証された。

またメディナ政府はこのようにして内部対立を解消できるだけでなく、支配領域の拡大を期待できた。

ナスル朝とジャフナ朝を滅ぼした後、サーサーン朝とビザンツはそれぞれ別のアラブ勢力に下賜金を給付して、国境警備を担わせようとはしたようである。しかしどの部族の首長にもナスル朝のムンズィル三世やジャフナ朝のハーリスの役割はとうてい務まらなかった。そしてホスロー二世とヘラクレイオスの二十年以上にわたる戦いの間、当然のことながら両国の南方国境の警備は手薄になった。その隙を突いて北アラビアの遊牧アラブは、盛んに両国南部の町や村に侵入と略奪を繰り返していたようである。したがってサーサーン朝やビザンツの当局者の目には、カリフの命を受けて北進してくる軍勢も、当初はこれらの遊牧アラブの略奪部隊と区別がつかなかったのではなかろうか。

六三三年の夏にリッダ討伐戦で功のあったハーリドがイラクに派遣される一方で、同年の秋には、三隊に分かれた部隊がメディナからシリアに派遣された。いわゆるアラブの大征服の始まりである。シリアはメッカ商人がたびたび訪れて馴染みの深い土地であるうえに、三年前には預言者自身が軍を率いて目指した土地でもあった。特にイェルサレムは、ヒジュラ直後はその方向に向かって礼拝を行うキブラと定められた聖地であった。この地の征服を目指してビザンツ軍と戦うことが、アブー・バクルの目的であった。

シリアに向かった軍勢は、おそらくこの地方で略奪を繰り返していた遊牧アラブを吸収しつつ進軍し、たいした抵抗も受けずにシリアの奥深くまで進むことができた。この地方の合性論派のキリスト教徒やユダヤ教徒は、カルケドン派のキリスト教徒以外を異端とするビザンツ政府の宗教政策によって、長年迫害や弾圧に曝されて苦しんできた。彼らの目には、税（ジズヤ）の支払いに応じさえすれば、信仰については特段の規制がなく特定の教義を強制しないイスラームの侵入者は、むしろ歓迎すべき新支配者と映ったに違いない。彼らの中にはアラブ軍の侵攻に抵抗しないばかりか、手助けする者たちもいたのである。

シリアにはビザンツ政府と結びついたカルケドン派のキリスト教徒もいて、彼らはもちろんアラブ軍に抵抗したし、ジャフナ朝滅亡後もビザンツとの同盟関係を維持していた一部のガッサーン族のように、合性論派に属していながらビザンツ側に立って戦ったアラブもいた。さらに帝国の正規軍もシリアに駐屯していたが、早々にアラブ軍との戦いで敗北を喫してしまった。

ようやく事態の重大なことに気付いたヘラクレイオス帝は、アラブ軍の進撃を食い止めるためにコンスタンティノープルより五万強の大軍をシリアに派遣した。一方これに先立ちアブー・バクルの命を受けてサワード（イラク中南部の穀倉地帯）からシリアに転戦したハーリドは、シリア各地で戦っていた部隊を自らの指揮下に統率し、ビザンツ軍との対決に臨んだ。アラブ軍はメディナからの援軍を含めて二万五〇〇〇に達したと言われる。世界史の一つの分岐点と呼んでも過言ではない両軍の決戦は、六三六年八月、ヨルダン川に注ぐヤルムーク川の河畔において行われ、後者の勝利に終わった。この知らせをアンティオキアで受けたヘラクレイオスは、「シリアよさらば、そは敵にとりなんとすばらしき地なるか」という訣別の言葉を残して、コンスタンティノープルに撤退したと伝えられる。

勝利したアラブ軍はさらに北上を続け、ダマスクス、ホムス、ハマーなどの諸市を相次いで征圧していった。一方、攻囲を受けていたイェルサレムでは総主教が降伏を決意。その求めに応じてメディナから到来したのは、アブー・バクル没後にカリフ位を継いだウマル（在位六三四〜六四四年）で、六三八年の初頭、総主教と交渉のうえ条約を締結してこの聖都を占領した。

さらに六三九年十二月、それまでパレスティナの海岸都市カエサリアを攻囲していたアムル・イブン・アルアースが、突如四〇〇〇の兵を率いてエジプトに進軍し、現在のカイロ南郊にあったビザンツのバビロン城を攻囲した。これに対してアレクサンドリアの大主教兼総督であったキュロスが二万の兵を率いて来援。一方アラブ側はメディナから一万の援軍が駆けつけて、六四〇年七月のヘリオポリス（アイン・アッシャムス）の戦いにおいてキュロス軍を撃破した。アムルは翌年四月にバビロン城を陥落させた後、アレクサンドリアの攻囲に着手した。コンスタンティノープルからの援軍が期待できない情況ではビザンツ側の抵抗は長続きせず、同年十一月にキュロスは降伏、翌六四二年にアレクサンドリア市の門はアラブ軍の前に開かれた。このようにして短期間のうちにシリアに続きエジプトも、アラブ軍によってビザンツの手から奪われたのである。

サーサーン朝との戦い

話を六三三年に戻そう。この年の夏、リッダ平定の余勢をかったハーリドはサワードに進軍した。そしてこの地方で略奪を繰り返していたアラブ部族民を、イスラームの旗の下、自らの指揮下に組み込み順調に勝利を重ねていたが、右にも記したように、当時の主戦場であったシリア戦線の指揮を執るよう命じられてこの地を離れた。

5－5　クテシフォンに残る「ホスローのイーワーン」と呼ばれる遺跡。これは1864年に描かれたもので、現在は洪水で向かって右側が消失している

その間にサーサーン朝側は態勢を立て直した。同朝最後の皇帝となるヤズデギルド三世（在位六三二～六五一年）が即位し、数万の大軍を召集して将軍ルスタムを指揮者に任じ、アラブ軍との決戦に備えた。一方これを知ったカリフのウマルは、サァド・イブン・アビー・ワッカースを司令官とする遊牧アラブの戦士からなる部隊を編制し、イラクへ向けて送り出した。イラクで行動中であった部隊とシリアからの援軍も合わせて約一万五〇〇〇となったアラブ軍は、ヒーラの南西約三〇キロのカーディスィーヤの地に布陣。そして六三六／七年（正確な年月日は不詳）両軍は激突し、戦いは三日三晩にわたって続いたという。その結果ア

ラブ軍は勝利し、司令官のルスタムが戦死したペルシア軍は潰走したのであった。

さらに北に向かって進軍するアラブ軍を前に、ヤズデギルドは首都を棄ててイラン高原に逃亡。クテシフォンは抵抗することなく開城した。古代のメソポタミアの地に当たるサワードの住民の多くは実はアラム系の人々で、ペルシア人は人口的には少数派であった。宗教的にはキリスト教徒やユダヤ教徒が多く、ほかにサービア教徒と呼ばれる人々などもいたが、サーサーン朝の国教であるゾロアスター教徒の数は少なかったと思われる。したがって、それまでの支配者に対してそれほどの親近感を抱いていなかったサワードの民衆は、さしたる抵抗も見せずに新支配者に従い、アラブ軍は容易にこの一帯を征服することができた。

ペルシア人の本拠地であるイラン高原に撤退したヤズデギルドは、そこで態勢を立て直して反撃に出た。しかしサワード奪還を目指して進軍したペルシア軍は、イラン高原からサワードに下る途中のニハーヴァンドでアラブ軍と激突して一敗地に塗《まみ》れ、これをもってサーサーン朝は事実上崩壊した。六四二年のことであった。ヤズデギルドはこの後も再起を図ってイラン各地を転々としたものの、六五一年に中央アジアのメルヴで暗殺され、ここにおいてサーサーン朝は滅亡したのである。

3 イスラームの誕生と発展をどう考えるか

ネイティビスト・ムーブメント

七世紀の初め、オリエント世界の辺境と言ってても過言ではないアラビア半島の一角に突如出現し、瞬く間にオリエント全域に加えて地中海世界の南半を征服したアラブ・イスラーム勢力の発展は、間違いなく世界史の画期をなす一大事件である。したがって、そもそもあの時期にあの地域で何故あのような宗教が生まれたのか、しかもそれが単なる宗教運動にとどまらず政治・軍事活動として、あのように短期間にめざましい成功を収めることができた要因は何かという問題は、研究者のみならず一般の歴史愛好家の関心をかき立ててきた。しかし今までのところ、そのような疑問に満足できるような解答が出されたとは思えない。

先に、メッカの社会的矛盾に悩んだムハンマドが、その解決を模索して煩悶する中でアッラーの啓示を得たという説明では、どうも得心がいかないということを記した。では彼の宗教的覚醒を、どう理解すればよいのであろうか。

私が注目するのは、スケールの大小や見かけの違いはあるものの、基本的な構造が類似する宗教的・政治的かつ軍事的な運動が、異なる時代ではあるが世界の他の地域でも認められるという点である。それは広くネイティビスト・ムーブメントと呼ばれる運動のなかのあるタイプで、歴史上の類例を挙げるとすると、洪秀全《こうしゅうぜん》をリーダーとする太平天国《たいへいてんごく》の乱や、ニュージーランドにおいてマオリ族のテ・ウア・ハウメネが興したパイ・マリレ教などがそれに当たる。

ネイティビズムとかネイティビスト・ムーブメントという語は、特に現代では欧米に見られる移民排斥や国内保護主義の動きを指して使われることが多いが、ここでは「土着主義運動」もしくはそれに近い現象を指している。異民族による支配の危機に瀕している、あるいはすでに支配されている人々が、そのような政治的・経済的支配や外来の異文化要素を排除して、自分たちが本来あるべき状態（多くの場合、幸福であった昔の状態）に復帰しようとする運動を指して用いられる。ただ、ムハンマドや洪秀全の初期の活動のように、外国勢力を排除するよりも国内の旧体制の打破に大きな精力が割かれるケースもある。宗教運動からスタートすることが多いが、その場合、民族宗教に依拠するのではなく、外来の宗教や思想を大きく取り入れて、これに民族的要素を付加した新宗教が創始されるというのが、際立った特徴である。

パイ・マリレ教（ハウ・ハウ運動）

ニュージーランドは一八四〇年のワイタンギ条約によってイギリスの植民地となり、それ以降白人（パケハ）によるマオリ族の土地の買収が進行した。白人の入植によって引き起こされた一連の変動によって伝統的な社会体制を破壊され、政治的・経済的に抑圧される情況に追い込まれた原住民たちは、やがて抵抗運動を開始する。

超自然的な存在が世俗世界に不可分に入り込んでいる社会では、社会の大きな変動や矛盾を伝統的な宗教では説明できなくなると、しばしば突発的に新しい宗教が出現し、これによって社会秩序を再構成しようとする再生運動が起こる。ニュージーランドでもこの時期、次々にカリスマ的な預言者やメシアが登場し、キリスト教、特に『旧約聖書』の教えとマオリの伝統的な信仰・儀礼を結びつけた新宗教を興し、千年王国的な宗教運動を展開した。

なかでも有名なのが、白人に対する土地戦争が起きた北島西岸のタラナキ地方で、テ・ウア・ハウメネの興したパイ・マリレ教である。一八六二年に大天使ガブリエルから天啓を受けた彼は信仰療法で奇跡を起こし、エホバと霊的に交流してパイ・マリレ（善と平和）を始めた。彼は自らを預言者モーセの生まれ変わりと称した。彼によればマオリ族はユダヤ民族と祖を同じくする選民で、ニュージーランドこそ神の約束の地であるから、この世の終末と天国の到来がこの地において実現すると説いた。

テ・ウア・ハウメネ自身は当初、軍事的闘争を目指していたわけではなかったようである。しかし再生運動が白人との土地戦争を「聖戦」と位置づけたため、運動は次第に軍事的・闘争的となり、戦争に参加しているマオリの多くが信徒となった。パイ・マリレはニウと呼ばれる柱を中心にカラキア（呪文《じゅもん》）を唱えながら踊り回る儀礼を行い、カラキアの「ハウ・ハウ」という言葉を唱えれば弾丸に当たらないと信じられた。このことからパイ・マリレはハウ・ハウとも呼ばれ、白人から恐れられたという。この運動は教祖が一八六六年に捕えられるまで続いた。

太平天国の乱

アヘン戦争（一八四〇～四二年）に惨敗を喫した中国は、以後欧米列強の激しい経済進出と侵略に曝された。またこの敗戦と欧米文化の流入は、それまでの伝統的な中華思想を大きく揺るがした。このように、アヘン戦争を契機とする欧米列強の中国進出は、政治・経済・文化など、あらゆる面で中国の伝統的社会に激しい衝撃を与えた。

アヘン戦争後の中国では、多額の賠償金支払いのための重税に、折からの天災が加わり、民衆は塗炭の苦しみを味わっていた。地方の治安も悪化したため、民衆の間では結社を作って助け合い、生活を守っていこうという動きが高まる。そしてこれらの結社はやがて各地で反乱を起こすようになるが、そのなかで最大のものが、洪秀全に率いられた太平天国の乱であった。

広東《カントン》省花《か》県の客家《ハッカ》出身の洪秀全は、科挙にたびたび挑んではその都度失敗し、失意のうちに四十日間病床に臥《ふ》せっていたところ、夢の中に現れた黒衣の老人から破邪の剣を授けられ、さらに中年の男から妖《よう》を斬《き》る手助けを受けたという。その後、受験のために訪れた広州《こうしゅう》でプロテスタントの伝道書『勧世良言《かんぜりょうげん》』を入手し、夢で見た黒衣の老人は「上帝」ヤハウェ、中年男性はイエス・キリストであったと悟り、自らはヤハウェの子、すなわちイエスの弟「天弟」であるとの確信を持つに至った。

洪秀全はキリスト教の教えの中でも上帝が唯一神である点を特に重視し、偶像破壊を熱心に行った。中国は元来多神教的な土地で、儒教・道教・仏教関係の廟《びょう》や祠《ほこら》が多かったので、それらを破壊して上帝のみを拝することを説いて回ったという。そのため郷里における布教活動は反発を受けることのほうが多く、数名の賛同者を得たのみで成功しなかった。

そこで一八四七年に広西省桂平県金田村《こうせいしょうけいへいけんきんでんそん》に移って、そこに太平天国の前身となる拝上帝会《はいじょうていかい》を組織した。ここでは賛同者の一人であった馮雲山《ふううんざん》が、病の調伏など現世利益重視の布教を行ったために、約三〇〇〇人の信徒を獲得した。しかし組織が拡大するとともに、公権力や土地の有力者との摩擦・軋轢《あつれき》が強まったことにより、洪秀全はそれまでの宗教活動に限界を感じ、政治革命に踏み出す決意を固めた。そしてついに一八五一年一月に、金田村に信徒を集めて挙兵し太平天国の建国を宣言、自らは天王と称した。この時点での信徒の数は一万から二万、その中の成年男子は三〇〇〇人程度であったという。しかし各地を転戦するうちに、窮乏農民や流民・匪賊《ひぞく》、それに会党（政治的秘密結社）のメンバーなどを吸収して巨大な集団へと成長する。一八五四〜五五年の全盛期には、三〇〇〇万人を数えたと言われるほどである。

一八五三年には南京《ナンキン》を占領して首都と定め、天京《てんけい》と命名した。その後「天朝田畝制度《てんちょうでんぽせいど》」を発布、上帝の下におけるすべての人間が絶対平等な理想社会の建設を目標に掲げた。また「滅満興漢《めつまんこうかん》」の民族主義的スローガンを掲げ、辮髪《べんぱつ》を断って清朝《しんちょう》打倒の意志を表明した。

これに対し、アヘン戦争で消耗したうえ、一八五六年以降は英仏連合軍相手にアロー戦争を戦わねばならぬ窮境に陥っていた清朝政府は、太平軍との戦いに戦力を集中することもできず劣勢に立たされた。しかしやがて太平天国の内紛を機に、形勢は次第に逆転した。漢人官僚が郷里で結成した義勇軍（郷勇《きょうゆう》）や外国人傭兵隊の常勝軍《じょうしょうぐん》によって太平軍は徐々に追い詰められ、一八六四年六月には洪秀全が病死し、翌月には天京が陥落して太平天国の乱は終息したのであった。

拝上帝会はキリスト教系宗教結社であるが、上帝とは儒教のいう天の神をヤハウェに置き換えたもの、実現を目指した地上の天国も、やはり中国古来の大同《だいどう》思想が説く理想社会にほかならないとも言える。つまり本質においてはきわめて中国的な性格を保持していた。

イスラーム誕生の歴史的要因

ムハンマドの宗教的覚醒の主因を、当時のメッカ社会の特殊事情に求めないとすると、それをどこに求めればよいのか。私はそれを、当時のアラビア全体が置かれていた歴史的環境の中に求めたい。私がそのように考える大きな理由は、預言者の出現という現象がメッカだけでなく、ほぼ同時期にアラビア半島各地で認められることによる。このような現象は、パイ・マリレ教が興った当時のニュージーランドでも見られたし、中国では太平天国と並行して、回民（イスラーム教徒）の反乱や白蓮《びゃくれん》教徒系の結社、会党などの蜂起《ほうき》が各地で起こっている。

イスラーム側からはこれらはすべて「偽預言者」として片付けられているが、果たしてそう簡単に処理してよい問題であろうか。キリスト教の場合、教義論争の勝者となり政治権力と結びついたカルケドン派によって、反対派はすべて「異端」というレッテルを貼《は》られ、以後迫害と弾圧に曝されることになったが、イスラームの場合も似たようなものではなかったのか。すなわち「偽」というレッテルはあくまでも勝者側から貼られたものである以上、それを鵜呑《うの》みにできないのはキリスト教の「異端」と同じである。

「偽預言者」として最も有名でかつ有力でもあったのは、現在のリヤードがあるヤマーマ地方で勢力を持つハニーファ族のムサイリマであった。本格的な活動はムハンマドの晩年というのが通説であるが、布教時期はムハンマドより早いとみなす説もある。前章で触れた「ラフマーン（慈愛あまねき神）」への信仰を説いた。天の王国、復活、最後の審判などの教義には、ハニーファ族に信徒の多かったキリスト教の影響が指摘されている。後には、ハニーファ族とクライシュ族とで半島を二分する計略をムハンマドに書き送ったりしたが、ムハンマドの死後、アブー・バクルが派遣した討伐軍との戦いに敗れて殺害された。

このムサイリマとの提携を試みたのが、モスル生まれと言われるタミーム族の女預言者サジャーフである。母親がキリスト教徒の多いタグリブ族出身で、サジャーフ自身もキリスト教徒であったという。占いや予言も行っていたらしいので、元々巫女《ふじょ》的な女性であったのであろう。ムハンマド没後に預言者と称したが、教義についてはよく判らない。ほかにイエメンのマズヒジュ族のアスワド、メディナ付近に勢力を持つアサド族のトゥライハなどが「偽預言者」として名を残している。

これらの預言者の多くは、ムハンマドの成功に刺激されてそれを模倣したと捉えられているようである。確かにそうと思える者もいる。しかしむしろ注目すべきなのは、そのような人物でも預言者と認めて、それに従う人々が多数いたという事実である。つまり当時のアラビアには、預言者やメシアを待望する空気が充満していたのではないだろうか。ではそのような社会的雰囲気を醸成した主因は何であったのかと考えて思い当たるのが、アラビアが数世紀来その下に置かれてきた外圧なのである。

先にも記したように三世紀以来アラビアは、オリエントの三列強の狭間ともいうべき位置と立場に置かれてきた。特に半島の中央部の支配を目指して、繰り返し遠征軍が送られたり外交的な働きかけがあったことは、すでにかなり詳しく見たところである。六世紀から七世紀の初めにかけては、三列強がそれぞれの衛星国を巻き込んで特に激しく争った。その結果半島の大半がサーサーン朝の勢力圏となった時期に、ムハンマドが誕生したのである。さらに彼が壮年期に達したころには、東西両帝国が二十年以上にわたって死闘を繰り広げた。その勝敗の帰趨次第で自分たちのその後の運命も左右されるとあって、アラビアの諸部族は固唾《かたず》を呑《の》んで戦況の行方を見守っていたに相違ない。

このような情況が人々にどの程度の重圧を与えていたか、史料的に確認するのは非常にむずかしい。ユダヤ教徒とキリスト教徒の争いに、政治的な異民族支配が絡む戦争が続き、最終的にペルシア人の支配を受け容れざるをえなかった南アラビアの人々は、特にそのような苦境からの解放を望む気持ちが強かったであろう。また伝統的にペルシア人の強い圧力の下に置かれていたヤマーマ地方の部族も、同様の願望を抱いていたことであろう。

それに対してメッカはいかなる勢力の支配を受けたこともなく、どの勢力からも税を課されたことがないとよく言われる。しかし六世紀の後半以降、常にそのような危険に曝されていたことは間違いない。アブラハの遠征がムハンマドの時代まで鮮明に記憶されていたのは、メッカ市民の危機意識の現れである。またすでに記したように、ホスロー二世のイェルサレム占領やヘラクレイオス帝のイェルサレム行幸に、ムハンマドが過剰とも言える反応を示したのは、北方勢力のヒジャーズ侵攻が現実に起こりうると考えていたことによる。そしてこのような危機意識は、おそらくムハンマド一人のものではなく、当時のヒジャーズ地方の人々に共通の認識だったのではないだろうか。このような外圧に由来する強い集団的ストレスの下で、ムハンマドの場合にはユダヤ教の強い影響を受けて、イスラームという新しい宗教が生み出されたと考えることはできないであろうか。先に記したパイ・マリレ教や太平天国の乱との数々の類似点は、単なる偶然の一致として片付けるには、あまりにも数が多すぎるように思える。

以上が、私がイスラームの誕生を一種のネイティビスト・ムーブメントと解釈することはできないかと考える理由である。

成功の要因

アラブ・イスラーム軍の征服活動が、史上稀に見るほどの成功を収めえたのは何故か。

まずはムハンマドの後継者をめぐる対立をなんとか乗り越えて、イスラーム共同体ウンマの分裂を回避できたことの意義が大きい。アラブが危機に臨んで結束を維持できたのは奇跡とも思える。結束してリッダ（背教・棄教）に対応しなければメディナ政権が崩壊するという危機感が、よほど強かったに違いない。しかしこれ以降は、ことあるごとにアラブは対立、分裂、抗争を繰り返し、それは今に至るも変わらない。イラク、シリア、イエメンと、各地でアラブ同士の血で血を洗う戦いが今日も続いている。部族主義とセクト主義はアラブの宿痾《しゅくあ》、と言っても過言ではないのではなかろうか。

次に当時のアラビアを取り巻く国際情勢がアラブに幸いしたことは間違いない。すなわちそれまでアラブを苦しめてきたオリエントの三列強が、この時期いずれも弱体化したのである。エチオピアのアクスム王国は六世紀の後半に南アラビアの支配をめぐるサーサーン朝との争いに敗れ、すでに半島から撤退していた。ビザンツ帝国とサーサーン朝の長年にわたる死闘は両帝国を著しく疲弊させた。最終的に敗北を喫したサーサーン朝はその後の内紛で国内は混乱を極め、アラビアに対する支配力をほとんど喪失していた。まさに「ヘラクレイオスからイスラームへの贈り物」と言われるような情況が現出していたのである。一方ビザンツの支配下にあったシリアやエジプトで多数派を占める合性論派のキリスト教徒は、彼らを異端とみなすビザンツ政府とカルケドン派からの解放者として、アラブ・イスラーム軍をむしろ歓迎した。多くの都市がほとんど抵抗することなく開城したのである。

アラブ軍がビザンツやサーサーン朝の正規軍との戦いに、連戦連勝できたのは何故かということもよく問われる。兵力では帝国軍側が圧倒していたはずであるし、武器の点でも同様であったろう。ただ、アラブ軍ごとに北アラビアの遊牧アラブは、長年の間、ある場合には同盟者として帝国軍と行動を共にし、またある場合には帝国軍と矛を交えた経験から、帝国軍の武器や戦術、長所、短所を熟知していたに相違ない。またアラブ軍は、司令官にはクライシュ族の有力者が就いたようであるが、兵士の大半は襲撃や略奪を半ば生業としてきた遊牧アラブの部族民によって構成されていた。つまり最初から百戦錬磨のいわば戦闘のプロ集団だったのである。そこが、ニュージーランドのマオリ族や、中国の多くは農民から成る反乱軍と大きく異なっている。

それと戦場となった場所は多くが砂漠かその縁辺で、彼らの機動力を最大限に生かせる環境であった。アウェーではなくホームで戦う感覚であったろう。それに対して、機動力を十分に生かせない山岳地帯や森林地帯が、後にアラブ軍の進出の限界となったことはよく指摘される。またアラブ軍の征服のスピードがきわめて速かった理由は、十三世紀のモンゴルの遠征軍と同じく、移動が生活の一部となっている遊牧民を中核とする軍団であったという点に求められるであろう。目の前に広がるのが砂漠や草原である限り、彼らはどこまでも迅速に進軍できたのである。

第六章　沈滞と混迷の数百年──中世のアラビア

1　正統カリフ時代からウマイヤ朝期までのアラビア

軍営都市（ミスル）の建設と移住（ヒジュラ）

第二代正統カリフのウマルは、征服地のアラブ兵を統率・管理する目的で、各地に定めた駐屯地に集住することを命じた。イラクではユーフラテス川の西岸にバスラとクーファという軍営都市を新たに建設して、そこにアラブ戦士を集めた。シリアではダマスクスやホムスなど既存の都市の一区画がアラブ兵の駐屯地に指定され、計五ヵ所が定められたという。エジプトでは現在のカイロ南郊のフスタートに新たに軍営都市が建設され、その後おおいに発展した。各駐屯地には礼拝所と集会所を兼ねたモスクが建設され、多くの場合、部族ごとに集住して街区が形成された。またそれぞれの管轄領域の軍事・政務の一切を掌《つかさど》る総督（アミール）がカリ

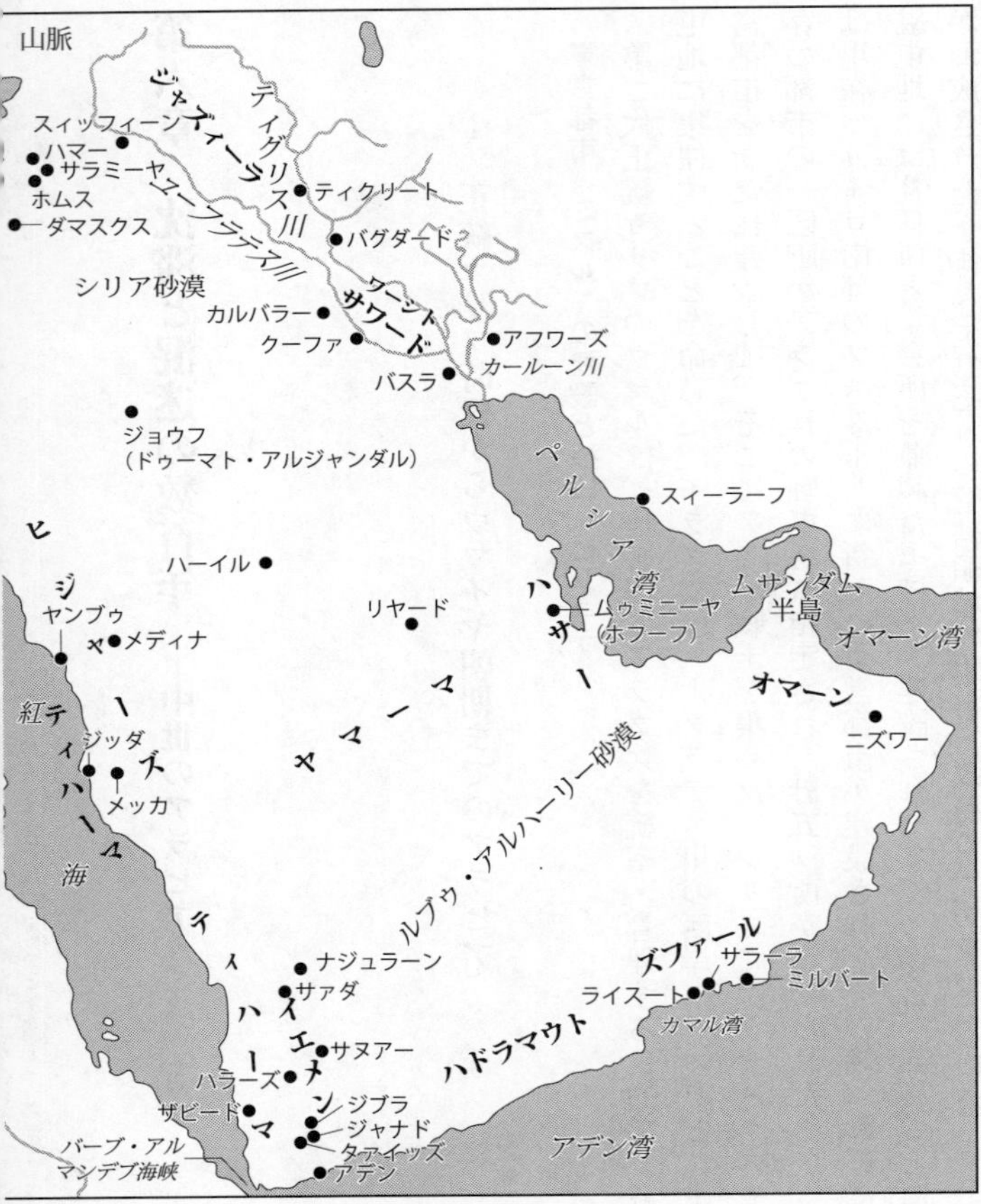

6－1　中世のアラビア（筆者作製）

フによって任命された。シリアでは五つの駐屯地を一人の総督が統率した。

ムハンマドはメッカからメディナへの移住を、神の道に移住して神の道で戦うことと説いたが、ウマルは駐屯地への移住に同様の意義付けを行った。すなわちアラブ戦士が各地の駐屯地に移住（ヒジュラ）することは、神の道に移住して神の道で戦うことにほかならないとして、駐屯地への積極的な移住と聖戦（ジハード）への参加を奨励したのである。さらにウマルはこの政策を徹底させるために、メディナと各駐屯地にディーワーン（帳簿、そこから転じてそれを管理する役所）を創設した。駐屯地に移住したアラブは、それぞれのディーワーンに戦士（ムカーティラ）としてその名が登録され、軍務と引き換えに俸給（アター）と糧食（リズク）を支給されることになった。受給額は原則として各人のイスラームへの貢献度に応じて定められた。

これによりアラビア各地から、自らも征服戦の恩恵に与ろうとする人々が続々と駐屯地へ移住した。遊牧アラブのみならずイエメンで定住生活をおくっていた部族からも、若者を中心に多くの移住者が出た。志願して戦士となる者だけでなく、その家族もあとに続いた。さらには多数の戦争捕虜が奴隷として連れてこられるので、どの駐屯地もたちまち人口が増加して大都市に成長した。このようにして成立した軍事基地としての都市をミスルと呼んでいる。

その一方で、人口の多くがこのような形で流出したアラビアは空洞化し、以後の数世紀間、全く沈滞した状態に陥ることになった。特に覇気のある若者の多くが流出したのは大きな痛手であった。イスラーム誕生の舞台となり新世紀到来かと思われたアラビアは、こうして以前にも増して過疎な田舎に戻ってしまったのである。またイスラーム世界の政治・経済の中心がシリアやイラクに移ってしまったことにより、メッカとメディナはわずかに宗教のセンターとしての地位を保持するのみとなり、失意の住民の間には中央政府に対する憤懣《ふんまん》が高まっていった。

ウマイヤ朝成立を促した第一次内乱

初期イスラームの諸制度を定めたウマルは六四四年に私怨《しえん》で暗殺された。後任のカリフに選出されたウスマーンの時代にも征服戦争は継続され、その間はアラブ戦士の不満は顕在化しなかった。ところが六五〇年代になると、初期の征服活動は停滞を余儀なくされる。打ち続く戦闘による人的損耗や現地住民(たとえば北アフリカのベルベル人)の頑強な抵抗、タウルス山脈やカフカース山脈などの自然障害が、その要因であった。

前章で述べたようにアラブ諸族のメディナ政府への忠誠心は、戦利品の分配に与ることで維持されていた。それが滞ったとなると、途端に彼らの政府に対する不満が顕在化した。また戦利品の分配についての不満も大きかった。五分の一が政府・国庫に収納されるのは忌々しいし、古参ムスリムに比べて一般の戦士、ことにアラビアから流入してくる新参兵士が受け取る俸給は、最前線で戦っているにもかかわらず少額であった。さらにウスマーンが自らの一族であるウマイヤ家の者を重用し、各ミスルの総督に任命したことに対する不満は、クライシュ族の他の家系の者の間でも大きかった。そのような情況のなか、イスラームの理念の政治への反映や人事の刷新を直訴するためにメディナの私邸に押し寄せた若者の一団によって、ウスマーンは殺害された。六五六年のことで、これが引き金となって第一次内乱が始まった。

これらの暴徒やメディナの古参ムスリムの多くに推されて、ムハンマドの従弟で娘ファーティマの婿でもあったアリーが第四代カリフを宣したが、少なからぬ有力ムスリムがこれに異を唱えた。まずムハンマドの愛妻であったアーイシャと結託した古参ムスリムのタルハとズバイルが、これに抗して反旗を掲げた。当時アラブ軍のほとんどはミスルにいたので、彼らはバスラに行ってそこの駐屯軍を味方につけた。他方のアリーもメディナからクーファに向かい、そこの駐屯軍の支持を得た。バスラとクーファの駐屯軍同士の戦い（ラクダの戦い）は後者の勝利に終わり、タルハとズバイルは戦死した。

アリーはメディナからクーファに遷都し、ウスマーンが任命した総督を更迭しようとしたが、これに抗したのがシリア総督であったウマイヤ家のムアーウィヤである。彼はウスマーンの復《ふく》讐《しゅう》とカリフ位の簒奪者アリーとの戦いを叫び、シリア駐屯軍を率いてアリー率いるイラク軍との決戦（スィッフィーンの戦い）に臨んだ。六五七年のことである。しかし両軍の激戦に容易に決着がつかないのを見て、シリア側から出された和平調停会議の提案にアリーも同意した。しかし正邪の判断とカリフ位の決定は神の裁定（すなわち戦いの勝敗）に委ねるべきと考える一団が、アリーの中途半端な妥協を批判して陣営から離脱した。ハワーリジュ派（脱出者たち）と呼ばれることになる彼らにとって、ムアーウィヤはもちろんであるが、彼と妥協したアリーも、もはや真のカリフではなく敵とみなされることになった。

一方、結論が出ぬまま調停会議が長引くなかで、ムアーウィヤは六六〇年にイェルサレムで自らカリフであることを宣言した。これに対して二人のカリフの暗殺を企てたハワーリジュ派であったが、アリーのみがその犠牲となった。アリーの暗殺という事態に直面したクーファ駐屯軍は、彼の長男のハサンをカリフに推した。しかし彼はムアーウィヤと交渉して多額の年金と引き換えにカリフ位を辞退し、メディナで安逸な生活をおくる途を選んでしまった。

こうしてムアーウィヤが唯一のカリフ（在位六六一～六八〇年）となり、第一次内乱は終結したのであった。ダマスクスを都と定めたムアーウィヤは、アラブ戦士を束ねて政権基盤を固めるとともに、イスラームを国家の政治制度化することに努めた。ウマイヤ家出身者がこの後、彼を含めて十四代にわたってカリフ位を独占したことにより、この政権はウマイヤ朝と呼ばれる。

新旧時代の潮目となった第二次内乱

ムアーウィヤは晩年、有力者たちに働きかけて、息子のヤズィードを後継カリフとすることを認めさせていた。しかしカリフ位の世襲は慣例にはずれた行為であったし、実力者であったムアーウィヤの死は、それまで抑圧されてきた反体制派には反撃の絶好機と映ったため、これに抗する動きが相次いだ。まずクーファのアリー派（後にシーア派となる）がメディナに隠棲《いんせい》していたアリーの次男のフサインをカリフに推戴すべく招いた。しかし一族郎党とともにクーファに向かったフサインは、ユーフラテス川西岸のカルバラーでヤズィード派の軍勢に包囲攻撃されて全滅の憂き目にあった。六八〇年のことである。預言者ムハンマドの孫に当たるフサインがいわば惨殺されたこの事件は、以後多くのムスリムに悲劇として記憶されることになった。ことにシーア派信徒にとって彼の死は、彼らの宗派のアイデンティティの原点になったとさえ言える。

ところがヤズィードが在位わずか三年で六八三年に急死したため、シリア駐屯軍は息子のムアーウィヤ二世をカリフに推戴した。しかし彼が若年だったこともあり、他のミスルのアラブ戦士たちは誰もこれを認めようとはしなかった。この機を捉えたのが、ラクダの戦いで戦死したズバイルの息子のイブン・ズバイルであった。アブー・バクルの長女を母としメディナで隠然たる勢力を保持していた彼は、ヤズィードのカリフ位就任を認めずメッカに亡命していたが、カルバラーでフサインが虐殺されたのを機に、自らカリフと宣言するに至った。

ウマイヤ家の支配に不満を抱く各地のムスリムがこれに呼応し、シリア駐屯軍の半数を除く

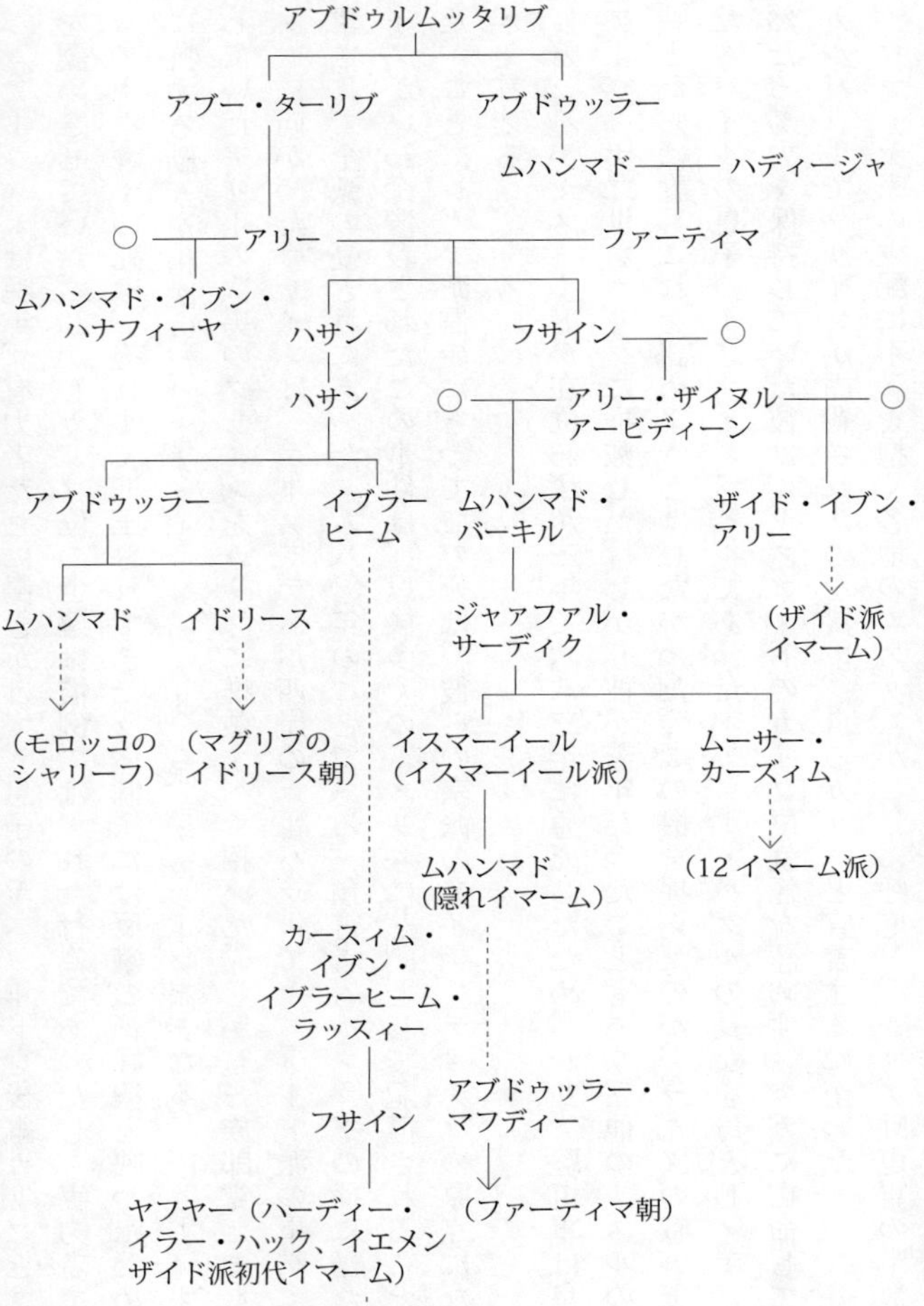

6－2　アリー家主要血統図（筆者作製）

ほとんどのムスリムが彼をカリフと認めたため、二人のカリフが並び立つことになり、ここに第二次内乱が始まった。しかもその最中の六八五年、シーア派のムフタールがアリーの息子の一人でフサインの異母兄弟のムハンマド・イブン・ハナフィーヤをイマーム（教主）にしてマフディー（救世主）、自らはその代行者とするシーア派政権をクーファに樹立した結果、三つ巴《どもえ》の戦いが繰り広げられることになった。勢力の拡大を図るムフタールは、それまでアラブの特権であった俸給受給の権利を非アラブ・ムスリム（マワーリー）にも与えて、兵力として活用した。しかしやがてイブン・ズバイルの異母兄弟でバスラ総督のムスアブの攻撃を受けてムフタールが戦死したため、ムフタールの乱は二年で終息し、イブン・ズバイル陣営がクーファを奪還した。

一方のウマイヤ朝ではムアーウィヤ二世が在位わずか二十日程度で急逝、急遽跡を継いだ長老マルワーンも在位約二年で病没するなどして、反撃の態勢がなかなか整わなかった。しかしマルワーンの息子でウマイヤ朝第五代カリフに就任したアブドゥルマリク（在位六八五〜七〇五年）の下でようやく政権は安定し、強力な軍隊を組織してイブン・ズバイルとの戦いに臨んだ。

アブドゥルマリクは自ら軍勢を率いてイラクに向かい、六九一年にムスアブを敗死させてクーファに入城した。一方で彼の配下のハッジャージュはメッカを六ヵ月にわたって包囲し、巡礼期間中にも周囲の山から弩砲《どほう》による投石を行って攻め立てた。降伏を拒んで出撃したイブン・ズバイルは戦死、これによって十年に及ぶ第二次内乱はようやく終息したのであった。

イブン・ズバイルの行動は、彼がメッカでカリフと宣してそこから指令を発したことから見て、アラビアがイスラーム世界の中心としての地位を回復しようとする復古運動であったと言うこともできよう。しかしそれはあえなく失敗した。他方のムフタールの乱は、同じく失敗に終わったとはいえ、イマームとマフディーの概念をイスラームに初めて導入し、マワーリーにアラブ・ムスリムと同等の権利を認めるなど、イスラームの新時代の先駆けとしての性格を有している。このように、第二次内乱には新旧両時代の潮目を見ることもできるのである。

その後のメッカとメディナ

メッカではハッジャージュがカァバを再建した。カァバは六八三年にシリア軍の攻撃で倒壊したのを、イブン・ズバイルが拡張して再建したが、それがハッジャージュの弩砲による攻撃で再び破損していたのである。大きさは元の規模に戻され、内部に納められていた黒石は外側に取り付けられた。七〇六年には後にウマイヤ朝第八代カリフ（在位七一七〜七二〇年）となるウマル（二世）がヒジャーズ総督に任命された。敬虔《けいけん》なムスリムとして名高いこの総督の下で、メディナもメッカも平和と繁栄を享受できた。彼は巡礼者のために巡礼路を整備し、宿駅には井戸を掘り、メディナとメッカにも泉水を設けたりしたという。

メディナで勢力を有していたアリー派もウマイヤ朝に抗するだけの力はなかった。そこで次章で記すように、ウマイヤ朝への反乱を企てたアリーの曽孫ザイドは、メディナからクーファに赴いてその地のアリー派を頼る必要があった。メディナの有能な士はこのころより政治の世界を離れコーランやハディース（ムハンマドの言行に関する伝承）を研究する学問に没頭するようになる。しかしその一方で、権力の中枢から排除されたという敗北感と無力感は癒しがたく、詩や歌謡の名手が集まって技量を競い合ったと言えば聞こえはいいが、実はかなり虚無的・退廃的な空気が漂っていたようである。

2　アッバース朝期のアラビア——非主流諸派の活動

アッバース朝期のアラビア

ウマイヤ朝の支配に不満を持ち、ムハンマドの家系出身者の統治を望む人々の支持を集めて、ムハンマドの叔父アッバースの子孫のアブー・アルアッバース（サッファーフ）が七四九年にクーファでカリフたることを宣言（在位七四九～七五四年）、翌年にはウマイヤ朝最後のカリフが殺され、アッバース朝が正式に成立した。都は最初クーファ、その後バグダードに定められ、政治の中心はシリアからイラクに移動した。この時代になると、移住して征服者としての恵まれた生活に馴染んだアラブはかつての素朴さや剛毅《ごうき》さを失い、支配者のカリフにとって危険ではあっても頼りにならない存在に成り果てていた。そのためアッバース朝政権は、政務や財務についてはイラン人官僚、軍務に関してはトルコ系の奴隷（マムルーク）に依存するようになった。

アラビアは聖地のメッカとメディナは別にして、その他の地域は辺境としての扱いを受けた。先述したように政治的にはイスラーム誕生前と変わらぬ状態に戻ってしまったのである。他方宗教的には、主流派のスンナ派から見て異端的な非主流諸派の逃避場となった。以下にそれら諸派について見てみよう。

イバード派

ハワーリジュ派の流れを汲むが過激派のアズラク派とは異なり他宗派に対して穏健な宗派で、最初の指導者とされるアブドゥッラー・イブン・イバードにちなんでこう呼ばれる。六八四／五年ごろにバスラを中心に起こった。イラクでの勢力はアッバース朝になると衰えたが、積極的に布教活動を行った結果、アラビアではオマーンにおいて勢力を得た。

この派の思想で最も特徴のあるのは、イスラーム共同体の統治者イマームに関する理論である。イバード派は、イマームはアリーの子孫やクライシュ族に限定されず、敬虔で資質さえ備えているムスリムであれば誰でもイマームになれるとした。実際のイマームの選出は、同派の有力なウラマーたちによって行われ、部族社会の有力者たちの承認を経て実効性を獲得した。

オマーンへは八世紀の初めごろに伝来して支配的な宗派となり、ウマイヤ朝末期にはハドラマウト地方にも伝わって一時期権力を掌握した。そして七四七年にはウマイヤ朝の支配に抗して蜂起し、イエメンから北に進軍してメッカとメディナを占領、クライシュ族をはじめとする市民を殺戮し、寇掠をほしいままにしたという。しかし三ヵ月後にはウマイヤ朝が急派した軍勢に敗れ、イエメンまで追撃されてハドラマウトの政権も消滅した。

オマーンではアッバース朝が発足したばかりの七五〇年ごろに、ジュランダー・イブン・マスウードがイバード派の初代イマームに選出された。同派の熱心な信者であった彼の努力によって、同派の勢力、オマーンの領土ともに拡大したが、独立を認めないアッバース朝が派遣した軍に敗れて戦死、その統治は二年程度で終わった。

6－3　イマームの都ニズワー
(筆者撮影)

アッバース朝はオマーンを治めるために、中央から人を派遣したり現地人を任用したりしたが、特に重用したのが、ジュランダー・イブン・マスウードによって処刑された、イバード派には属さないジュランダー一族の者である。他方のイバード派では部族間の勢力争いが災いし、ジュランダー・イブン・マスウードの後任を立てられぬまま数十年が経過した。

しかしようやく八世紀の末に至って有力部族間の調整が成り、アズド族の一派であるヤフマド族のムハンマド・イブン・アブドゥッラーをイバード派二代目のイマームに選出。ジュランダー家の統治者を追放して、アッバース朝からの独立の意志を鮮明にした。そしてその後、九世紀の末までの約一世紀間、世襲ではないにせよ主にヤフマド族の者がイマームに選出されてオマーンを統治する時代が続いた。この時期のイマーム政権の中心は内陸のニズワーであった。ヤフマド系のイマームの統治に終止符が打たれたのは、内戦に乗じて侵入したアッバース朝軍によって、第九代イマームのアッザーンが殺害されたためであった。このように部族間の対立がオマーンの統一と独立の障害となるのはしばしばであったが、イバード派のイマーム制はオマーンの部族社会に馴染むものであったようで、やがてこの地に定着し、この後も断続的にイマームが選出されて統治を行った。

ザイド派

ザイド派の祖とされるザイド・イブン・アリーは、カルバラーで戦死したフサインの息子アリー・ザイヌルアービディーンの息子なので、第四代正統カリフのアリーから見れば曽孫に当たる。一族の大半がカルバラーで殺害されたなかで、たまたま病床についていた彼の父は生き残ってメディナに戻り、イマーム位（十二イマーム派第四代）を継承した。なお十二イマーム派とは第十二代イマームが信者の前から身を隠し（隠れイマーム）、将来マフディーとなってこの世に再臨し正義と公正をもたらすと信じる一派のことである。

　穏健路線をとる異母兄のムハンマド・バーキル（十二イマーム派第五代イマーム）とは異なり、ザイドはウマイヤ朝の打倒を目指す強硬路線をとった。しかしメディナでは目的達成のための十分な支持が得られないためクーファに赴き、ここで彼を第五代イマームと認める多くのシーア派信徒の支持を得て、七四〇年にウマイヤ朝に対する反乱を企てた。しかし反乱は失敗に終わり、彼はクーファで処刑される。だが彼の積極的な武力闘争を奨励する思想は後代に受け継がれた。彼を第五代イマームとして支持した集団と、反乱鎮圧以降もザイドのような積極的な政治・軍事活動をイマームに求めるシーア派系諸集団をザイド派と総称している。この派ではイマームの要件として、前イマームからの指名（ナッス）やフサインの血統などではなく、戦闘活動の指揮など具体的な政治力を重視している。

　アラビアでは九世紀末にイエメン北部の諸部族に受け容れられ、サァダ市を中心に高地の部族民の間で強い勢力を維持し続けている。この地の初代イマームとなったヤフヤー・イブン・フサインは、アリーの息子ハサンの末裔と言われるカースィム・イブン・イブラーヒーム・ラッスィーの孫で、八九三年にイエメン北部山岳地帯の部族間抗争の調停者としてサァダに招かれた。紛争の調停に成功したほかに、降雨や豊作などをもたらすバラカ（霊力）の持ち主とみなされたため、ハーシド部族連合やバキール部族連合に属する地元民が相次いでザイド派に改宗した。そのような情況のなか、八九七年にヤフヤーは一族を率いてメディナより移住しイマームであることを宣言、ハーディー・イラー・ハック（正義に導く者）と名乗った。その後、北はナジュラーン、南はサヌアーにまで勢力を拡大したという。

ちなみに当時のイエメンには、アッバース朝の宗主権を認める二つの地方政権があった。ティハーマを中心とする海岸部は、九世紀の初めにこの地方の部族反乱を鎮圧するために、アッバース朝よりアミールとして派遣されたムハンマド・イブン・ズィヤードが、新首都のザビードを建設してその地にそのまま居座っていた。彼の支配はズファール地方のミルバートまでの、半島の南岸一帯に及んだという。彼の子孫によって十一世紀の初めまで二世紀間続いた王朝をズィヤード朝と呼んでいる。ザビードはその後、イエメンにおいてザイド派に対抗するスンナ派のシャーフィイー派の中心として発展する。

一方高原部にはサヌアーを首都として九世紀半ばに成立したヤァフル朝という地元政権が、南部のジャナドあたりまでを支配圏に収めて十世紀の末まで存続した。サァダのザイド派政権がサヌアーの支配をめぐって一進一退の戦いを繰り広げたのは、この王朝との間である。

ヤフヤーとその一族の子孫はサイイド（預言者ムハンマドの親族）として特権階級を形成し、有力サイイドからイマームを互選した。とはいえザイド派のイマーム位の継承は世襲によっては行われない原則なので、イエメンでは王朝と呼べるようなイマーム政権は少ない。またイマームが選出されず不在の時期もあり、ザイド派が勢力を張るイエメン北部の山岳地帯の政治は、伝統的に有力部族連合の意向や部族間の力関係によって左右されることが多かった。

イスマーイール派

七六五年にイマームのジャアファル・サーディク（ムハンマド・バーキルの息子）が世を去ると、その息子のムーサー・カーズィムが七代目のイマームとなったが、これを認めず、イマーム位は彼の兄のイスマーイール（父に先んじて死亡）にすでに継承されていたので、その子のムハンマドこそが正統なイマームであると主張する一派があった。この派をイスマーイール派と呼んでいる。その後約百年間の活動内容は不明であるが、秘密裡に組織網を作っていたらしい。最初はバスラやイランのアフワーズを、ついでシリアのホムスとハマーの間に位置するサラミーヤを本拠としたようである。

それが九世紀後半に入ると、隠れイマームとなっていたムハンマドが近い将来に救世主カーイム（マフディー）として再臨すると主張して、イスラーム世界各地にダーイー（教宣員）を派遣して大々的な教宣活動を展開した。アラビアではイエメンに、マンスール・アルヤマンとして知られているイブン・ハウシャブとアリー・イブン・ファドルの二名がダーイーとして送り込まれ、サヌアーの北西部の山岳地帯の部族民の間で大きな成功を収めた。そしてその後は、イエメンが新たな布教のセンターとなったのである。すなわち八八三年にイブン・ハウシャブは、甥のハイサムをシンド地方に派遣して、インドにおける宣教の口火を切った。ついで地元サヌアー出身のアブー・アブドゥッラーを北アフリカに派遣した。現在のアルジェリア東部でベルベル人のクターマ族の支持を得ることに成功した彼は、この部族から募った戦士を率いてチュニジアのアグラブ朝と戦い、ついに九〇九年にこの王朝を滅ぼした。

一方サラミーヤのイスマーイール派教宣組織本部では、イスマーイールの直系子孫にしてマフディーと自称するウバイドゥッラー（アブドゥッラー）が指導権を握り、八九九年に自らのイマーム位を宣言した。しかしこれを認めない一派（カルマト派）の脅威に曝されたこともあり、アブー・アブドゥッラーの招きに応じたウバイドゥッラーは、サラミーヤを去ってマグリブ（チュニジア以西の北アフリカ）に向かった。彼がアグラブ朝の首都であったカイラワーンの南西の宮廷都市ラッカーダに到着し、自らカリフであることを宣言したのは九一〇年一月のことであったが、一般にはファーティマ朝成立の年代として九〇九年が通用している。王朝名は、ウバイドゥッラーが預言者ムハンマドの娘ファーティマの子孫と主張したことに由来する。即位早々新カリフは、新王朝創立の功労者でもあり恩人でもあるアブー・アブドゥッラーとその兄弟を、自らの権威を脅かしかねない危険人物とみなして粛清し、独裁権を確立した。そして九六九年、第四代カリフのムイッズのときにエジプトを征服し、新首都カイロを建設して王朝の本拠としたのはよく知られたことである。その後はシリアやアラビア半島にも勢力の拡大を図った。

この間、アラビアにおける根拠地であったイエメンでは、前述の二人のダーイーが死去した

6－4　女王アルワーの都ジブラ（筆者撮影）

後、周辺勢力の攻撃を受けたイスマーイール派は劣勢に立たされ、カイロのカリフを支持する者は少数にとどまっていた。しかし一〇四七年にファーティマ朝に臣従するスライフ朝が成立したことにより、イエメンにおける同派の勢力は一挙に強まった。王朝創始者のアリー・イブン・ムハンマド・スライヒーは、サヌアーの南西部山岳地帯のハラーズでシャーフィイー派の教育を受けて育ったが、ファーティマ朝より送り込まれたダーイーから密《ひそ》かにイスマーイール派の教義を伝授されて転向し、彼自身がダーイーとしての資格を与えられた。武装蜂起後は、北部のザイド派勢力やティハーマで十一世紀の初めにエチオピア人奴隷が興したスンナ派のナジャーフ朝と争って領土を拡張し、一時はサヌアー以南のイエメン全土を支配下に収めるまで発展した。

　アリーを継いだ息子のムカッラム・アフマドは一〇六九年にアルワー・ビント・アフマドと結婚し、四人の子を儲けた後に国政を妻に委ねたという。やがてサヌアーを維持するのが困難になったアルワーは一〇八七年ごろ、首都を南のジブラに移し一一三八年に八十八歳で世を去るまでの約半世紀間、南部イエメンとティハーマを立派に治めたと伝えられる。イエメンでは「小ビルキース（ビルキースはシェバの女王のアラビア名）」と呼ばれ半ば伝説化された女王である。

またアデンを中心としたイエメンの最南部は、やはりファーティマ朝カリフに臣従するズライゥ朝が十一世紀の末から約百年間支配した。アデンはアルワーがムカッラムとの結婚に際して、ムカッラムの父アリーから婚資として贈られていたが、その管理を任されていた代官がやがて独立して新王朝を開いたのである。いずれにせよスライフ朝治下のイエメンにおいて、イスマーイール派はおおいに勢力を伸ばしただけでなく、インドにダーイーを派遣して特にグジャラート地方で多くの信徒を獲得した。

カルマト派

このイスマーイール派と密接な関係にあったのがカルマト派である。創始者のハムダーン・カルマトはイラクのワーシト地方の農民であったが、イスマーイール派のダーイーの感化を受けて八七七／八年ごろに改宗し、後には彼自身がダーイーとなって教宣を行い、サワードの農民や周辺のベドウィンの間に多くの支持者を獲得した。八九〇年にはクーファ東方にダール・アルヒジュラという本拠を構えたが、組織は秘密結社であった。教団のメンバーは教団の運営費と隠れイマームのムハンマドがマフディーとして出現するときに備えて、それぞれ収入の五分の一を拠出した。公共的利用価値のあるものの私有は認めず、一種の共産制を指向していたようである。

先述のように八九九年にウバイドゥッラーが自らマフディーにしてイマームであることを宣言したとき、それを認めずあくまでもムハンマドがマフディーとして再臨することを信じて中央指導部と対立、これを機に分派した。ところがその後間もなくハムダーンが姿を消してしまう。暗殺されたとも言われるが真相は不明である。後に残った者たちは挙兵してシリア諸都市の征服を試みたが敗れ、イラクでもアッバース朝によって大虐殺を被り九〇七年には制圧されて終わった。しかしこの派がイスラーム史上特筆すべき活動を展開したのは、実はこの後なのである。

舞台となったのはペルシア湾沿岸のハサー地方である。文献の中ではバハレーンと呼ばれている。アブー・サイード・ハサン・ジャンナビーという人物がダーイーとしてこの地方に送り込まれ、八九四年ごろから布教を開始した。そして地元の部族の支持を獲得し、八九九年までにハサー地方全域を支配下に収めて、カルマト派の共和国ともいうべきものを樹立した。ついでヤマーマ地方を征服し、オマーンにまで侵入した。アブー・サイードが九一三／四年に自らの奴隷に命を奪われた後、最終的にその跡を継いだのは、最年少の息子アブー・ターヒル・スライマーンであった。彼の最初の戦功は九二三年のバスラ攻撃である。夜陰に乗じてこの町に侵入し、十七日間のうちに知事をはじめとする市民多数を殺戮し、多くの戦利品を獲得して凱旋した。これより九四四年に三十八歳の若さで死去するまでの二十年あまりの間に、彼の指揮するカルマト派の部隊はイラクからアラビアにかけての地で寇掠をほしいままにし、一帯を恐怖に陥れたのである。

特にイラクとメッカの間を往復する巡礼団は、彼らの恰好《かっこう》の獲物であった。九二四年にメッカからイラクに戻る途中の巡礼団は、武装した護衛が付いていたにもかかわらず餌食《えじき》となった。巡礼団の男女の多くがある者は殺され、ある者は捕虜となり、莫大な略奪品は銀だけでも一〇〇万ディーナールに達したと伝えられる。翌年バグダードを出てメッカに向かおうとした巡礼団は、途中カルマト教徒に遭遇して引き返したので、その年メッカでハッジを行ったのはシリアとエジプトからの巡礼団だけだったという。この後もたびたび巡礼団は襲われて甚大な被害を出している。

また九二六年にはクーファを襲撃し、迎え撃ったカリフ軍を散々に打ち破って多くの婦女子や財物を略奪、さらに翌年にはユーフラテス川を渡ってバグダードに迫り、首都の住民を恐慌に陥れた。さらにカルマト軍はユーフラテス川沿いに進んでシリアに侵入、流域の町を襲って荒らし回った。さらに九三〇年には半島を横断してメッカを襲撃した。折しも巡礼月に当たっており、各地から多くの巡礼者が集まっていたが、そこに襲いかかったカルマト軍は、地元民・巡礼者の区別なく殺戮し、犠牲者は三万人にのぼったと伝えられる。カァバ神殿にも躊躇なく侵入した。神殿の扉に張ってあった黄金の延べ板を引きはがし、内陣にも乱入して金・銀・宝石などの装飾物を略奪しただけでは飽き足りず、東南角に嵌め込まれてあった黒石を取り外し、神殿を覆っていた布（キスワ）もはぎ取って持ち去った。彼らがメッカを襲撃したのは九三〇年一月十七日の金曜日で、それから八日間虐殺と略奪をほしいままにした挙げ句、多数の男女も捕えて去っていったと伝えられる。この同じ年に、アブー・ターヒルはオマーンの征服にも成功している。

このようにシャリーア（イスラーム法）の停止を宣言し、メッカやカァバの聖性や権威も無視して憚《はばか》らぬカルマト教徒は、既成のイスラームの教えと秩序を否定し、それとは異なる新しい原理に基づく社会の建設を目指していたのであろう。ハサー地方にムゥミニーヤ（現在のホフーフ）を首都として樹立された国家の組織について詳しいことは判らないが、アブー・ターヒルの死後は寡頭制的な共和政体をとっていたようである。

十一世紀にイランのナースィレ・フスラウが残した旅行記によると、首都には武器をとりうる者だけで二万を超える住民がおり、国政は六名からなる最高委員会（サーダ）が執り行っていたという。最高委員会の所有する三万の黒人奴隷がいて、農作業に従っていた。祈禱《きとう》や断食、巡礼をはじめとするイスラームの儀礼は一切行われず、税やザカートのような宗教的義金の徴収も行われていなかった。さらに貧者や負債者に対する補助や、移住してくる工匠に対する資金援助、国営の無料製粉所の存在等々の記事が続き、著者はこの国のこうした諸制度を褒め称《たた》えている。

しかしこのころを境にこの特色ある教団国家の勢力も衰え、やがて歴史の舞台からその姿を消した。なお、カァバ神殿より奪われた黒石は、アッバース朝による高額の代償金と引き換えに九五一年に元の位置に返されたという。

3　香辛料貿易の盛況とアラビア

紅海ルートによる香辛料貿易の復活

八六九～八八三年にアリー・イブン・ムハンマドがサワードの農場で働く黒人奴隷を組織して起こしたアッバース朝に対する反乱により、ペルシア湾とバグダードの間の交通はおおいに妨げられた。さらに十世紀に入ってハサー地方にカルマト派教団の国家が成立し、九三〇年にはオマーンがこの教団に征服されたことによって、ペルシア湾を経由する交易は大きな打撃を受けた。一方で紅海ルートによる交易は、九世紀の初めごろより徐々にではあるが回復の兆しを見せはじめる。要因には、アラブ・イスラーム軍の征服終了により、地中海世界でビザンツ帝国とアッバース朝の関係が安定したこと、西ヨーロッパの大陸部もカロリング朝の支配の下で、政治的にも経済的にも安定して繁栄を享受できる時代になったことなどが考えられる。またスペインでもアブド・アッラフマーン一世（在位七五六～七八八年）によって基礎を据えられた後ウマイヤ朝が、繁栄のときを迎えようとしていた。

こうしたことにより、地中海世界とインド洋世界の間の交易が次第に復活し、そのルートである紅海と結節点に当たるイエメンに再び陽《ひ》の当たる時代が訪れたのである。特にファーティマ朝がカイロを建設してエジプトに本拠を構えた効果は大きい。アッバース朝の弱体化とファーティマ朝の隆盛により、東西を結ぶ海上交易ルートの幹線はペルシア湾から紅海にシフトした。ファーティマ朝はこの紅海ルートを航行する大小の輸送船団（カーリム船団）を保護・管理するために、海軍（シャワーニー船団）を配備した。そしてカーリム船団の商人たちから保護税（シャワーニー税）を徴収し、これをシャワーニー船団の維持・運営費に充てていた。この政策はその後のアイユーブ朝やマムルーク朝にも継承される。

この時代のインド洋世界の主力商品は、インドや東南アジア産の胡椒《こしょう》・生姜《しょうが》・肉桂《にっけい》・丁字（クローブ）・メース・ナツメグ・カルダモンなどの香辛料（スパイス）であった。というのもこれらの香辛料は、ヨーロッパの特にアルプス以北の地では、料理や飲み物の風味を増すためだけでなく、秋の終わりに屠った家畜（主に豚）の肉を、翌春まで保存するための防腐剤として不可欠になっていたからである。

アイユーブ朝期からマムルーク朝期にかけてインド洋の国際貿易で活躍したムスリム商人のグループは、特にカーリミー商人と呼ばれる。彼らはインド洋と紅海の結節点イエメンを拠点として、国際的な中継交易の主導権を握った。香辛料は、主要積出港であるクーラムやカーリクート（カリカット、現コーリコード）のあるインド南西部のマラバール海岸に出向いて仕入れたり、インド商人がアデンに運んできたのを買い入れたりし、それをエジプトやシリア方面に転送・転売した。

一方地中海では、十二世紀以降は十字軍運動に乗って東地中海に進出したジェノヴァ、ピサ、ヴェネツィアなどのイタリア港湾都市の商人が、エジプトやシリアの港で仕入れたこれらの香辛料を、ヨーロッパ各地に輸送・販売して大きな利益を上げていた。しかし十字軍に肩入れしすぎたジェノヴァとピサは、十字軍が劣勢に立たされ最終的にシリアとパレスティナより撤退せざるをえなくなったことにより、交易拠点を失って窮地に立たされた。

それに対してヴェネツィアは、アイユーブ朝攻略を目指してエジプトに向かうはずだった第四回十字軍を、コンスタンティノープルに導きこれを陥落させたことにより、アイユーブ朝に恩を売った形になった。こうして商売の重要なパートナーであるエジプトとの良好な関係を保ったうえに、コンスタンティノープルのラテン帝国をめぐるその後の展開でも巧妙に立ち回ったことにより、ヴェネツィアは東地中海の制海権と地中海における香辛料貿易をほぼ独占するに至った。

こうして紅海ルートによる香辛料貿易は、ヴァスコ・ダ・ガマの新航路発見によって、東西交易の幹線が喜望峰《きぼうほう》回りルートにシフトするまでの間おおいに繁栄し、ルートの結節点に当たるイエメンや、沿道のヒジャーズにも繁栄をもたらしたのである。

アイユーブ朝によるイエメン支配

イラクのティクリート生まれのクルド人サラディンはイラク北部とシリアを支配していたザンギー朝のヌール・アッディーンに仕えていたが、ファーティマ朝末期のエジプトに派遣され、一一六九年に宰相（ワジール）となって実権を掌握した。そして一一七一年にはイスマーイール派のファーティマ朝カリフを廃してアッバース朝カリフの権威を認め、エジプトにスンナ派イスラームを復活させた。アイユーブ朝という王朝名は、彼の父の名にちなんでいる。ファーティマ朝にとってと同様、アイユーブ朝にとっても紅海経由の交易ルートの安全確保は喫緊の課題であった。一一七三年、このルートの最重要結節点であるイエメンを支配下に置くために、サラディンは兄のトゥーラーン・シャー率いるクルド人とトルコ人から成る部隊を派遣した。イエメンに勢力を持つ親ファーティマ朝のイスマーイール派を掃討することが、遠征のもう一つの目的であった。

当時のイエメンは各地に地方政権が割拠して、政治的にはまさに四分五裂の状態であった。海路をとって南下したアイユーブ朝軍は諸勢力を次々と打ち破り、イエメンにおける覇権を確立した。とはいうものの、ザイド派やハムダーン族が勢力を張る北部の支配にはてこずったようである。宗教的にはアイユーブ朝に支持されたスンナ派のシャーフィイー派が、北部のザイド派支配地域を除く広い範囲に広まった。しかしイスマーイール派も政治権力は失ったとはいえ、西部山岳地帯に依然として根を張っていた。いずれにせよ、外国人部隊が本格的にイエメンに進駐したのは、イスラーム時代になってからはこれが最初であったが、これ以降、外来王朝の支配が続くことになる。

アイユーブ朝がイエメンを支配したのは、一二二八／九年にラスール朝に取って代わられるまでの半世紀あまりにすぎなかったが、この間に六人のアイユーブ一族の者がスルタンとして入れ替わり統治した。しかし初代のトゥーラーン・シャーをはじめとして、任地を離れてシリアやエジプトに戻ることが少なくなかったため、統治を任された副官や執権に当たるマムルークが実権を握る機会が多かったのも、この時代の特徴である。アイユーブ朝のイエメン支配の意義は、九世紀以降分裂状態にあったこの地を再び統一し、次のラスール朝繁栄の地均《じなら》しをした点に認められる。

イエメン、ラスール朝の成立

ラスール家がイエメンに流入した時期については、トゥーラーン・シャーとともに一一七三年に侵攻したという説と、彼の兄弟でラスール朝二代目のスルタンとなったトゥグタキーンとともに、一一八三年にイエメンにやってきたという説の二説がある。彼ら自身はアラブの出自を主張しているが、トルコ系それもトゥルクマーン系ではないかという説が有力である。家名は始祖のムハンマド・イブン・ハールーンの渾名ラスール（使者）に由来する。ムハンマドがカリフの使節としてしばしばシリアやエジプトに派遣されたことから付いた渾名だという。いずれにせよ十二世紀の後半に、ムハンマドの息子のシャムス・アッディーン・アリーとその四人の息子は、エジプトから派遣されたアイユーブ朝スルタンのアミールとしてイエメン入りした。

イエメン・アイユーブ朝六代目スルタンのマスウード・ユースフは、シャムス・アッディーンの息子たちのうちでも特にヌール・アッディーン・ウマルに厚い信頼を寄せ、一二二〇年代初めにメッカを征圧すると、この地をイクター（徴税権を認められた土地）として彼に授与した。しかし一二二三年に自身がエジプトに帰還する段になって、彼をイエメンに呼び戻してしまう。ところがマスウードの不在中にイエメン情勢は悪化する。そこで一二二七年にはいったんイエメンに戻り、事態の沈静化に努めた。

一二二八／九年、新たな任地のダマスクスに向かうにあたり、マスウードはエジプトから新たなスルタンが派遣されてくるまでの職務代行者にヌール・アッディーンを指名した。ところがマスウードは旅の途中メッカで亡くなってしまい、エジプトからは次の支配者が送られてこないまま、一二三五年にアッバース朝カリフのムスタンスィルからイエメン支配の公式の承認を受けるに至り、名実ともに独立国としてのラスール朝が成立したのである。

ラスール朝の勢力拡大

ラスール朝の初代スルタンとなったヌール・アッディーンは、マンスール（勝利者）と称するようになった。実権を掌握して以降マンスール・ウマルは、ザビードを中心とするティハーマや南部山地帯のタァイッズから、ザイド派イマームの勢力が強い北部のサヌアーに至るまで、支配地域を拡げていった。またアイユーブ朝が十字軍勢力との戦いに忙殺されている隙を突いてヒジャーズに派兵し、一二四一／二年にはメッカからアイユーブ朝勢力を排除することに成功。さらにメディナの外港ヤンブゥの支配権を獲得した。ところが一二四九／五〇年にタァイッズの北のジャナドにおいてマムルークたちに殺害されてしまう。後には三人の息子が残され、ラスール朝ではこれ以降もしばしば見られる兄弟間の激しい後継者争いが起こった。この闘争を勝ち抜き第二代目のスルタン位に即いたのがムザッファル・ユースフである。一二九五年まで半世紀近く続いたこのスルタンの治世は、ラスール朝史における最盛期と評されている。

スルタン・ムザッファルは、北はヒジャーズ、東はハドラマウトまでを支配下に収め、さらに東方のズファールを征服しようと遠征軍を派遣した。古来、乳香産地として名高いこの地には、九・十世紀以降インド方面から砂糖キビ・バナナ・ココヤシ・稲・檳榔樹《びんろうじゅ》などの有用作物が移植・栽培されていた。またインド・アラビア・ペルシア湾岸・東アフリカなどを結ぶ海上交易ルートの重要な結節点として、各地から運ばれてくる商品の取引が盛んであった。

カマル湾に臨む主要な港市として、東にミルバート、西にライスート、そして中央の現在のサラーラに遺跡が残るバリードの三つがあった。ミルバートはペルシア湾のスィーラーフ出身のマンジュー家の人々によって建設されたと伝えられ、そこがインド向けのアラブ馬の集荷場であったのが、地名の由来であるという。当時、北インドのデリー・スルタン朝と対立するデカン高原や南インドの政権において軍馬への需要がきわめて大きく、馬はアラビアからインドに輸出される重要な商品となっていたのである。私がかつて夏のモンスーン明けの九月にズファールを訪れた際、信州の高原を思わせる山々は緑の草木で覆われ、それをラクダの群れが食《は》んでいる光景に驚かされた。これならインド向けの馬の飼養も十分できると思った次第である。

6－5　ズファールの山中で草木の葉を食むラクダの群れ（*Oman, People and Heritage*, (Muscat,) 1994, p.130.）

さて十三世紀の初め、このマンジュー家が断絶すると、その下で海運業を営んでいたハドラマウトのハブーダ出身のアフマドという名の男が、支配権を握ったという。彼はミルバートを破壊して新たにアフマーディーヤ（バリード遺跡がこれに当たる？）を建設し、ここを首都としてハブーディー朝と呼ばれることになる王朝を創始した。ラスール朝のスルタン・ムザッファルがズファールに派兵したのは、この王朝がこの地を統治している時期であった。遠征は一二七九年の夏のモンスーンが収まるとともに始まった。ハブーディー朝側では、当時スルタンであったサーリムが激しく抵抗したものの、海陸から送られたラスール朝軍の猛攻には耐えきれず敗北を喫し、処刑されたという。こうしてズファールもラスール朝が支配するところとなった。ムザッファルはさらにバーブ・アルマンデブ海峡の対岸にまで支配の手を伸ばし、紅海を通じてインド洋世界と地中海世界を結ぶ海上ルートの首根っこを完全に押さえるに至ったのである。

マムルーク朝との軋轢

このように有利な立場を最大限に生かして、ラスール朝は海域の支配と交易の独占を図った。支配下にある主要な港市への交易船の出入りを厳しく管理し、入港税を徴収したのはもちろんのこと、輸出入品には品目ごとに細かく規定した関税を課した。特にアデン港への入港が義務化され、ここで許可証を交付されない商船は、海峡を通過して紅海に入ることもできなかった。先にも記したシャワーニー船団がバーブ・アルマンデブ海峡に目を光らせ、商船の安全通航を守る一方で、違反船が海峡を通過しないよう見張っていた。この船団の維持・運営の名目でシャワーニー税が徴収されたのは言うまでもない。

ラスール朝によるこのような貿易統制に最も反発した勢力の一つが、一二五〇年にアイユーブ朝を倒してエジプトの支配権を握ったマムルーク朝である。この王朝の経済政策もラスール朝と同じくインド洋から流入する商品への関税や売買取引の利益に重きを置いたものだったので、その流れが途中で妨げられることは大問題であった。この紅海の交易活動をめぐる対立に加えて、ヒジャーズ地方の支配権をめぐっても両王朝は緊張関係にあった。そこでマムルーク朝のスルタンたちはこのような情況を打開すべく、ヒジャーズやイエメンにマムルーク軍を派遣する計画を幾度か立てたが、実際にイエメンへの派兵が行われたのは一三二五年の一度だけであった。

次項で見るように十世紀の後半に成立したメッカのシャリーフ政権は、自前の強い兵力を持たないうえに、アミール位をめぐる一族の対立・抗争が激しかったため、エジプトやイエメンの政権はそれにつけこんで、競い合うように介入や支配を繰り返していた。それは聖地の支配を目的とする宗教的な意味合いの強い争いであったが、十四世紀後半になるとこれに別な要素が加わり事情は一変する。

すなわち、紅海を経由する海上ルートのエジプト側起点に当たる、ナイル河畔のクースと紅海岸のアイザーブを結ぶ隊商路が、アラブ系やベジャ系の遊牧民の襲撃で通行不能となり、その結果、それまでアイザーブから船で対岸のジッダに渡り、そこからメッカに向かっていた巡礼者が、シナイ半島西岸の先端部に近いトゥールを経由し、アラビアの西岸沿いに南下するルートを採るようになったのである。エジプトへの物資の往来もこのルートによって行われるようになったため、紅海を北上してきた交易船はエジプト側ではなくヒジャーズの港に入るようになった。こうしてヒジャーズの経済的重要性が高まったことにより、そこから得られる利益をめぐって諸勢力の争いは激化した。

マムルーク朝は十五世紀に入りスルタン・バルスバーイの治世になって、ヒジャーズへの進出を本格化させる。一四二四／五年、彼はラスール朝のヒジャーズ地方への軍事統制力が国内混乱によって緩んだ機会を見逃さず、メッカとジッダにマムルーク軍を派遣して実権を掌握し、

６－６　ジッダ港で下船の準備をする巡礼者たち（Facey, *Saudi Arabia*, p.45.）

ジッダをアデンに代わるインド洋交易の最大の拠点としようとした。しかし彼がジッダに来航する船舶や商人、さらには巡礼者から効果的に徴税するために施行した政策は、非常に過酷なものであった。一方ラスール朝側は商船のアデン入港を促進するため、来航者への優遇策を打ち出すなど、海上交易から得られる利をめぐって両王朝は互いに鎬を削った。しかしその間にもスルタン位をめぐるラスール朝内の権力闘争は収まらず、結局これによって疲弊した同王朝は、一四五四年、地元政権のターヒル朝に取って代わられることになったのである。

メッカのシャリーフ政権

時計の針をやや巻き戻すと、十世紀は西方でイスマーイール派のファーティマ朝がカリフ政権を樹立する一方、東方でも十二イマーム派のブワイフ朝がアッバース朝カリフを傀儡化して実権を握るなど、イスラーム世界全体でシーア派の勢力が強まった時期であった。特にファーティマ朝がエジプトに進出した世紀の後半には、アラビア西部でもアリーの末裔を名乗る一族の影響力が強まった。メッカではハサン系のシャリーフが権力を握ったのに対して、メディナではフサイン系の力が強かった。

九六〇年代の後半に、ハサン系のシャリーフであるジャァファル・イブン・ムハンマドがメッカの政権を握った。始祖の名にちなんでムーサー朝と呼ばれるこの政権は百年近く続いた。十一世紀初めのジャァファルの息子アブールフトゥーフ（アブー・アルフトゥーフ）のときには、ファーティマ朝の衰えに乗じ、自らカリフと称してファーティマ朝に従うメディナ政権と争ったりしたが、もちろんメッカにカリフ位を奪還しようとする、このような試みが成功するはずもなかった。その息子のシュクルが継嗣を残さず世を去りムーサー朝が絶えた後、同系統ではあるが傍系のいくつかの王朝が交替した。

一二〇〇／一年、ウマイヤ朝時代よりヤンブゥに資産と勢力を有していた、同じくハサン系のカターダ・イブン・イドリースがメッカの実権を掌握しアミールとなった。ヤンブゥはジッダにその地位を奪われるまではヒジャーズ地方随一の交易港であったから、カターダの一族も紅海交易から大きな富を得ていた。カターダは歴代のメッカのアミールの中でも傑出した人物で、バグダードのアッバース朝やカイロのアイユーブ朝に楯突いて、メッカを中心とするヒジャーズの独立を図るために奮闘した。外国勢力からアラビアを解放するという観点から、同じくハサン系であるイエメンのザイド派イマーム政権がアイユーブ朝に対抗するのを援助した。また巡礼路を修復・整備して治安の維持にも努めたので、諸国からの巡礼者は安心してメッカを訪れることができるようになった。それまでは周辺が不毛地で農地からの税収を期待できないメッカでは、巡礼者や商人からマクス（イスラーム法では不正とされる諸種の雑税）を搾り取ることが政権の仕事、と言っても過言ではない情況が続いていたのである。これ以降、第一次世界大戦後サウード家のアブドゥルアズィーズに敗れてメッカを追われることになるフサインに至るまで、このカターダの一族がメッカのアミール位を相伝した。

このように有能な実力者であったカターダも、アミール位をめぐる抗争の禍《わざわい》を免れることはできなかった。在位二十年ほどで、父からのアミール位継承に不安を抱いた息子のハサンによって、ほかの息子たちともども殺害された。しかしハサンのこのような暴挙が見逃されるはずはなく、イエメン・アイユーブ朝のスルタン・マスウードは直ちに派兵してこれを制圧、股肱《ここう》の臣であったヌール・アッディーンにメッカをイクターとして授与したことは先に記したとおりである。

しかしその後間もなくヌール・アッディーンはイエメンに召還され、マスウードもダマスクスに向かう途中メッカで死去したため、この町の支配権は再びカターダの一族の手に戻った。だがアミール位をめぐる同族間の争いは一向に収まらず、他方でエジプトのアイユーブ朝にもメッカに注意を払う余裕がなくなった。そこでイエメンのラスール朝が支配の手を伸ばしたが、エジプトに新たにマムルーク朝が成立して以降は、これもすでに記したように、この両王朝が聖地の支配権をめぐって対立することになったのである。

第七章　ヨーロッパ人の来航とオスマン朝の支配——近世のアラビア

1　ポルトガルとオスマン朝

ヴァスコ・ダ・ガマの新航路発見

十五世紀に入り、エンリケ航海王子の努力によってポルトガルの海外発展の基礎が築かれたことは、よく知られている。それが実を結んだのが、ヴァスコ・ダ・ガマによるインドへの新航路発見であった。国王マヌエル一世の命を受けて一四九七年七月にリスボンを出航、アフリカの喜望峰を回ってインド洋に入り、マリンディで得たアラブ系の水先案内人の導きで一四九八年五月に、インド南西岸のカリカットに到着した。翌一四九九年の夏に出航から二年ぶりにリスボンに帰港、インドへの新航路発見を王に報告した。

東西海上交易の幹線がこの新ルートにシフトすることにより、それまで紅海ルートの交易で

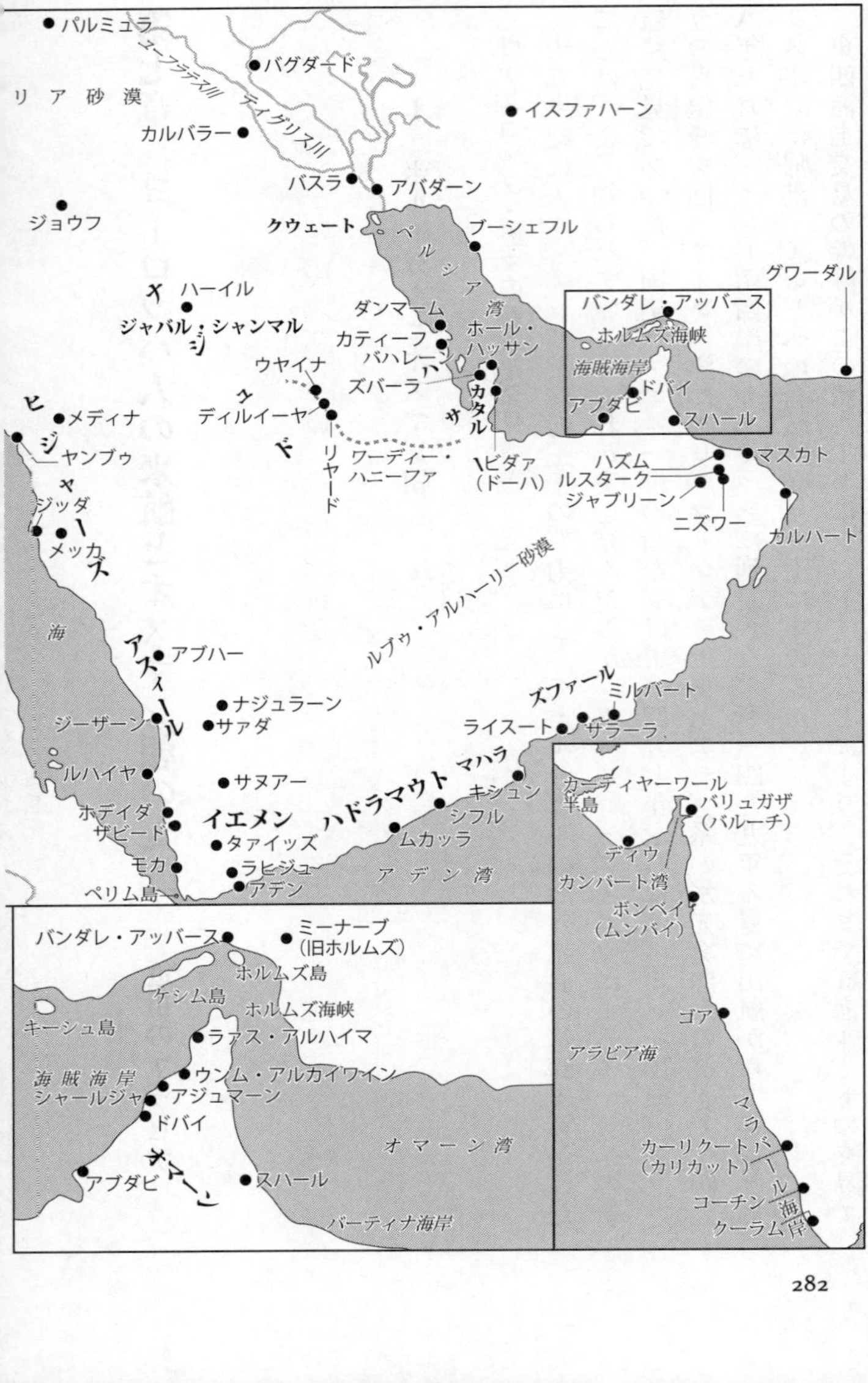
パルミュラ
ユーフラテス川
バグダード
ティグリス川
リア砂漠
イスファハーン
カルバラー
バスラ
アバダーン
ジョウフ
クウェート
ブーシェフル
ペルシア湾
ハーイル
ネジュド
ジャバル・シャンマル
ダンマーム
カティーフ
バハレーン
ホール・ハッサン
ウヤイナ
ズバーラ
ハサ
カタル
ディルイーヤ
リヤード
ワーディー・ハニーファ
ビダァ
(ドーハ)
ヒジャーズ
メディナ
ヤンブゥ
ジッダ
メッカ
海
グワーダル
バンダレ・アッバース
ホルムズ海峡
海賊海岸
ドバイ
アブダビ
スハール
マスカト
ハズム
ルスターク
ジャブリーン
ニズワー
カルハート
ルブゥ・アルハーリー砂漠
アスィール
アブハー
ナジュラーン
サァダ
ジーザーン
ルハイヤ
サヌアー
ズファール
ミルバート
ライスート
サラーラ
マハラ
ハドラマウト
キシュン
シフル
ムカッラ
イエメン
ホデイダ
ザビード
タァイッズ
モカ
ラヒジュ
アデン
ペリム島
アデン湾
バンダレ・アッバース
ミーナーブ
(旧ホルムズ)
ホルムズ島
ケシム島
ホルムズ海峡
キーシュ島
ラァス・アルハイマ
海賊海岸
ウンム・アルカイワイン
シャールジャ
アジュマーン
ドバイ
オマーン
オマーン湾
アブダビ
スハール
バーティナ海岸
カーティヤーワール半島
バリュガザ
(バルーチ)
ディウ
カンバート湾
ボンベイ
(ムンバイ)
ゴア
アラビア海
マラバール海岸
カーリクート
(カリカット)
コーチン
クーラム

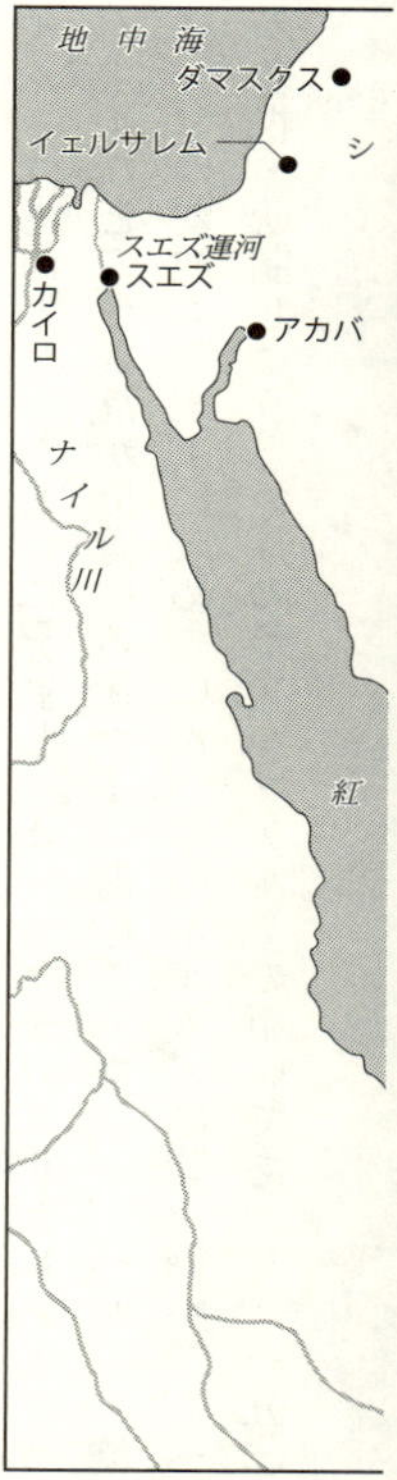

7－1　近世のアラビア（筆者作製）

大きな利益を上げていたヴェネツィア、エジプト、イエメンなどの諸国は大きな打撃を受けることになった。また香料の獲得と並んでキリスト教（カトリック）の布教をアジア進出の目的としていたポルトガルは、イスラーム勢力との戦闘を当初より念頭に置いていた。彼らにとりそれはレコンキスタの延長であった。ポルトガル船の帆に大きく描かれた白抜きの赤い十字架は、十字軍時代に巡礼者保護のため設立されたテンプル騎士団の後継ともいうべきポルトガルのキリスト騎士団の標章である。この宗教的動機により、イスラーム教国が圧倒的に多いインド洋周辺における彼らの行動が、必要以上に攻撃的・侵略的になったのは否めない。

ポルトガルの進出とアラビア

ガマの帰国の翌年より、香料の獲得とインド洋沿岸の要衝に砦を建設するという使命を帯びて、ポルトガルの艦隊が次々にリスボンを出航した。とはいえ第一の目的はインドや東南アジア産の香辛料の獲得であったし、インドへの航路はアフリカ東岸の港からインド洋を横断して直接インド西岸に至るものだったので、当初、途中のアラビアは彼らの関心外で、ポルトガル

7－2　ヴァスコ・ダ・ガマのサン・ガブリエル号

船が来航することもなかった。しかしアフォンソ・デ・アルブケルケがインド総督に任命されるに及んで、事情は一変した。

一五〇六年にアルブケルケは一六隻からなる艦隊を率いてリスボンを出発、インド洋に入ると翌一五〇七年にアデン湾に浮かぶソコトラ島を占領して砦を築き守備隊を配置した。ここを拠点に艦隊を遊弋《ゆうよく》・巡視させて紅海への船の出入りを監視し、香辛料などを積載した商船は見つけ次第、襲撃・略奪する計画であった。それまでこの島はアラビア本土のマハラのスルタンが領有していた。

ついでアルブケルケの艦隊はオマーン海岸の港を次々に攻撃・占領しつつ、ペルシア湾口のホルムズ島に向かった。十四世紀の初めに本土のホルムズからの移住者により建設された新ホルムズは港市としておおいに発展し、ホルムズ王は二世紀にわたりカルハート、マスカト、スハールなどの重要港が位置するオマーン海岸のみならず、ペルシア湾のバハレーン、キーシュ島などの要地も支配下に収めていた。このホルムズに砦を築いて、ペルシア湾への船の出入りを監視・統制しようというのがアルブケルケの狙いであった。一五〇七年にいったん占領したものの、部下の反乱のために撤退を余儀なくされ、最終的にポルトガルがここを占領して砦を築いたのは一五一五年のことであった。

一五〇九年にフランシスコ・デ・アルメイダと交代してポルトガル領インドの統治責任者となったアルブケルケは、一五一〇年にはゴア島を、翌一五一一年にはマラッカを占領した。ゴアはそれ以降ポルトガルのアジア支配の拠点となり、インド総督あるいは副王の駐在地となった。インド洋におけるポルトガル艦隊の活動により、紅海ルートを通じてエジプトに流入する商品の量は目に見えて減少した。これに危機感を覚えたマムルーク朝は、同じく窮境に陥ったヴェネツィアの要請もあって海軍の船隊を急派したものの、一五〇九年にカーティヤーワール半島南端ディウ沖の海戦で敗れ、以後はジッダの砦を強化してポルトガル艦隊の紅海侵入に備える作戦を採った。

ポルトガルはアデンこそが紅海の入口を扼《やく》する海港であることを間もなく理解した。しかもソコトラからは、守備隊員が食糧不足とマラリアが原因で次々と斃《たお》れてしまったために、数年を経ずして撤退を余儀なくされていた。そこでポルトガル王の命を受けたアルブケルケは、アデンを占領すべく一五一三年に艦隊を率いてゴアを出航した。しかし当時ターヒル朝の治下にあったアデンの守りは堅く、襲撃が失敗に終わったポルトガル艦隊は紅海に進入した。ジッダを攻撃・占領する一方で、エチオピアを治めていると信じられていた伝説的なキリスト教君主プレスター・ジョンとの接触を図ることを目指していた。しかしこのときはどちらの目的も達することができず、アラブ商船を略奪したり焼き払ったりしただけでゴアに戻らざるをえなかった。

ポルトガル艦隊を抑えるにはエジプトの港やジッダではなく、イエメンを基地として出撃するのが最適と悟ったマムルーク朝は、この地を征服すべく一五一五年に海路派兵した。これにはメッカのシャリーフやイエメンのザイド派イマームも加勢したためターヒル朝は攻撃に耐えきれず、一五一六年にザビードを占領されたのに続いて、高地のタァイッズ、サヌアーも陥落して、ついに一五一七年に同朝は滅亡した。ただアデンのみは守りを固めて、なおも抵抗を続けた。

とかくするうちに青天の霹靂《へきれき》とも言うべき事態が出来した。一五一七年にエジプトのマムルーク朝が、セリム一世治下のオスマン朝との戦いに敗れて滅亡してしまったのである。メッカのシャリーフはこの情勢に素早く対応し、オスマン朝スルタンのヒジャーズ地方に対する宗主権を逸早《いちはや》く認めて、トルコ軍のイエメン進出を側面援助した。これにはイエメンに駐屯していたマムルーク軍も投降するほかなかったが、アデンのみは敵であるはずのポルトガルとも通じてなお頑強に抵抗を続けた。

トルコ海軍の進出により紅海では苦戦を強いられることになるポルトガルも、ペルシア湾方面ではホルムズを屈服させた後は、ほぼ思いのままに活動することができた。というのも、本来であればホルムズ王の宗主としてペルシア湾の支配権を主張すべきイランのサファヴィー朝が、トルコ軍に圧倒されてそこまで手が回りかねる状態であったからである。オマーン湾岸とペルシア湾岸の双方にそれまでホルムズ王が領有していた港には、次々にポルトガルの要塞が築かれていった。十五世紀の後半以降、ハサー地方のカティーフを本拠地とするジャブリー家の一族が占拠していたバハレーンも一五二一年に奪取し、その後およそ八十年間にわたって支配することになった。

オスマン朝のアラビア支配

マムルーク朝を滅ぼしたオスマン朝は直ちに紅海に進出し、ヒジャーズの支配権を握ったうえで、イエメンのターヒル朝を滅ぼしたばかりのマムルーク軍も下した。とはいえ、このときのトルコ軍は海軍が主体であったため、内陸部にまで彼らの支配は及ばなかった。そこでオスマン朝がイエメン全土を掌握する一五三八年までの二十年あまりは、ザイド派のイマームが北部のみならずイエメン南部までを支配した。しかしこの年、さしものアデンも陥落し、ターヒル朝滅亡後は独立の勢いを見せていたハドラマウトのカスィール家の一族も、オスマン朝スルタンの宗主権を認めたため、アラビアの西部から南部の全域がその支配下に入った。ただし後述するように、ヒジャーズに対するトルコの支配権は一九一六年まで中断することがなかったが、イエメンではしばしば激しい抵抗にあって、しっかりと根を下ろすことができなかった。

その間もポルトガルはしばしば紅海への進入を試みた。しかしスエズを基地とするトルコ海軍の応戦によって、アラビア沿岸ではこれといった戦果を上げることができなかった。だがアフリカ側では、イスラエル王ソロモンの末裔と称するエチオピアのソロモン朝の王を援助してそれなりの成果があった。すなわちオスマン朝の後援を受けたアフマド・イブン・イブラーヒーム・アルガージー（通称グラン＝左利き）の率いるムスリム軍に国土の主要部を蹂躙され、危機的情況にあったエチオピア王の求めに応じて陸戦部隊を上陸させ、グランを敗死させムスリム軍を打ち破り、キリスト教国エチオピアのイスラーム化を阻止することができたからである。

さて一五一四年のチャルディランの戦いでサファヴィー朝の騎馬軍団を撃破したトルコ軍は、その後スレイマン一世（在位一五二〇～六六年）の下でイラク・イラン方面への進出を続け、一五三四年にはバグダードを占領、一五三六年にはついにイラク全土の征服に成功した。これにより彼らはバスラを通じてペルシア湾へアクセスすることが可能になり、ポルトガルの脅威に曝されていたカティーフのジャブリー家は、直ちにオスマン朝の宗主権を認めてその庇護《ひご》下に入った。しかしやがてパシャ（太守）が任命・派遣され、ハサー地方全体が同朝の直接支配下に置かれることになる。

こうして紅海とペルシア湾、それにアラビア海の覇権を賭けて、ポルトガル艦隊とオスマン朝の海軍が直接対峙する形勢となった。しかし紅海と異なり、すでにポルトガルが要衝に多くの砦を築いて睨みを利かすペルシア湾では、ポルトガルの優位は動かなかった。特にオマーンにおいて彼らは、マスカトをはじめとする海港のみならず内陸の高地にも砦を築き守備隊を配置していた。

イギリスとオランダの進出

十六世紀の半ばよりロシア経由でイランのサファヴィー朝との接触を試みるなど、東方への進出ルートを模索していたイギリスであったが、フランシス・ドレイクの世界周航やスペイン無敵艦隊（アルマダ）に対する勝利により、海路を通じて進出する大きな可能性が開けた。そして一六〇〇年、エリザベス一世より東インド会社へ特許状が下付されたことによりその準備は整い、イギリス船はアジアの海へと乗り出した。

実はこの同じ時期に、イランにおいても大きな変化が起きていた。イギリス海軍のアルマダ撃破の前年に即位したアッバース一世（在位一五八七～一六二九年）により、サファヴィー朝はようやく長期の混迷から抜け出し、富強への途を歩み出していたのである。世紀末にイギリスより来朝したアンソニーとロバートのシャーリー兄弟の貢献で実現した軍政改革の結果、イラン軍はオスマン朝やポルトガルに対抗しうるだけの力を身につけた。

海上においては、ペルシア湾からポルトガルの影響力を一掃することが最大の目標であった。一六〇二年、バハレーンを奪還したのが最初の大きな戦果である。湾内で小競り合いが続いた後、一六一六年にはイギリス船がペルシア湾に入航、イギリスとイランが海上ルートを通じて直接交易を行うことが可能となった。そして一六二二年には、ついにホルムズのポルトガル守備隊を掃討した。ただしこの戦いの主役はイギリス東インド会社の海軍で、イラン軍は脇役《わきやく》というのが真相である。とはいえホルムズを占領したアッバース帝は、この島の港や砦としての機能を完全に破壊した。そしてそれに代わる港市を本土側に新たに建設し、これを自らの名にちなんでバンダレ・アッバースと名付けた。このような経緯により、イギリスはイランとの関係やペルシア湾における活動で、非常に有利な立場を獲得した。一方、ホルムズから駆逐されたポルトガルは、以後、マスカトの守備を固めてこの海域の拠点とした。

陸上においてもサファヴィー朝軍は攻勢に出た。その結果、王朝の故地であるアゼルバイジャンをオスマン朝から奪回したのみならず、一六二〇年代前半にはバグダードを含むイラクを占領し、アッバース帝の末年近くには建国当初の領土をほぼ回復した。

十六世紀の末にスペインからの実質的独立を果たしたオランダは、ポルトガルやイギリスの強力なライバルとしてインド洋に登場する。一六〇二年に東インド会社が設立されると、南アフリカに農民の移住が盛んに行われ開拓が進んだ。そして以後ここは、喜望峰を回ってインド洋に進出するオランダ船への食糧補給基地としての重要な役割を果たすようになる。

オランダの商業的成功の中でも最もめざましいのは、モルッカ諸島の香料交易の独占であろう。彼の地よりイギリス勢力を駆逐したアンボン事件は、あまりにも有名である。イランとの取引にも食い込み、ペルシア絨毯《じゅうたん》のヨーロッパへの最大の輸入業者となった。アラビアの沿岸にも彼らは交易の拠点を設けたが、なかでも重要であったのがイエメンの紅海岸の港市モカの商館である。ここで取引されたのが、十七世紀になってイエメンの最重要輸出品となったコーヒー豆で、この点については改めて後述する。

このようにインド洋海域には、ポルトガルに続いて十七世紀に入るとイギリスが新たに登場し、先行するポルトガルの利権を侵食する形で勢力を伸ばしたが、続いて間もなく登場したオランダが、ポルトガルだけでなくイギリスの利権も奪う形で勢力を急伸させた結果、アラビア周辺ではしばらくこの三国が睨み合う形勢となった。一方陸上においては、サファヴィー朝がアッバース帝の下で勢力を回復させたことにより、アラビアにおいても半島の内外におけるオスマン朝の影響力行使に掣肘《せいちゅう》が加えられるようになった。そしてこのような情勢が、次に見るように、半島各地の在地勢力に自立と独立の機会を与えたのである。

2　オマーンとイエメンの新政権

オマーンのイバード派イマーム政権——ヤアーリバ朝

十七世紀前半にオマーンの在地勢力が政治的に復活を遂げたのは、湾岸地域におけるポルトガル勢力の後退の直接的結果と言ってよいであろう。内陸のルスタークに勢力を有していたヤ

7－3　20世紀半ばのマスカト。手前の岬に見えるのは16世紀にポルトガルによって建てられたジャラーリー砦 (W. D. Peyton, *Old Oman*, London, 1983, p.2.)

アルブ家のナースィル・イブン・ムルシドがイバード派のイマームに選出され（在位一六二四〜四九年）、以後約一世紀間にわたって同家の出身者がイマームとして統治した時代（ヤアーリバ朝）に、オマーンの勢力は内外におおいに発展した。イマームたちはルスタークのほかにハズムとジャブリーンを拠点とした。

　しかしヤアーリバ朝およびそれ以降の時代のオマーン人のめざましい活動は、海外に向かって展開された。まずオマーン海岸からポルトガル勢力を一掃することに精力が注がれた結果、初代イマームのナースィルが世を去るまでには、ポルトガルが保持する拠点はマスカトのみとなっていた。そのマスカトの要塞も、スルターン・イブン・サイフ（在位一六四九〜八〇年）がイマームとなって早々の一六五〇年には陥落、それ以降、新イマームは海外遠征や交易などの海洋活動を積極的に推し進めた。一六五二年には東アフリカに遠征が行われ、ポルトガルに奪われていたザンジバル島を取り戻した。第四代イマームのサイフ・イブン・スルターン（在位一六九二～一七一一年）はさらに積極的で、一六九八年にモンバサを征服したのに続いて、ペンバやキルワなど周辺の島々も占領して支配地域を拡げた。

このようにオマーンのインド洋への進出は、ポルトガルの支配地を奪う形で行われたため、イギリスやオランダの利害と衝突せず、むしろ歓迎されたと言ってよい。彼らが東アフリカからインド洋周辺地域へもたらした商品は多岐にわたっているが、研究者が最も注目するのはやはり黒人奴隷であろう。しかしオマーン人による奴隷交易は、なにもこの時代に始まったわけではなく、数百年来あるいはそれ以上の長い伝統を有している。アラビアからインドへかけての広い地域で、農業奴隷や家内奴隷あるいは兵士として、アフリカからもたらされる奴隷への需要は常にあり、その供給者としての役割をオマーンの商人は古くから果たしてきたのである。

それがこの時代特に注目されるのは、ヨーロッパ諸国の植民地で労働力としてアフリカ奴隷に対する需要が急増したことによる。新大陸への奴隷の供給は主に西アフリカから行われたが、それでは足りず東アフリカからも新大陸に奴隷の廻送《かいそう》が行われた。その際、東アフリカの奴隷市場とヨーロッパの奴隷商人の仲介をしたのがオマーン商人であった。

ただオマーンの商人は、決して奴隷交易に特化してはいなかった。そこがヨーロッパの奴隷商人と異なる点である。オマーン商人にとり奴隷はあくまでも商品の一つにすぎず、象牙《ぞうげ》その他のアフリカの特産品とともに輸送や売買を行っていた。それらはヨーロッパ商人の扱う商品と重ならず、むしろ彼らが欲する品を商っていたために、オマーン商人は彼らと対立することなく共存し、当時のインド洋交易の流れにうまく乗って大きな利益を上げることができたのである。

だがこのヤアーリバ朝も、イマーム位をめぐる同族内の争いという、王朝断絶に至るお決まりのコースを辿ってしまい、一七二〇年ごろに始まった内戦で滅亡してしまう。ところでサイフはモンバサを征服した後、オマーン出身のマズルーイー家の者をこの地のワーリー（総督）に任命していたが、オマーン本国でヤアーリバ朝が滅亡すると、彼らはモンバサで半ば独立政権としての地位を固めた。そして本国で十八世紀半ばに新たにブーサイード朝が成立した後も、モンバサに対する同朝の支配権を認めず、独立した統治者としての支配を続けたため、後述するように両者の対立が深まることとなった。

なおハサー地方では、イラクをめぐるサファヴィー朝との対立でオスマン朝の支配力が弱まった隙を突いて、一六六三／四年にバヌー・ハーリド族の首長のフマイド家が、同朝のパシャを追放して実権を掌握した。この一族によるハサーの支配は十八世紀の末まで続くことになる。

イエメンのザイド派イマーム政権——カースィム朝

エチオピア高原を原産地とするコーヒーの木は、やがて紅海対岸のイエメンに移植され、同じく冷涼な気候の高地で栽培されるようになった。飲料としてのコーヒーは、最初スーフィーが勤行中の眠気を払うために用いていたが、次第に一般ムスリムの間でも嗜《たしな》まれるようになり、イエメンから広くイスラーム世界に飲用の風習が伝わった。そして十七世紀までにはヨーロッパでも人気のある飲み物となった結果、コーヒー豆の輸出は、流通ルートの幹線が喜望峰回りになった香料交易に代わって、イエメン経済を支えることになった。

イギリスやオランダの商人は、商機を求めてイエメン国内を広く探訪し、サヌアーでオスマン朝のパシャと交渉を行うにとどまらず、各地の族長や有力者とも接触を重ねた。そしてコーヒー豆の積み出し港として有名なモカその他に商館を建設する許可を得た。十七世紀の後半にはデンマークが、また次世紀の初めにはフランスもモカに商館を建てている。

地中海世界へのコーヒー豆の輸送は主に紅海ルートによったため、中継地となるジッダやエジプトも、関税収入でこの時期おおいに潤うこととなった。ちなみにジッダ港の関税収入は、オスマン政府が派遣したジッダ県の知事とメッカのアミールとによって折半される定めであった。ジッダの関税は、オスマン朝スルタンからの毎年の下賜金とともに、メッカのアミールにとって重要な収入源だったのである。

さてイエメンにおいては、ザイド派初代イマームの家系に連なると称するマンスール・ビッラー・アルカースィムが、一五九七年に新たにイマームとなった。そしてオスマン朝が北方でサファヴィー朝との抗争に忙殺されている機を捉えて、トルコの支配に抗する活動を開始した。イエメン北部に割拠するザイド派勢力（サイイド、およびハーシドとバキールの両部族連合）が軍事面で彼を支え、資金面ではイギリスとオランダの援助があったのではないかと思われる。

一六二〇年に彼が死去するまでは、それほど大きな戦果を上げることはできなかったが、彼の息子でイマーム位を継いだムアイヤド・ビッラー・ムハンマド（在位一六二〇～四四年）の治世に、トルコ勢力の排除に成功する。すなわち一六二九年にサヌアー、ついでタァイッズを占領して高原部をオスマン朝パシャの支配から解放したのに続いて、紅海沿岸部に進出してザビードとモカに駐留していたトルコ軍をも下した。そして一六三六年、ついにオスマン朝の部隊はイエメンから撤収したのである。

トルコ軍の撤退に伴い、イエメン南部では各地で有力者が割拠して一時的に混沌とした状態に陥ったが、イマーム軍はそれらの在地勢力を鎮圧して世紀の半ばまでには、ほぼイエメン全域を支配下に収めるに至った。サァダを中心にイエメン北部の山岳地帯を根拠地とするザイド派イマーム政権が、南部のそれも海岸地帯に至るまでの地域を支配するのは、これが初めてである。サヌアーを首都として、十九世紀後半にオスマン朝の再征服を受けるまで存続したこの政権をカースィム朝と呼んでいる。

この時期、イエメンの海港、なかでもモカはコーヒー豆の輸出で大盛況を呈し、そこから得られる税収は、イマームの支配を支える大きな財源となった。ほかにもイマーム政権が掌握し管理する重要港としてルハイヤ、ホデイダ、アデンなどがあり、それらの港に出入りする商船や取引される商品に課される税が、同じくイマームの貴重な収入源であった。

カースィム朝とヤアーリバ朝の対立・抗争

父の位を襲ってカースィム朝第三代イマームとなったムタワッキル（在位一六四四〜七六年）の時代にはハドラマウト地方への遠征が行われた。ハドラマウトに合わせて、一族の出身地と言われるズファール地方も統治していたカスィール家の内訌《ないこう》（一六五四〜六一年）に介入する形の派兵であった。地位を甥に奪われた当主のバドル・イブン・ウマルがムタワッキルに臣従していたため、その救援要請に応えるというのが表向きの理由であったが、実際には、当時ハドラマウトの交易港として最も栄えていたシフルや、ハドラマウトの東方に位置するズファール地方の支配権をめぐる争いが絡んでいたようである。

ムタワッキルの介入によりハドラマウトの支配権の返還には応じたものの、なおもズファールを占拠し続ける叛徒がオマーンのイマームに救援を要請したため、事態は紛糾した。そもそもこのズファールの地はイエメンとオマーンの間に位置するとはいえ、いずれの地とも砂漠や険しい山岳で隔てられ、地理的に孤立した地域である。とはいえ、古来、乳香の産地として名高いうえに、インド洋交易の要衝でもあったために、実は古くからイエメンとオマーンの間で係争地となっていた。

当時のヤアーリバ朝のイマームは先に記したスルターン・イブン・サイフであったので、この救援要請をズファールに進出する好機と捉えたに違いない。一方のムタワッキルにも、サヌアーの政権にとっては半ば名目的であったハドラマウトやズファールに対する支配を、この機会に確かなものにして、シフルをはじめとするアデン湾に臨む港からの関税を確保したいという思惑があったであろう。膠着《こうちゃく》状態に陥っていた事態を決着させるための派兵は一六五九年に行われた。

しかし両陣営の戦闘に至るまでもなくオマーン側が引いたので、ズファールの叛徒もやむなく降伏してこの度の騒動は終息、ムタワッキルのこの方面への支配が確立したという。史料によれば、このときインドもしくはイランの支配者からスルターン宛に、ズファールにおける活動を牽制する内容の書簡が送られてきたようで、これが彼の行動にブレーキをかけたらしい。次に見るように海上におけるオマーン船の海賊行為に手を焼いていたムタワッキルは、ムガル皇帝やサファヴィー朝のシャーとの間で使節を交換し、オマーン人の活動を協力して抑え込むための外交的努力をしていたが、その成果がここで出たということではなかろうか。オマーン船の積極的な海洋活動は、インドやイランの支配者にも危険視されるようになっていたのである。

すなわちオマーン船はこの時代、イエメン海岸の港町や沖合を航行する商船を襲って略奪を働くといった、ポルトガル船顔負けの海賊行為を繰り返していた。特にインドのバニヤー商人（主にグジャラート地方出身のジャイナ教徒やヒンドゥー教徒の商人カースト）がよく襲われたのは、おそらく彼らが異教徒であったからであろう。とにかく外国からの商船が船荷とともに来港しないのは、イエメンのイマーム政権にとって大打撃であったし、自国の商船が襲われるのはインドやイランの支配者にとっても問題であった。オマーンがペルシア湾交易の覇権を握るため、バハレーンの占領を企図しているらしく見えることも、サファヴィー朝政権にとっては気懸かりであった。

これに対処すべく、ムタワッキルや次にイマーム位に即いたマフディー（在位一六七六〜八一年）は、港の出入口に要塞を築くなどして、オマーン船の攻撃に対する港湾防備の態勢は強化したものの、海軍を整備する資金までは十分でなかったために、海上における海賊行為を取り締まることはできなかったという。

カースィム朝の弱体化

そうこうするうちに、コーヒー豆の好調な輸出に支えられていたイエメン経済に翳りが見えてきた。というのも、ヨーロッパ諸国がそれぞれの植民地にコーヒーの木を移植してプランテーション栽培を始めた結果、コーヒー産地としてのイエメンの重要性が失われてしまったからである。すなわちオランダは早くも一六五八年にイエメンからスリランカにコーヒーの木を移植、一六九六年ごろまでには現在も良質のコーヒー豆の産地として知られるジャワ島で、プランテーション栽培を始めた。同様にフランスも、一七二〇年代までにハイチやマルティニクなどカリブ海の植民地にコーヒー栽培を導入。同時期にブラジルでも栽培が開始され、十八世紀末までにはジャマイカ、キューバ、コスタ・リカ、コロンビアなど、コーヒー産地として我々に馴染みの深い中南米諸国に栽培が広まった。

コーヒー豆の輸出から得られる収入の減少は王朝権力の弱体化を意味し、一七三〇年代よりスンナ派住民の多い南部のコーヒー栽培地で、ザイド派イマームの支配に対する反乱が多発するようになった。またイマーム政権を支えるハーシド部族連合とバキール部族連合がイマーム位をめぐって抗争するようになったのも、政権の弱体化にいっそうの拍車をかけた。

一七二八年に、アデン北方に位置するラヒジュのアブダリー族の首長が自らスルタンと称し、その三年後にアデンを占領したのを皮切りに、各地の勢力が次々にスルタンと自称して独立した結果、サヌアーのイマーム政権の支配地は見る間に縮小した。言うまでもなくハドラマウトも独立し、ズファールに至っては、次に見るオマーンのブーサイード朝によって海岸部を占領されてしまった。

オマーンの新政権——ブーサイード朝

オマーンがヤアーリバ朝イマームの選出をめぐって混乱していた時期、湾岸の支配をめぐってオマーンと対立するイランでも、大きな政変が起きていた。アフガン人の侵略によってサファヴィー朝が崩壊した後、このアフガン人を駆逐して権力を握ったナーディル・シャー（在位一七三六～四七年）により、アフシャール朝が創始されたのである。一七三九年にはムガル帝国軍を破って一時デリーを占領するなど、武将として間違いなく第一級のこの梟雄《きょうゆう》は、湾岸からオマーンの勢力を一掃するため、海軍の整備にも怠りなかった。というのも、ヤアーリバ朝のスルターン・イブン・サイフ二世（在位一七一一〜一九年）が、一七一七年にバハレーンやケシム島などを占領したことからも窺えるように、ペルシア湾におけるオマーンの脅威が現実のものとなっていたのである。

インド遠征に先立つ一七三七〜三八年のオマーン遠征は不首尾に終わったが、一七四二〜四三年の遠征ではマスカトを占領し、さらにスハールを降伏させることができた。当時スハールのワーリーであったブーサイード族のアフマド・イブン・サイードが、貢納の見返りにスハールでの地位を保証するという条件で、イラン軍に降ったのである。しかし、とこうするうちに一七四七年にナーディル・シャーは部下に暗殺されてしまい、その機を捉えたアフマドは、遅くとも一七四九年までにはマスカトからペルシア人を放逐し、実権を掌握することに成功した。そしてヤアーリバ朝イマームの支配にも止《とど》めを刺し、自らがイマームに選出される道をつけた。こうしてオマーンに現在まで続く政権ブーサイード朝が誕生した。首都は当初、前政権と同じくルスタークに置かれた。

その後、おそらく一七八三年に死去したアフマドを継いで息子のサイードがイマームに選出されたものの、不人気であったため、数年を経ずして実権を息子のハーミドに譲ってルスタークで隠居してしまった。しかしイマームの称号は保持したままだったので、ハーミドはイマーム位には即かずに世俗的支配者（サイイド）として統治することになった。彼以降の支配者もこれに倣い、イマームにはならずサイイドとして統治し、十九世紀末以降はスルタンと呼ばれている。

これは、首都が内陸のルスタークから海岸のマスカトに移されたこととも相まって、この政権の性格に大きな変化をもたらした。イマームではない支配者が世俗的性格を強めるのは当然であるし、イバード派部族が強い勢力を持つ内陸山岳部のルスターク、ハズム、ジャブリーンなどから、スンナ派ムスリムやインド人の人口が多い沿岸部に政権の中心が移ったことは、支配者をそれまでの宗教的制約からいっそう自由にした。このブーサイード朝の下で、この後オマーンは海洋国家としてさらなる発展を見せることになるが、その詳細は後述することにしたい。

3 アラビア中部と東部の新情勢

ムハンマド・イブン・アブドゥルワッハーブによるイスラーム改革運動

ムハンマド・イブン・アブドゥルワッハーブによるイスラーム改革運動と、それと結びついたサウード家による新王朝の樹立とによって、アラビア史は大きな転換点を迎えることになった。ムハンマドは一七〇三年に、アラビア半島中央部のナジュド地方（古名はヤマーマ）のワーディー・ハニーファに沿ったウヤイナという町で、ウラマーの家系に生まれた。長ずるに及んでメディナ、バスラ、さらにはイスファハーンなどに留学し、ハンバル派（スンナ派四大法学派の一つ）のイブン・タイミーヤの思想の影響を最も強く受けた。

学問遍歴より帰郷して遅くとも一七四〇年までには、コーランとスンナ（預言者ムハンマドの言行）だけに基づいてビドア（イスラーム的な正しい道からの逸脱）を排し、原初の純粋なイスラームの復興を目指す運動を開始した。当時のイスラーム世界はすべて、本来のタウヒード（唯一神に対する帰依）の教えから逸脱し多神崇拝に陥っていると批判、特にスーフィズム（神秘主義）の民間信仰的側面（聖木・聖石崇拝、聖者の墓への参詣《さんけい》など）およびシーア派を厳しく非難した。その思想は主唱者の名を冠してワッハーブ主義、運動はワッハーブ運動と呼ばれることが多いが、これは他称で、自身はムワッヒドゥーン（一神教徒たち）と称した。

ウヤイナの人々から受け容れられ、支配者のウスマーン・イブン・ムアッマルも理解を示したが、当時ハサー地方を治めていたバヌー・ハーリド族とシーア派勢力からの干渉で、故郷を追われることになってしまう。そこでムハンマドが保護を求めて向かったのが、ワーディー・ハニーファの二〇キロあまり下流で、ウヤイナの南東に位置するディルイーヤ（ダルイーヤ）を支配していたサウード家の当主ムハンマドの許であった。

サウード朝（ワッハーブ王国）の成立

系譜的にはアナザ族に属するサウード家の祖先は、元はハサー地方のカティーフ近郊にいたが、十五世紀の半ばにディルイーヤの地に移住したという。ムハンマド・イブン・サウードは移住後八代目の家長であった。一七四四／五年にムハンマド・イブン・アブドゥルワッハーブ（シャイフという尊称で呼ばれる）と結んだ盟約により、ワッハーブ主義を保護・支援する代わりにワッハーブ主義より付与された宗教的正当性は、以後の征服活動や支配の大きな動因となった。

シャイフの娘を娶《めと》ったムハンマド・イブン・サウードはワッハーブ派の初代イマームとなり、彼の後継者もその位を継承した。一方でムハンマド・イブン・アブドゥルワッハーブの後裔の一族はシャイフ家と呼ばれる。二人のムハンマドが盟約を結んで以降今日に至るまで、宗教的権威を担うシャイフ家と世俗的権威を担うサウード家は、ワッハーブ主義による統治を実現するための協力体制を維持してきている。こうして一八一八年まで続く第一次サウード朝（ワッハーブ王国）が成立した。

原初イスラームの復興のためにはジハードが必要であるとの教説に基づき、この後アラビア征服の軍事行動が展開され、その進展とともにワッハーブ主義の思想が半島を席巻《せっけん》することになる。初代イマームのムハンマド（在位一七四四／五～六五年）の時代には、ナジュド高原の周辺諸部族との闘争に明け暮れていたが、息子のアブドゥルアズィーズ（在位一七六五～一八〇三年）から孫のサウード（在位一八〇三～一四年）の時代にかけて王国は大発展を遂げ、イエメンとオマーンの一部を除く半島の大半を版図に収めるに至った。

すなわち、一七七三年には前後二十八年の闘争の末に後に王国の中心となるリヤードを占領、一七八八年までにはジャバル・シャンマル地方のハーイルを含むナジュド高原全域を平定するとともに、半島の中央部で大きな勢力を誇っていたアナザ族の支持も得た。一七九三年にはそれまで一進一退の戦いを続けたバヌー・ハーリド族の支配するハサー地方を征服する一方で、長駆してシリアに向かうルート上の要地ジョウフのオアシス（かつてのドゥーマト・アルジャンダル）を占領した。

一八〇一年の暮れから翌年にかけてサウード王子はイラク南部に侵入しシーア派の聖地カルバラーを襲撃、虐殺と略奪に加えてフサインの廟を破壊した。さらにサウードは一八〇三年には大軍を率いてヒジャーズに遠征してメッカを押さえ、ワッハーブ派の目から見て異端と思える聖者廟などの建築物などを片端から破壊した。さらにその翌々年にはメディナも彼らの支配下に入り、両聖地の保護者としてのオスマン朝スルタンの権威が根底から揺らぐ事態となったのである。

サウードの即位は、一八〇三年に父王が暗殺されたことにより突如実現したものであったが、彼の在位中に第一次サウード朝は最盛期を迎えることになる。イエメンやオマーンにもワッハーブ派の脅威が迫っていた。

湾岸北西部の新勢力――クウェート、バハレーン、カタル

アラビア半島の中央部でこのように大きな変動が見られた十八世紀から次の世紀にかけて、半島東部のペルシア湾沿岸地帯でも新しい動きがあり、現在この地域に割拠するそれぞれの政権を担う部族とその首長家が、歴史の表舞台に登場した。

そもそもの発端は、昔から半島内で繰り返し起こっている部族集団の移動であったようである。ナジュド地方の中央部にいたアナザ族が、大挙してシリアやイラク方面に移動を始めたことにより、それまでナジュドの北部にいたオアシスの住民や遊牧民が、それに押し出される形でペルシア湾北端のクウェートあたりに移住したのが、変動の始まりであった。ほかの集団移動の場合もそうであるが、アナザ族の北上の理由も、正確なところはよく判っていない。北からのオスマン朝の圧力が弱まったのに乗じたとも言われるが、半島内部にたとえば天候不順のような要因があったのかもしれぬと推測する向きもある。

このときクウェートに移住した人々は、アラビア語で「移動する」を意味する語から、ウトゥーブ族と呼ばれるようになった。彼ら自身はアナザ族に属すると主張している。その後、一部の者は湾岸沿いに南下してカタル、バハレーンなどを占拠し、交易、漁業、真珠採取、それに海賊業などに従事するようになった。クウェートに定住した一派は、一七五六年にサバーハ家を政治支配者として推挙し、以後その下で周辺勢力からの自衛に腐心しつつ現在に至っている。

南に移動したウトゥーブのうちハリーファ家は、最初カタル半島北西部のズバーラに居を定めたが、対岸のバハレーンを当時の支配者のペルシア人から一七八二年に奪って移住した。バハレーンは豊かなオアシスであるうえに、インドとの交易のペルシア湾におけるセンターであった。特にこの時代は真珠の採取が大きな富を支配者にもたらした。したがってこの島へはイランが領有権を主張し続けたし、オマーンやサウード朝の支配者たちも野心を隠していなかった。しかしハリーファ家にとって最も厄介な敵となったのは、ラフマ・イブン・ジャービルである。

彼の属するジャラーヒマ家もウトゥーブの一派で、ラフマの父の代にハリーファ家とともにズバーラに移動してきていた。だがハリーファ家に比べて小さなグループであったため、商売の儲けの配分や真珠採取において常に不利な立場に置かれた。さらにバハレーン占領に一役買ったにもかかわらず、それに見合う処遇を受けられなかった。そこで以後この一族は海賊業を生業とするようになり、ラフマはカタル北西端のホール・ハッサン（フワイル）やハサー地方のダンマーム（ダンマン）、ときにはイランのブーシェフルを拠点に、ペルシア湾を航行する船を手当たり次第に襲った。ただ用心深くイギリス船だけは襲撃していない。

しかし彼は単なる海賊ではなかった。おそらく恨み骨髄に徹していたのであろう、ハリーファ家と敵対する勢力と見れば、あるときはサウード朝と結託してバハレーンを占領し、またあるときはブーサイード朝と連携してバハレーンを攻撃するなど、生涯を通じてハリーファ家に戦いを挑み続けた。そして一八二六年、ハリーファ軍との海戦で敵に攻め込まれて万事休し、自ら弾薬を爆発させ敵味方ともども船ごと吹き飛ばして壮絶な最期を遂げるのである。絵に描いたような隻眼《せきがん》で勇猛な海賊として、今ではアラビアの湾岸地帯で伝説化されたヒーローとなっている。

その後もカタルの特にウトゥーブとバハレーンの間には抗争が絶えなかった。ハリーファ家がズバーラに対する領有権を主張し続けたのも、その一因である。さらにこれにブーサイード朝や新たにアブダビも絡んで、この一帯には不安定な状態が続いた。

湾岸南東部の新勢力――湾岸首長国

この時期ペルシア湾で海賊として恐れられていたのはウトゥーブだけではない。カタルとホルムズ海峡の間の沿岸（海賊海岸との異名を取った）では、シャールジャとラァス・アルハイマを根城とするカワースィム族の海賊が跳梁《ちょうりょう》していた。カワースィムは、ペルシア湾のイラン側にいたアラブがある時期にアラビア側に戻ってきていたらしい。これまでオマーンについて語る際には、もっぱらイエメンから移ってきた南アラブ系のアズド族やイバード派を話題にしてきたが、実はオマーンにはこれと対立する北アラブ系でスンナ派の部族連合があり、カワースィムもその一員であった。

ともあれ、南進するワッハーブ主義を受け容れたことにより、カワースィムのイバード派に対する襲撃にはずみがつくことになった。ペルシア湾内にとどまらず、ホルムズ海峡の外でもオマーン商船を襲ったり、バーティナ海岸で略奪を働いたりするようになった。彼らはラフマの率いたジャラーヒマ家の海賊と異なり、イギリスをはじめヨーロッパの船も無差別に襲った。おそらく異教徒に対するジハードというのが彼らの言い分であろう。しかしそのため、十九世紀に入りイギリスの討伐を受けることになる。

同じころ、湾岸南東部でもう一つの動きがあった。内陸のナジュド方面より湾岸からオマーン山地に連なる方面に向けて、ベドウィン部族集団の移動が十八世紀の半ばより始まったのである。おそらくアナザ族からの圧力を受けてのことであろうと推測されている。彼らは移住先の部族と連携してバニー・ヤースという部族連合を結成した。彼らはカワースィムと同じくスンナ派ムスリムであったが、ワッハーブ教徒とはならなかった。一方ではアナザ族、他方ではカワースィム族という、いずれもワッハーブ教徒の強力な隣人の脅威に曝されていた彼らは、自衛のためにむしろオマーンのブーサイード朝と提携する道を選んだ。そして世紀末に至り、バニー・ヤースの一派ブー・ファラーフ族のヌハイヤーン家が湾岸のアブダビに居を据えたのが、今日のアブダビ首長国の始まりである。一八三〇年代にはブー・ファラーサ族のマクトゥーム家が、そこから袂を分かってドバイに移住し、今日のドバイ首長国の元となった。

4　十九世紀のアラビア――優位に立つイギリス

サウード朝の挫折

一八一一年の夏になり、ついにオスマン朝はワッハーブ教徒の勢力をヒジャーズ地方から駆逐するため、本格的な攻勢に出る決意を固めた。遠征の指揮を任されたのはエジプト総督のムハンマド・アリー（メフメト・アリ）で、一八一二年にはメディナ、翌年にはメッカを占領して、両聖地の保護者としてのオスマン朝スルタンの権威を回復することに成功した。そこからサウード朝とワッハーブ派の本拠地ナジュドへの進軍は手間取ったが、一八一六年の秋にムハンマド・アリーは息子のイブラーヒームに大軍を授けてアラビアに送り込んだ。そして一八一八年の九月に首都のディルイーヤに迫ったエジプト軍が、周囲の高台から砲撃を浴びせかけたため、刀折れ矢尽きたアブドゥッラー王（在位一八一四～一八年）は降伏のやむなきに至った。こうして第一次サウード朝は滅び去ったのである。

しかし、ディルイーヤを破壊したイブラーヒームが守備隊を残してエジプトに戻った後、各地に避難していたサウード家一族の間で復興の気運が高まり、第一次サウード朝三代目の王であったサウードの従弟に当たるトゥルキー（在位一八二四～三四年）が、リヤードを新都として王国の再建を果たすことができた。第二次サウード朝の始まりである。

トゥルキーが叛徒に殺害された跡を継いだ息子のファイサル（在位一八三四〜三八年、四三〜六五年）は、一八三六年にはジャバル・シャンマル地方のハーイルを征服し、ここの出身で腹心のアブドゥッラー・イブン・ラシードにこの地方の支配を任せた。また第一次サウード朝滅亡に乗じてバヌー・ハーリド族が支配権を取り戻していたハサー地方を、再度征服した。しかしヒジャーズ地方はオスマン朝の支配下に置かれたままであった。

7－4　20世紀初頭のハーイルの市壁
(Facey, *Saudi Arabia*, p.75.)

ファイサル没後、一族が後継者の地位をめぐって争い続けたことにより、サウード朝は一挙に衰退に向かうことになる。一八七一年には、そのうちの一人がバグダードのトルコ総督ミドハト・パシャに救援を要請したため、その機を捉えてイラク方面から進撃してきたトルコ軍が、ハサー地方を占領してそのまま居座ってしまった。

一方で、ハーイルに拠ってジャバル・シャンマル地方を支配するラシード家は、着実に勢力を増していた。アブドゥッラーの息子のタラールは、ナジュドの北部からジョウフのオアシスへと支配地域を拡げ、領域内の交易や農業の振興に尽力した。彼がやや不可解な死（自殺？）を遂げた後、首長位をめぐって一時内紛が起こったが、アブドゥッラーの末の息子のムハンマドが五代目の首長（在位一八六九〜九七年）となるに及んで、ラシード家の勢力はサウード家のそれを凌ぐほどになった。すなわち、ムハンマドはオスマン朝の名目的な宗主権を認めることによって、シリア砂漠への勢力拡大をいわば黙認され、パルミュラあたりにまで政治的影響力を及ぼした。そしてサウード家の内紛に介入する形で南下し、リヤードを支配下に置いた。こうして権力を喪失したサウード家の当主アブドゥッラフマーンは、ついに一八九一年、一族を伴ってクウェートのサバーハ家の許に亡命し、ここに第二次サウード朝は終焉《しゅうえん》を迎えたのである。他方ラシード家の支配は、ムハンマドから甥で後継者のアブドゥルアズィーズ（在位一八九七〜一九〇六年）の時代にかけて、ナジュド全域に及ぶことになった。

イギリスと湾岸首長国の休戦条約

カワースィムやウトゥーブの海賊が猖獗を極め、最も被害の大きいオマーンから再三討伐の要請があっても、イギリスは容易に腰を上げようとはしなかった。というのも、かつてイランのナーディル・シャーがオマーンを侵略した際に、イギリスとオランダがこれに手を貸したという理由で、ブーサイード朝がイギリスと敵対するフランスの肩を持ち、マスカトを海軍の基地として使用するのを認めていたからである。

次項で見るように十八世紀の一七八〇年代から九〇年代にかけて、イランの政治的不安定に乗じイラン側の良港をいくつも支配下に収めたオマーンは、海洋国家としておおいに発展しつつあった。しかしその反面、内陸においてはワッハーブ派、海上においてはそれと結びついたカワースィムの攻勢を受けて、非常に困難な情況に置かれていた。その窮境から脱するには、ペルシア湾内で優勢なイギリスの力を借りるしかなかった。一方のイギリスも、ナポレオン率いるフランス軍が一七九八年にエジプトに進駐し、紅海を通ってインドに進出する意欲を露《あら》わにするに及んで、インドにおける覇権が脅かされるのを感じた。フランス海軍がマスカトを基地として使用するのを、なんとしても止めさせる必要があった。

このような両者それぞれの危機意識と思惑が一致点を見出したのが、一七九八年にブーサイード朝四代目の首長スルターン・イブン・アフマド（在位一七九二〜一八〇四年、ハーミドの叔父）とイギリスとの間に結ばれた相互援助協定である。これによりオマーンはそれまでのフランスとの友好関係を破棄し、彼らにマスカトの港湾施設を使用させないことを約した。他方のイギリスはしばらく日和見的な態度をとり、ようやく具体的な海賊対策に乗り出したのはナポレオンとの戦いに決着がついた後であった。

一八一六年にイギリス東インド会社の船がカワースィムの海賊に襲われ乗員の多くが殺害された事件が、イギリスに徹底的な海賊退治を決意させた。一八一九年にボンベイから派遣された艦隊は、海賊の本拠地ラァス・アルハイマをはじめとするカワースィムの町や砦を砲撃し、彼らの船を焼き払った。事ここに至って、ラァス・アルハイマとシャールジャのカワースィム、およびに彼らに従うアジュマーン、ウンム・アルカイワイン、およびドバイ（マクトゥーム家の移住前）などの首長たちは、イギリスとの間に海賊行為の禁止を主な内容とする一般平和条約を結ぶことを余儀なくされた。一八二〇年のことである。それ以降、海賊海岸と呼ばれていた一帯は休戦海岸（トルーシアル・コースト）とか休戦オマーンと呼ばれるようになった。それに対して現在のオマーンはマスカト・オマーンと呼ばれた。

これによりカワースィムがイギリスやこれと同盟関係にあるオマーンの船を襲うことはなくなったが、右記の協定はカワースィムのそれ以外の行動は規制していなかったため、彼らはヌハイヤーン家が支配するアブダビや、マクトゥーム家が移住後のドバイなど、バニー・ヤースの港市や船を襲うようになった。そこで窮地に立ったアブダビとドバイの支配者が、オマーンと同じくイギリスの庇護を求めた結果、一八三五年、イギリスが間に入ってカワースィムとバニー・ヤースの首長の間で最初の休戦協定が結ばれた。しかしこれは期間限定的なものであったため、一八五三年に改めて永久休戦条約が締結された。

その後、ロシアやフランスがペルシア湾に進出するのを危惧《きぐ》したイギリスは、休戦海岸の首長たちとの間で、一八九二年に新たな条約を締結した。これにより首長たちはイギリスの同意なく他国政府と交渉することを禁じられる一方で、イギリスは彼らを外敵の攻撃から保護することを約した。こうして現在のアラブ首長国連邦を構成する諸国は、イギリスの保護国化されたのである。

休戦海岸の北方で対立を続けていたバハレーンとカタルは、一八六七年、ついに本格的な戦闘に突入した。そこでこちらも翌一八六八年にイギリスが介入し、ハリーファ家にカタルに対する領有権主張を放棄させ、ビダァ（現在のドーハ）を本拠地とするサーニー家をカタルの首長に指名して混乱を収めた。一方ハリーファ家にはその見返りに、彼らがバハレーンの支配者であることを公式に認め、外部勢力の侵略からイギリスが武力で保護することを約した。こうしてバハレーン、カタルともに休戦海岸と同じような境遇、すなわちイギリスの保護国化が進んだ。このようにして、ペルシア湾で闘争を繰り返していた諸勢力相互の関係が、武力を背景としたイギリスの意向に沿ってある時点で固定化され、そこで立てられた秩序が、第二次大戦後イギリスがこの地域より手を引くまで維持されるのである。

オマーン海上帝国の盛衰

オマーン商人は一方ではインド西岸、他方ではアフリカ東岸との海上交易で活発な活動を展開していた。オマーン軍が、対インド交易のペルシア湾におけるセンターであり、優良な真珠採取場のあるバハレーンに野心を抱き、占領する試みを繰り返し行っていたことは、これまでにも折に触れて記してきた。

十八世紀の末にはマクラーン海岸で、現在はイランとの国境近くのパキスタン南西端に位置するグワーダルを支配下に収めた。インド洋の交通の要衝の獲得という意味のほかに、後背地の部族民（バローチ）をアフリカ東岸を征服する際、傭兵として使用できた意義も小さくない。なおグワーダルがオマーンの飛地である情況は、一九五八年に三〇〇万ポンドでパキスタンに売却するまで続いた。また同じく十八世紀の末に、ザンド朝からカージャール朝への移行期で混乱するイランの政情に乗じる形で、バンダレ・アッバースと周辺の海岸やケシム島、ホルムズ島などを租借して、ペルシア湾の覇権掌握への意欲を示した。

しかし先述のように、ペルシア湾の内外におけるカワースィムやウトゥーブの海賊の活動は、オマーン単独では抑えきれぬ勢いであったし、イギリスの力でようやくそれが収まった後は、そのイギリスによって湾内の秩序が固定化され、オマーンのバハレーンに対する野心が実現する見込みは失われてしまった。このような形勢を前にして、サイイドのサイード・イブン・スルターン（通称サイイド・サイード、在位一八〇六〜五六年）は、オマーンの海上活動の重点を東アフリカに移すことを決意する。

当時東アフリカでは、ザンジバル島こそブーサイード朝の支配下にあったが、モンバサを支配するマズルーイー家はその正統性を認めず、周辺の沿岸や島嶼部も支配して抵抗を続けていた。これを破って東アフリカにおける覇権を確立するため、とりわけ一八二〇年代の半ばから三〇年代にかけて、サイードは保有艦隊の規模を拡大した。艦船（洋式帆船）の建造地は大半がボンベイやコーチンなどイギリス東インド会社領であったし、艦船の備砲等も同社を通じてイギリスから入手した。つまりブーサイード朝の東アフリカへの進出は、当時のイギリスとの友好関係に裏打ちされていたわけである。一八二八年、サイードは自ら旗艦リヴァプール号（ボンベイで建造された砲門数七四の戦列艦）に乗り込んで、東アフリカに向けマスカトを出発した。

マズルーイー家もイギリスに接近するなどして統治の継続を図ったが、結局一八三七年に滅ぼされ、モンバサの支配権はブーサイード朝の手に渡った。さらにオマーン軍はアフリカ東岸一帯の征服を進め、サイードの治世中に、北はソマリアから南はモザンビークとの国境に至る地域がブーサイード朝の支配下に入った。

オマーンの東アフリカ領の中心地ザンジバルは、アフリカ奥地から運ばれてくる奴隷や象牙、金などの輸出、東西交易の中継、それにモルッカ諸島から移植した丁字（クローブ）の栽培でおおいに繁栄した。サイードはここに王宮を中心とした市街（ストーン・タウン）を建設し、こちらに移り住んだので、ブーサイード朝の首都はこの時期マスカトではなくザンジバルに置かれていたことになる。

このようにインド洋西海域で海上帝国と呼ばれるほどの繁栄を誇ったオマーンのブーサイード朝であったが、実はそのピークとも言えるサイードの治世中に衰退の兆しがあった。最も大きな問題は、イギリス国内における人道的・宗教的立場からする奴隷交易廃絶の動きである。サイードの時代よりすでに、ヨーロッパと南北アメリカのキリスト教国を相手とする奴隷交易は禁止され、彼がザンジバルで丁字の栽培を始めたのも、奴隷交易の減収を補うためであった。

さらに「奴隷船」の取り締まりがインド海軍からイギリス海軍の手に移り、取り締まりの中心が東アフリカ沿岸になった一八六〇年代以降、このいわば「奴隷船狩り」によりオマーン商船の海上活動は甚大な被害を被ることになった。

というのも先にも記したように、オマーン商人にとって奴隷は商品の一つにすぎず、他の商品と混載して海上輸送していたため、船に奴隷が積まれているか否かは外見では判断できなかった。そこで取り締まりのイギリス船は、航行するダウ船を片端から臨検し、たとえ奴隷を積んでいなくても、報奨金目当てにこれを「奴隷船」と認定し、積み荷を没収し船を破壊するという蛮行にしばしば及んだからである。

そして一八五六年にサイードが没すると、マスカトにいた息子がマスカトとザンジバル両方の支配権を主張したのに対して、ザンジバルに居住していた別の息子はマスカトからの分離独立を主張して譲らず、結局はここでもイギリスが仲裁に乗り出して、一八六二年のカニング裁定で分離が決定した。ザンジバルを失ったことはマスカト・オマーンにとり経済的に大打撃であった。また一八六九年のスエズ運河の開通や蒸気船の登場は、インド洋におけるダウ船交易に打撃を与えた。そしてこれらの要因に加えて、国内の政争がこの国の衰退にいっそうの拍車を掛けた。

実はブーサイード朝の首長がマスカトを首都とし、イマームではなくサイイドとしてオマーンを支配するようになって以来、内陸の山岳部に勢力を張る部族連合は、その支配者としての正統性に異議を唱え続けていた。それが、カリスマ的な支配者サイードの死去と、カニング裁定への反発をきっかけに、一挙に表面化したのである。その結果、十九世紀末以降のオマーンでは、マスカトを拠点とするブーサイード朝政権と、内陸のルスタークやニズワーなどの都市を支配するイマーム政権とが並立するという事態が、現在のスルタン・カーブース（在位一九七〇年〜）の即位まで続くことになった。マスカト・オマーン（正確には「マスカトとオマーン」）という国名自体がこの国の権力の二重性をよく表している。

こうして経済の停滞と内戦によって疲弊したオマーンは、結局イギリスの援助に頼らざるをえなくなり、二十世紀の初頭には事実上その保護領となったのである。

イギリスによるアデン占領

エジプトを占領したナポレオンがインドへの道を模索していることに危機意識を抱いたイギリスは、一七九九年に紅海の出入口に浮かぶペリム島を占領したのに続き、一八〇二年には当時アデンを領有していたラヒジュのスルタンと交渉して、この港を特権的に使用する許可を得た。サヌアーのイマーム政権からの独立維持に腐心するスルタンは、要求に応じることでイギリスとの関係を深める途を選んだのである。

フランス軍はエジプトより撤退したものの、その後エジプトの実権を掌握しオスマン朝からの自立を図るムハンマド・アリーの動きにイギリスは神経を尖らせた。ワッハーブ軍を破りサウード朝を滅ぼしてヒジャーズ地方を支配下に収めたムハンマド・アリーは、一八二〇年からはスーダンに出兵してエジプト領とした。こうしたインドへの道、紅海に対するエジプトの影響力増大にイギリスが脅威を感じたのは、当時エジプトに対して劣勢であったオスマン朝を、同朝がロシアに接近するのを危惧して支援したことが原因で、エジプトとの関係が悪化していたことによる。

一方で蒸気船が登場したことにより、イギリスはインド洋上に燃料となる石炭の補給基地を必要としていた。最初目を付けたのは地理的に見て最適と思えたソコトラ島で、一八三五年に占領して部隊を駐屯させた。しかし彼らを待ち受けていたのは、かつてポルトガルの守備隊が苦しめられたのと同じ食糧不足とマラリア蚊の襲来であった。ポルトガルと同じくイギリスも、ときを経ずしてこの島からの撤退を余儀なくされる。

その後間もなく一八三七年に、アデン沖で難破したイギリス国旗を掲げるインド船が現地住民に襲撃され、乗客と乗員(多くはインド人)が略奪を受けるという事件が起きた。イギリスはその賠償とアデンの租借を求めてラヒジュのスルタンと交渉を行ったが、埒が明かないのを見て取ると、インド海軍の軍艦にアデンの港を封鎖し町を砲撃させた。そして一八三九年の一月にはここを占領して直轄植民地とし、イギリス船への薪水補給基地にするとともに、紅海に出入りする船への睨みを利かしたのである。

オスマン朝とイギリスによるイエメン分割支配

これとほぼ同じころ、北方においてムハンマド・アリーは大きな挫折《ざせつ》を味わっていた。息子のイブラーヒームを送ってシリアに続いてアナトリアをトルコから奪おうという企てが、イギリスを中心とするヨーロッパ諸国の圧力によって失敗し、エジプト支配の世襲を認められたのと引き換えに、それ以外の占領地をすべて放棄させられたのである。これによってシリアとヒジャーズに対するオスマン朝の直接支配が復活した。

7－5　サヌアーのバーブ・アルヤマン（南門）。この門と周囲の市壁はトルコの占領軍によって建設された。この写真では手前に当たる門の外に兵舎が建てられていたという（筆者撮影）

オスマン朝の目から見て、イエメンのザイド派イマーム政権は叛徒にすぎず、その存在は看過できないものであった。そこでヒジャーズの支配権を取り戻すと、メッカのシャリーフの手も借りて南方攻略を進め、一八四八年までに紅海の沿岸地帯を占領した。

事態のこのような展開に、イマーム政権の本拠地の高地帯は混乱状態に陥った。ハサン系の諸家族がイマーム位をめぐって相争い、ザイド派諸部族も相互に反目するなか、ナジュラーンにいたイスマーイール派のマクラム家の一族が、ザイド派の支配領域に侵入を始めたのである。進退窮まったイマームのムタワッキル・ムハンマドは自らオスマン朝に降り、トルコ政府の力を借りて秩序の回復を図ろうとしたが、これに対する地元ザイド派勢力の反発は大きく、いったんサヌアーに進駐したトルコ兵は撤収を余儀なくされ、ムタワッキル・ムハンマドは地元民によって殺害された。

その結果、混乱はさらに増幅され、四分五裂の無政府状態を自分たちの手で元に戻すのはもはや不可能と悟った有力者たちは、ホデイダ（当時モカに代わってイエメンの紅海岸第一の港となっていた）に駐留していたトルコ軍に、サヌアーに進駐して事態を収めてくれるよう要請した。一八七二年のことである。これによりイエメンは再びオスマン朝の領するところとなった。支配は北部のザイド派居住地域だけでなく、スンナ派住民が多数を占める南部高原のタァイッズあたりにまで及んだ。

これに恐慌を来したのが、そのさらに南部に分立していたスンナ派部族の首長たちである。彼らはサヌアーのイマーム政権の弱体化に乗じて、各地で自立してスルタンと自称していた。オスマン朝勢力のさらなる南進により地位が危うくなった彼らの多くは、次善の策としてイギリスの庇護を求める途を選んだ。こうして一八七〇年代以降、アデンの後背地に当たるイエメン南部から東へハドラマウト、マハラと、ズファールとの境界に至るまでのアデン湾沿いの地方やその後背地に居を占めるスルタンや族長たちは、イギリスとの間に個別に協定を結んでその保護領となった（アデン保護領）。こうして十九世紀の最後の四半世紀以降、イエメンはトルことイギリスとによって分割支配されることになった。

世紀末に至り、イエメンから見てアラビア半島の対角に位置するクウェートでも、事態は急展開を見せた。一八九九年にオスマン朝のアブデュルハミト二世が、ドイツにイスタンブルからバグダード、バスラを経てクウェートに至るバグダード鉄道の敷設権を認めたのである。クウェートは名目的にはオスマン朝のバスラ州に属していたので、トルコ政府の支配が強化されることをサバーハ家は恐れた。一方イギリスにとっても、クウェートにまでドイツの影響力が及ぶのは何としても避けたかった。このような両者の危機意識と思惑の一致により、同じ一八九九年にクウェートはイギリスと協定を結び、その保護領となった。

こうしてイギリスは世紀の変わり目には、紅海の出入口に当たるバーブ・アルマンデブ海峡からペルシア湾頭のクウェートまで、アラビア半島の南岸と東岸に沿う諸地域のうち、ハサー地方を除く全域を支配下に収めたのである。そのうち直轄植民地はアデンのみで、ほかはいずれも保護領もしくは保護国という形での支配ではあったが。

他方、ヒジャーズからイエメンに至るアラビア西岸とその後背地、およびペルシア湾に臨むハサー地方はオスマン朝が支配した。またラシード家が支配する半島中央部のナジュド地方に対しても、名目的とは言え同家に対する宗主の立場から支配権を主張した。

この時点で、来るべき二十世紀にアラビアを襲うことになる激動を予見できた者は、誰一人としていなかったであろう。

第八章　独立と繁栄——近現代のアラビア

1　第三次サウード朝の成立

第三次サウード朝の成立とラシード家との戦い

一八九一年に父のアブドゥッラフマーンとともにクウェートに亡命したサウード家のアブドゥルアズィーズ（通称イブン・サウード）は、一九〇一年には二十歳過ぎの逞《たくま》しい若者に成長していた。身の丈が二メートル近くある大男で武人として優れていただけでなく、その後の経歴から見て政治家としてもきわめて有能であったことは疑いない。サバーハ家の庇護下での十年に及ぶ亡命生活におそらく倦《う》んだのであろう、この年、リヤードをラシード家の支配から奪回すべく、数十名の部下とともにナジュドに向けて出立した。そして翌一九〇二年の一月十五日の夜明け方、少数の手勢のみを率いてリヤードのマスマク城を急襲し、ラシード家の総督を

8－1　壮年期のアブドゥルアズィーズ

討ち取ってこの町の奪回に成功した。この事件はたちまちのうちに広く知れわたり、アブドゥルアズィーズの声望はおおいに高まった。指導者としてふさわしい人物と認められた結果、その年の暮れまでにはナジュド地方の中部から南部へかけての諸部族の多くが、彼の威令に服するに至った。

リヤード奪回の報を受けて亡命先より帰還したアブドゥッラフマーンは、王位を息子に譲り、自らはワッハーブ派のイマームの称号のみを保持することを宣言した。一般に、アブドゥルアズィーズがナジュドのアミールとして政権と兵権を掌握したこの年をもって、現在まで続く第三次サウード朝が成立した年とみなしている。アブドゥルアズィーズの在位期間は一九〇二～五三年の長きにわたっているが、支配地域の拡大と権力の強化に伴い、王としての称号は、アミール、スルタン、マリクと変遷した。

この当時、前章に記したようにクウェートの支配権奪回を企図するものの、イギリスの保護下に入ったこの地を自ら攻撃することを憚るトルコは、ハーイルのラシード家を煽ってクウェートのサバーハ家を攻めさせていたが、アブドゥルアズィーズはこの宿敵との戦いを繰り広げることになる。そのラシード家は、当主のアブドゥルアズィーズが一九〇六年にサウード家の同名の当主との戦いで戦死した後、その後継者の地位をめぐる同族内の内紛が続いて家運は傾いた。第二次サウード朝が衰えたのと同じ理由である。長子相続が一般的な農耕民と異なり、常時危険な状態に置かれている遊牧民は、最も有能で実力のある者が先代の跡を継ぐという慣習が強いため、同族内で血で血を洗う熾烈《しれつ》な後継者争いが起こることが多い。

ところで一九〇八年になると、ダマスクスとメディナを結ぶヒジャーズ鉄道が開通した。メッカへの巡礼者の便を考えて敷設された鉄道であったが、オスマン朝政府がアラビア半島内に兵員を送り込むのに役立ったのも事実である。この鉄道を通じて、サウード家と戦うハーイルのラシード家を支援する部隊が派遣された。

しかし一九一一〜一二年にかけて、事態はサウード家に有利な方向に転回した。リビアの支配をめぐるイタリアとの戦いが本格化したことにより、トルコ政府がアラビア半島内に配備していた兵員を、リビア戦線に振り向けるために引き揚げはじめたのである。これにより当然のことながらラシード家への支援は手薄になった。他方で、シリア砂漠で遊牧を行っていたルワーラ族が南下してラシード家領への侵入を始め、一九一〇年にはジョウフのオアシスを占領するに至った。彼らは自らをアナザ族の支族と考えていたため、アナザ部族連合の盟主をもって任ずるサウード家と同盟関係に入るのは自然の成り行きであった。

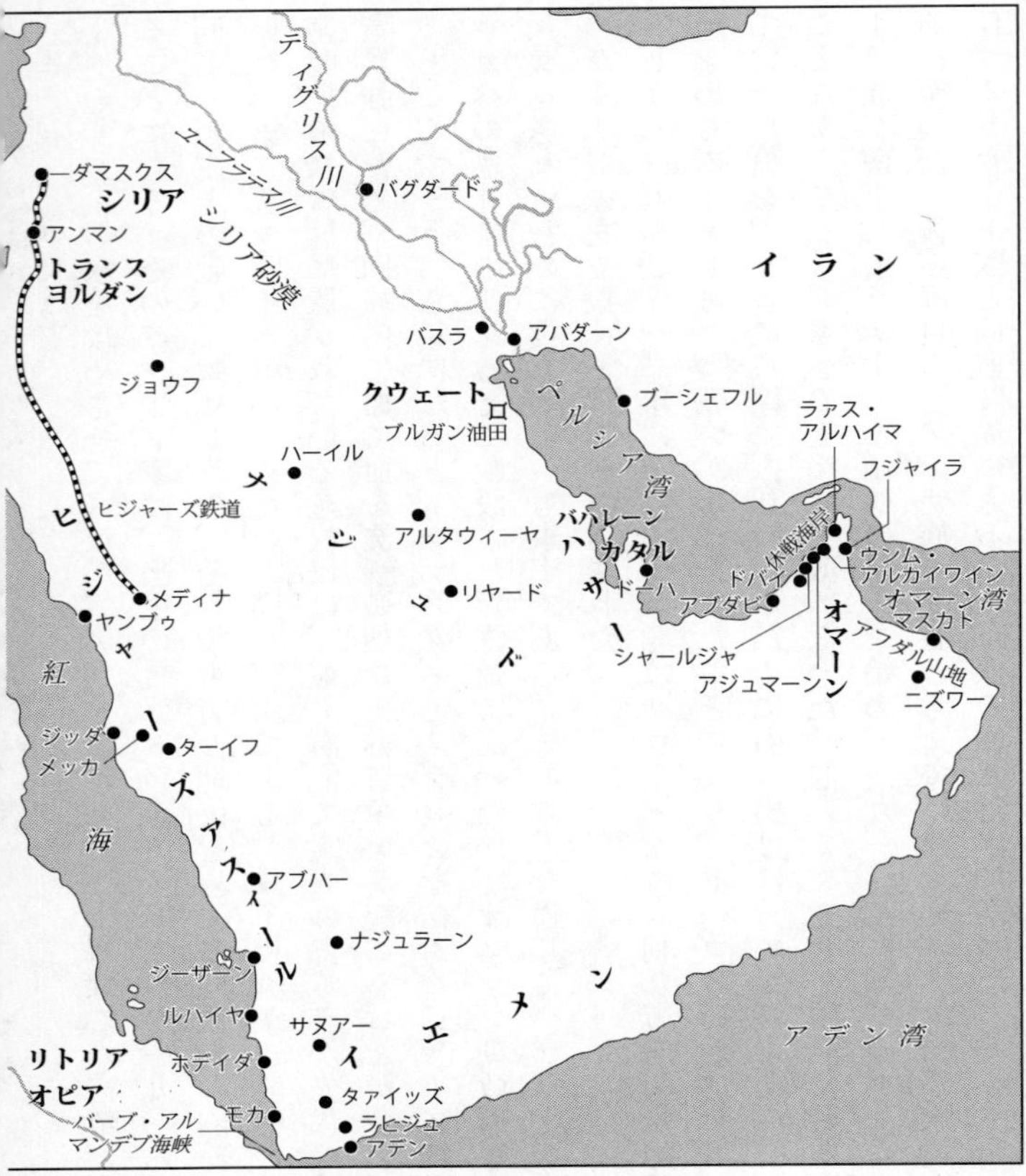

8－2　近現代のアラビア（筆者作製）

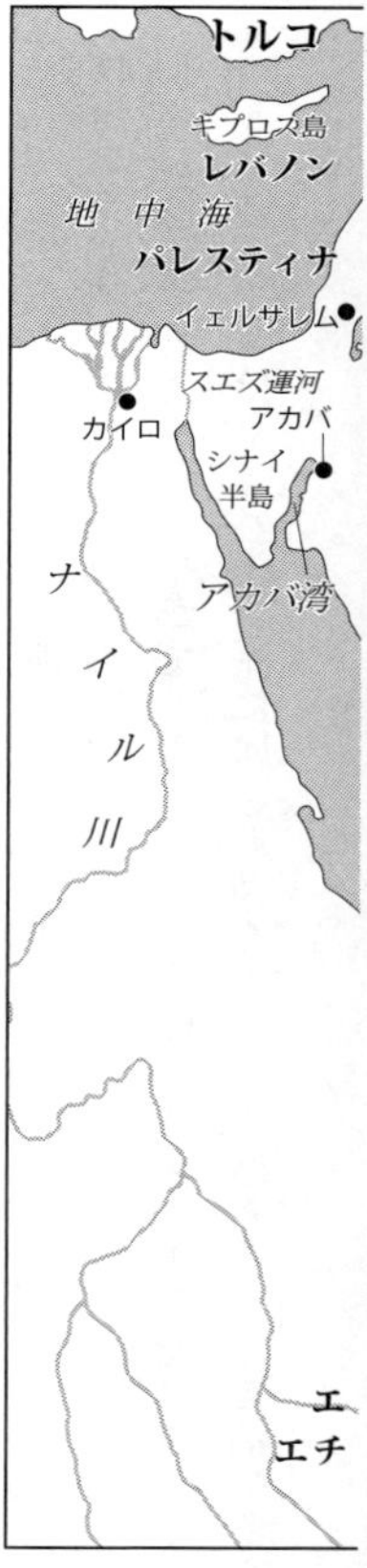

他方で同じくトルコ軍の防備が手薄になったハサー地方を、アブドゥルアズィーズはすかさず攻撃し、一九一三年に奪回するのに成功している。

イフワーン運動と征服活動

ナジュドの支配者となり王国の基礎固めを急ぐアブドゥルアズィーズにとり、領内の叛服常なきベドウィンをいかにして統御するかというのが大きな問題であった。砂漠で水草《すいそう》を追う暮らしをしている彼らを宗教の力で定住生活に移行させ、さらにはそこから信頼に足る精兵を募って周辺勢力との戦いの戦士にしようとしたのが、一九一二年から三〇年までアラビア半島の中央部で展開されたイフワーン運動の本質である。

最初はワッハーブ主義の教えを学習しようとした遊牧民五〇人ほどとその家族が、アルタウィーヤという水場に定住し、イフワーン（同胞）と自称する強固な共同体を形成して宗教的な屯田兵のような生活を始めたところ、やがてこれに倣うものが現れ、各地に多くのイフワーンが出現した。アブドゥルアズィーズはウラマーの支持を背景にこの運動を主導した。希望する

8－3　イフワーン戦士の出で立ち。衣の丈が短いのと、頭に黒い輪っか（イカル）ではなく白い綿布を巻くのが特徴（Facey, *Saudi Arabia*, p.94.）

遊牧民を適当な井戸のある場所に住まわせ、農業を始めるのに必要な道具や種子を支給し、宗教上の指導者をつけ、住宅、学校、礼拝所なども建ててやり、自衛に必要な武器も与えた。重要なのは、部族間闘争や隊商の襲撃・略奪などの慣習を棄てさせ、部族の紐帯に代えてイフワーンの組織をもってした点である。

この試みは順調に進展し、アルタウィーヤはやがて熱烈な宗教心を持つ一万の市民から成る町に発展した。ヒジュラと呼ばれる遊牧民の定住地は二〇〇ヵ所以上に増加し、イフワーンに加わった者の数は、アルタウィーヤに最初の移住が行われてから五年後には五万人に達したという。そしてそこから募られた戦士たちは、周辺勢力との戦いで期待どおりの働きを見せ、サウディアラビア王国の建国におおいに寄与した。

しかし後述するように、やがてサウード家の支配がヒジャーズやアスィールに及ぶと、アブドゥルアズィーズはワッハーブ派に属さぬ多くのスンナ派ムスリムを治める必要に迫られた。

また第一次大戦後はそれまで以上に欧米諸国と接触する機会が増え、電話や自動車などのいわゆる文明の機器が国内に流入してきた。政治家として現実主義者のアブドゥルアズィーズは、拡大した領土と多様な住民を安定的に支配し、国家の近代化を図るには宗教上の妥協が必要なことを十分に承知していたが、ワッハーブ主義者としてのイフワーンは強固な原理主義者であった。彼らにとっては戦いも武力によるワッハーブ主義の伝道にほかならず、サウード家の勢力拡大のためではなかったのである。

このように、アブドゥルアズィーズによる新国家建設の最終段階で両者の間に生じた深い溝は埋めがたく、サウード家の方針と対立して反乱の動きを見せたイフワーンは、一九二九年から三〇年にかけて武力鎮圧されてこの運動は終息した。生き残ったイフワーンは地方のオアシス周辺に散らばって自給的な生活に回帰したが、アブドゥルアズィーズを継いで二代目の国王となったサウード（在位一九五三～六四年）は、彼らの中から王家に忠誠を誓う者を集めて国家警備隊を組織し現在に至っている。

2　第一次大戦とアラブの反乱

大戦勃発とアラビア半島

一九一四年に第一次大戦が勃発すると、トルコは同盟関係にあったドイツ側に立って参戦しただけでなく、世界のムスリムたちに協商国（連合国）へのジハードを呼びかけた。これは国内あるいは植民地や保護国に少なからぬムスリム人口を抱える英・仏・露のそれぞれにとり、大きな脅威であった。

ところで実は、大戦勃発に先立ってイギリスの石油採掘業者がイランで油田を掘り当て、バスラの南のアバダーン島に製油所を開設したばかりであった。またイギリス海軍はすでに燃料を石炭から石油に切り換えていた。よってこれらの施設とペルシア湾の石油輸送ルートをトルコの攻撃から守るとともに、原油の埋蔵が確実視されていたイラクでドイツが採掘を始めるのを阻止することが、イギリスにとり焦眉《しょうび》の課題となった。そこでインドから部隊が急派され、バスラを占領するとともにイラクの征服戦を開始した。またクウェートは直ちにトルコからの独立を宣言し、正式にイギリスの保護国となった。同時にバハレーン、休戦海岸、それにオマーンに対するイギリスの支配が確認・強化された。こうして、それまで名目的にせよ残存していたアラビア東部へのオスマン朝の宗主権が、この時点で消滅した。

内陸部では親トルコのラシード家へのオスマン朝とドイツからの支援が強化された結果、これに対抗するサウード家はイギリスの援助に頼らざるをえない情況に置かれた。メソポタミア派遣軍の主任政務官パーシー・コックスとアブドゥルアズィーズの間で一九一五年末に結ばれた友好協定により、サウード家はイギリスの保護と経済的・軍事的援助を受ける代わりに、湾岸方面のイギリスの保護下にある首長国を攻撃しないことを約した。

オスマン朝が勢力を持つ紅海沿岸のアラビア西部は、ペルシア湾岸に劣らずイギリスが神経を尖らせた地域である。インドへの道の生命線であるスエズ運河をトルコとドイツの攻撃から守ることは、イギリスにとり至上命令であった。一方、シナイ半島の反対側に位置しトルコの支配下にあるアカバ湾は、ドイツ海軍の出撃拠点となるおそれがあった。さらにヒジャーズから南へバーブ・アルマンデブ海峡までの沿岸の港が、ドイツ海軍の、特にUボート（潜水艦）の基地となるのをイギリスは危惧した。ヒジャーズ鉄道によってトルコ兵やドイツ人部隊、それに軍需物資が南方の海港に輸送されていたのである。

ヒジャーズでは、メッカのシャリーフがジハードの呼びかけにどう応ずるかが問題であった。ちなみに当時は、長らくイスタンブルで半ば軟禁状態に置かれていたハーシム家（ハサン系）のフサイン・イブン・アリーが、一九〇八年にメッカのアミールに任ぜられていた。トルコはこのフサインを使ってアラビアの抑えにしようと企図したらしいが、彼自身はトルコ人のアラブ支配に対する強い反感を胸に秘めていた。当初はトルコ政府の指示に従うような素振りを見せていたが、やがてこれに反抗し牙《きば》をむくことになる。

ヒジャーズの南に位置するアスィール地方は、この当時イドリース朝のムハンマド・イブン・アリー（在位一九〇八～二二／三年）がイマームとして統治していた。彼はモロッコ出身でこの地に移り住んだイスラーム改革主義者アフマド・イブン・イドリースの曽孫に当たる。一九〇八年にトルコ人支配に対する反乱を成功に導き、イドリース朝を創始した。しかしオスマン朝はメッカのシャリーフの支援を受け、一九一一年には同朝の首都アブハーを占領した。それに対してムハンマドは、当初はリビアの支配をめぐりオスマン朝と対立するイタリア（アスィールの対岸のエリトリアを植民地としていた）の、そして大戦勃発後はイギリスの支援を受けて対トルコ戦を継続した。イギリスにとっては、ヒジャーズとイエメンに駐留するトルコ軍を分断し、後者を孤立させることができるこの地方の反トルコ勢力は貴重な存在であった。一九一五年に結ばれた協定により、ムハンマドのアスィールにおける地位は、少なくとも大戦中は保証された。

イエメンでは一八九〇年に新たにイマームに選出されたムハンマド・イブン・ヤフヤーが始めたオスマン朝支配に対する反乱が、息子のヤフヤー（在位一九〇四～四八年）の下で継続していた。イマームに選出されたヤフヤーはムタワッキル・ビッラーと称した。先述のようにリビア戦線に送るためアラビアから兵士を一部引き揚げざるをえなくなったトルコ政府は、イマーム政権との戦いを継続できず、一九一一年に休戦協定を結んだ。これによりザイド派の根拠地の北部山岳地帯からスンナ派住民が多数を占めるタァイッズあたりまでの地域の、主として宗教・司法上の自治が認められた。

しかしその一方でイエメン駐屯トルコ軍は、イギリスが支配するアデン保護領に侵入しラヒジュを占領する挙に出た。イギリスにとってはトルコとドイツの連合軍が南アラビアにまで進出してくるのが悪夢であった。それを妨げるには、アスィールだけではなくヒジャーズ、さらにできるならシリア方面のアラブまでが反トルコの独立運動を起こしてくれることが望ましかった。

アラブの反乱

一九〇八年にオスマン帝国で起こった青年トルコ人革命は、アラブ民族主義運動にも大きな転機をもたらした。というのも、オスマン帝国の近代化を中央集権化政策によって実現しようとする新政府が、国政のトルコ化を強力に推進しようとしたため、アラブ住民の間で反発が強まったのである。帝国の立憲体制の下での自治やアラビア語の公用語化を要求する団体が形成される一方で、シリアとイラクを中心にアラブの政治的独立を目指す秘密結社が結成された。第一次大戦の最中に起きたいわゆる「アラブの反乱」は、こうしたアラブ民族主義の高揚とイギリスの中東戦略が結びつくことによって生じたのである。

大戦が始まると間もなく、イギリスは中東での戦局を有利に運ぶために、カイロ駐在の高等弁務官マクマホンを通じて、メッカのアミール・フサインに協商国側に立ってオスマン朝支配に対する反乱を起こすよう働きかけた。一九一五年から翌年にかけてフサインとマクマホンの間で各五通の書簡が交わされ、これによってフサインは、参戦の見返りにパレスティナを含む東方アラブ世界（マシュリク）の全域を包含するアラブ帝国の建国が認められたと信じた。イギリスからは兵器と資金が提供された。

かくして一九一六年の六月、フサインはオスマン朝に反旗を翻し、アラブ世界の独立を宣言した。四人の息子の活躍や海上からのイギリス軍の支援もあって、この年のうちにはヒジャーズ地方の主な都市の大方は反乱軍の手中に落ちた。ただ強力なトルコ人部隊が駐留するヒジャーズ鉄道の終点メディナだけは、容易には陥落しなかった。フサインはアラブ地域全体の王と自称したが、建国当初に実効支配できたのはヒジャーズ地方にすぎなかったし、彼の予想に反してイギリスはアラブ地域全体を統一するアラブ国家の建設など望んでいなかった。よって実際にはトルコ支配下のヒジャーズが独立して王国と称したにすぎなかったので、彼の王国は一般にはヒジャーズ王国、彼自身はヒジャーズ王と呼ばれている。

ともあれこの反乱を煽動《せんどう》したイギリスのカイロ局は、その後のアラブ軍の行動とイギリス軍の戦略を調整するため、一人の考古学者上がりの情報将校をフサインの許に送り込んだ。「アラビアのロレンス」の通称で知られるT・E・ロレンス大尉である。一九一六年の末にはフサインの三男ファイサル司令部付きの連絡将校に任ぜられ、以後彼の部隊とともにトルコ軍相手のゲリラ戦を戦うことになる。彼らはトルコ軍との正面衝突は避け、ヒジャーズ鉄道への攻撃と破壊を繰り返す戦術を採った。こうしてトルコ軍をアラビアに釘付《くぎづ》けにすれば、エジプト駐在イギリス軍のスエズ運河防衛やパレスティナ進軍の助けになるというのが、イギリスの思惑であった。

狙いどおりトルコ軍を鉄道沿線に釘付けするのに成功したアラブ軍は、北上して一九一七年七月にはアカバのトルコ軍要塞を急襲してこれを占領した。この戦略上の要地を占領されたことによりヒジャーズのトルコ軍の抵抗はやみ、アラブ軍やイギリス軍がシリア方面に進軍するのが容易になった。やがてアレンビー将軍率いるエジプトからの遠征軍とファイサルのアラブ軍は相呼応してパレスティナとシリアに進撃し、一九一八年十月ついにダマスクスに入城した。

「アラブの反乱」は確かにアラブ人の反乱には違いないが、アラビア半島の住民がこぞって立ち上がったわけではなく、実態はメッカのフサイン一族を中心とするヒジャーズの民の蜂起で、反乱軍に加わったのは一部の砂漠の部族のみであった。広範な社会の支持を得た真の意味でのアラブの革命とはならなかった。その後の政治情況を見ると、反乱を煽動し資金と武器を提供したイギリスの作戦の一部であったという辛い評価もできる。

大戦後のアラビア情勢

一九一九年の七月にファイサルはアラブ民族主義者を糾合してダマスクスで全シリア会議を開催し、シリア王国の樹立を宣言、翌一九二〇年三月にはシリア王に推戴された。一方イラクの民族主義者たちはファイサルの兄のアブドゥッラーをイラク王に選出した。

しかし周知のごとく、大戦中のイギリスの約束は空手形にすぎなかった。すなわち、英仏露三国はフサインとマクマホンが書簡を取り交わしていたのと同じ時期に、大戦後のオスマン帝国領の分割を協議し、一九一六年五月に締結したサイクス・ピコ協定でシリアとイラクは英仏で分割支配し、パレスティナは国際管理地とすることを取り決めていた。ところが一方で戦争遂行へのユダヤ人の財政援助を期待するイギリス政府は、一九一七年十一月に外相バルフォアの発した宣言の中で、彼らに対してパレスティナにおけるナショナル・ホームの建設を約束していたのである。

一九二〇年にイタリアのサン・レモで開かれた会議は、このようなイギリスの三枚舌外交をいわば清算する場となったが、結局はサイクス・ピコ協定の線に沿った形で決着が図られた。すなわち歴史的シリアの北半分、つまり現在のレバノンとシリアはフランスの、歴史的シリアの南半分、つまりパレスティナ（現在のイスラエル）とトランスヨルダン（現在のヨルダン）、それに加えてイラクはイギリスの委任統治下に置かれることになった。この結果を受けて同年七月にはフランス軍がダマスクスに進攻し、ファイサルのシリア王国はわずか四ヵ月で瓦解してしまった。かくしてアラブ国家建設というアラブ民族主義者たちの夢は、大国の利害の前に脆《もろ》くも砕け散ったのである。

とはいえイギリスは委任統治領となったイラク（イギリス委任統治領メソポタミア）に一九二一年ファイサルを受け入れてイラク国王とした。またイラク国王となるはずだった兄のアブドゥッラーは、一九二三年にイギリス委任統治領パレスティナの東部を割譲して造られたトランスヨルダン王国の王に収まった。つまりマクマホン書簡による約束は果たせなかったものの、自身の委任統治領内に二つの王国を造ることにより、ハーシム家の顔は立てたということとなのであろう。

ではこの時期、アラビア半島内部の情勢はどうなっていたのか。まず、第一次大戦にドイツ側に立って参戦したトルコが手痛い敗北を喫したことにより、後ろ楯を完全に失ったラシード家は衰運の一途を辿り、一九二一年ついにサウード家の軍門に降った。これによりサウード家はナジュド地方の北部も支配下に収めることができた。なおこのハーイル討伐の直前にアブドゥルアズィーズは各部族の長老や宗教界の要人を集めた会議を開き、そこで従来の「アミール」という称号に代えて「ナジュドとその属領のスルタン」と号することを決めている。

一方ヒジャーズのフサインはというと、一九二〇年のセーブル条約によってヒジャーズ王国の独立は容認されたものの、アラブ帝国を建設してその王となる夢は泡と消えた。またオスマン朝の脅威が消滅してハーシム家の存在意義が低下した結果、イギリスからの財政援助が途絶えてしまったのは大きな痛手であった。というのも、これまで再々記したように、アラブの首長の権威は配下にいかに多くの富を分配できるかという能力にかかっていた。フサインが砂漠の部族に支持され、部族員を戦士として動員できたのも、イギリスから提供された軍資金によ

8－4　ヒジャーズ王フサイン

るところ大であった。それが途絶えたとなると、もはや一族の者を除けば、彼のために命をかける者などいなかったのである。

北イエメンは、オスマン朝敗北の恩恵を受けた地域の一つである。一九一八年、トルコ軍撤退後のサヌアーに入城したイマーム・ヤフヤーはムタワッキル王国を建国し、その国王となった。王国名は彼がイマーム就任に際して名乗った称号に由来する。一方で、南イエメンを支配下に置くイギリスとムタワッキル王国の間には、この後緊張した関係が続いた。オスマン朝の駐屯軍は撤収したものの、トルコ政府の役人の一部がなおしばらく顧問としてイエメンに留まりイマーム・ヤフヤーを補佐したのは、イギリスの脅威に対抗するためであった。また外国勢力による干渉を可能な限り排除するため、厳重な鎖国政策が採られた。

3　サウディアラビアの覇権確立

サウード家によるヒジャーズ征服

一九二四年三月、ケマル・パシャ（アタテュルク）率いるトルコ共和国政府により、カリフであったアブデュルメジト二世が廃位され、カリフ制そのものも廃止されると、その数日後にヒジャーズ王フサインは自らがカリフ位に即くことを宣言した。しかし彼を推戴したのは、わずかにヒジャーズ、パレスティナ、シリア、イラクなどの一部のムスリムのみで、イスラーム世界の大部分の信徒はこれに反対した。しかも彼がカリフの権限を楯に取って商人に重税を課したため、ヒジャーズの在地勢力からも見放されてしまった。

特に憤激したのはナジュドのワッハーブ教徒であった。それまでイギリスの調停によってかろうじて正面衝突を免れていたフサインとアブドゥルアズィーズであったが、事ここに至ってはイギリスにも事態を収めることは不可能であった。侵攻の大義名分を得たイフワーン戦士たちは、ハーシム家の王国があるヒジャーズとトランスヨルダンに殺到した。イギリス軍の支援を受けたトランスヨルダン王アブドゥッラーはなんとかこれを押し返すことができたが、ヒジャーズにはその力はなかった。九月早々、イフワーン軍はターイフに侵入し住民を虐殺した。この町を守っていたフサインの長子アリーは部下とともにいったんメッカに撤退したものの、そこではイフワーン軍の攻撃に耐えきれぬと見てジッダまで退いた。

フサインはなおもメッカ死守を主張し周辺部族に援助を求めた。しかしそれに応ずる者はなく、全くの孤立無援となった。そしてイフワーン軍の来襲を恐れる周囲から強く迫られ、ついに退位することを決意、メッカを脱出してジッダに逃れ、そこから海路アカバに避難した。しかしイフワーン軍が襲来するのを嫌ったイギリスにより、さらにキプロス島に亡命するのを余儀なくされる。そこで不遇な晩年をおくった後、一九三〇年に病で倒れると、ようやくアブドゥッラー治下のアンマンに移ることを許され、同地で翌一九三一年に没した。

一方、父の跡を継いでヒジャーズ王となったアリーは、イギリスの武力干渉を求めたが果たせず、メッカを放棄してジッダに立て籠もった。こうして主のいなくなったメッカに、一九二四年十二月初め、アブドゥルアズィーズが入城した。一八一三年にムハンマド・アリー率いるエジプト軍によってこの地を追われたサウード家とワッハーブ教徒が、一世紀あまりを経て再び聖都の主人となったのである。

翌一九二五年にはワッハーブ教徒軍によるジッダとメディナの攻撃が開始された。その結果、メディナは同年十二月五日に降伏、ジッダを守るアリーもイギリスに調停を依頼して、同月十八日に弟のファイサルが治めるイラクに去った。こうしてハーシム家のヒジャーズ王国は、わずか九年で滅び去り、それに替わって翌一九二六年一月にはアブドゥルアズィーズが「ヒジャーズ王」に即位する旨の宣言を行った。この後しばらくアブドゥルアズィーズが「ヒジャーズのマリクにしてナジュドとその属領のスルタン」と名乗ったように、当初彼が君臨したのは、リヤードを首都とするナジュドと、メッカを首都とするヒジャーズの二重国家であった。この両王国が統合されてサウディアラビアと国名が改められ、彼がその王となったのは一九三二年の九月からである。

アスィール征服

第一次大戦後イドリース家のムハンマドは、トルコ軍によって占領されていたアブハーを中心とするアスィール高地部の返還を望んだが果たせず、この地域はサウード家に帰属することに決した。とはいえ紅海沿岸のホデイダに至るまでの低地部は、ムハンマドの支配下にあった。大戦後イギリスが管理下に置いたホデイダの返還を、半ば廃港と化したモカ以外に紅海への出入口を持たぬイエメンのヤフヤー政権は強く求めたが、彼の露骨な反英行動を嫌ったイギリスが、あろうことかこの地をアスィールのムハンマドに与えてしまっていたのである。

しかし間もなく事態は一転する。一九二〇年代前半に権力を握ったイタリアのムッソリーニ

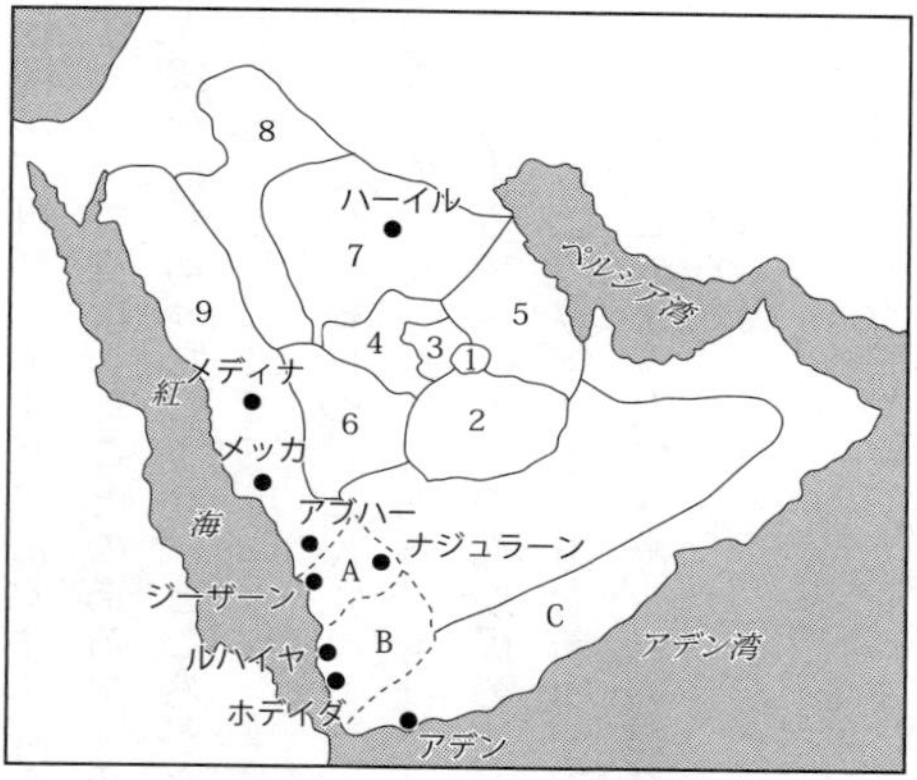

＊凡例
1　リヤード（1902年）
2　アフラージ（1906年）
3　リヤード北部地域（1908年）
4　カスィーム（1910～12年）
5　ハサー（1913年）
6　オタイバ（1919～20年）
7　ジャバル・シャンマル（1921年）
8　ルワーラ（1922年）
9　ヒジャーズおよび北部アスィール（1924～25年）
A　ターイフ条約（1934年）によってサウディアラビアの実効支配が認められた南部アスィールとナジュラーン
B　イエメン（ムタワッキル王国）
C　イギリスの保護領

8－5　サウード朝の版図の拡大（1902～1934年）（筆者作製）

政権が、再びエチオピアに対する野心を露わにする一方で、反英感情の強いイエメンのみならず、かつて支援したことのあるアスィールに接近するのを見たイギリスは、イドリース朝への支援を打ち切ってしまう。ところがまさにこの時期、イドリース朝は非常に困難な情況に陥っていた。一九二二／三年にムハンマドが死去した後、その後継者の地位をめぐって息子と弟が争い、その内紛につけこんだサウード家のアブドゥルアズィーズにより、一九二五年に保護領化されてしまったのである。もはやイギリスの介入は期待できなかった。さらにサウード家支配に対するアスィールの部族民の反乱が一九三二年に起こると、これを鎮圧したアブドゥルアズィーズは、翌年この地方を新生サウディアラビア王国に併合した。

一方、このようなアスィールの混乱に乗じて、イエメンは一九二五年にホデイダと周辺の海岸地帯を取り戻している。

イエメンとの争い

北イエメンのヤフヤー政権は、北方勢力との間で領土問題を抱えていた。サウード家の占領下にあるナジュラーンと、イドリース家の支配下に置かれた紅海岸の良港ジーザーンの領有権を彼は主張したのである。古代からの歴史を顧みれば、ともにイエメンとのつながりが非常に強い場所であるのは間違いない。一九三二年にアブドゥルアズィーズが統一サウディアラビア王国の誕生を宣言すると、これに反発するイエメン軍が同年冬にナジュラーン地方に侵入したが、翌年春にサウディアラビア軍によって撃退されるという事件が起きた。他方で、同じ一九三三年にアスィールがサウディアラビアに併合されると、その前年の部族反乱を煽動したイドリース家の人々が、イマーム・ヤフヤーの支援を求めてイエメンに亡命してきた。

このような情況のなかで、一九三四年四月、ついにサウディアラビア軍はイエメン領内に攻め入った。アスィールから海岸沿いに南下した部隊の進軍が特に順調で、たちまちのうちにルハイヤ、ホデイダ等の要地を次々に占領し、イギリスのアデン保護領との国境近くに迫った。しかしこのとき、英・仏・伊などの軍艦がホデイダ沖に姿を現して圧力をかけたのが功を奏して休戦が成立し、五月に他のアラブ諸国の代表者からなる調停委員団の立ち会いのもとで、ターイフ条約が結ばれた。これによりサウディアラビア軍はルハイヤやホデイダから撤退する一方で、イエメンはナジュラーンとジーザーンに対する領有権の主張を取り下げ、さらに一〇万ポンドの賠償金を支払った。要するにサウディアラビアの南西方向への領土拡張は国際的な認知を受けたが、イエメンは何も得ることができなかったのである。

4　第二次大戦後の各国情勢

サウディアラビア

第二次大戦前より始まっていた国内油田の発見と開発が大戦後に本格化したことにより、原油産出量はうなぎ登りに増加し、国王のアブドゥルアズィーズの懐には使い途《みち》に困るほどの金が流入した。それにより戦前から戦中にかけて彼を悩ませていた経済問題は一挙に解決、ありる富を国内の有力部族の族長に然るべく分かち与えることにより、彼らのサウード家に対する支持をつなぎ止めることに成功している。また国の富裕化と石油を武器とした国際戦略により、国際社会での影響力も増大した。戦時中より石油利権の付与や軍事面での協力を通じて、それまでのイギリスに替えて深まったアメリカとの関係は、戦後いっそう緊密化して現在に至っている。

一九五三年にアブドゥルアズィーズが死去した跡を継いで、彼の息子たち（いわゆる第二世代）が次々に王位に即き、現在のサルマーン王で六人目（王としては七代目）になる。これまでにも王位をめぐる一族内の争いがなかったわけではないが、第三世代への王位継承となるサルマーン王の次の王位をめぐって騒動が起こり、この国の体制が危機に瀕するのではないかと憂慮されている。というのも、サルマーンがかなり強引に皇太子にした息子のムハンマドが一九八五年生まれとまだ若いうえに、病身の父の代理として行う政策が独断専行的であると王族内の不満が高まっているからである。一族内の王位継承をめぐる争いが王朝衰退や滅亡の原因となるのは、これまでにも見てきたようにアラビアでは珍しくない。

構造的でより深刻な問題は、第二次大戦後油田が発見されたおかげで豊かになった他のアラブ諸国にも言えることであるが、あまりにも突然に富豪に成り上がったため、見かけ上華やかな経済的繁栄と、いまだ中世的な政治や社会との間の大きな乖離《かいり》・矛盾が容易には解消される見込みのないことである。

アラブ首長国連邦

アジア各地に軍隊を駐留させる経費に耐えきれなくなったイギリスのウィルソン労働党内閣は、一九六八年に一九七一年までにスエズ以東から撤兵することを宣言した。これは十九世紀以来イギリスの保護下に置かれてきたペルシア湾岸の首長国にとって大きな衝撃であった。というのも、ほとんどが独立しての存続が困難な小規模首長国であったからである。

そこで当時アブダビの首長であったザーイド・イブン・スルターンを中心に、首長国連邦結成の機運が高まった。当初はカタルやバハレーンも入れた九首長国から成る連邦の結成を目指していたが、すでに石油収入によって経済的な自立の見込みのあったこの両国は単独独立の途を選んだ。一方、最有力首長国のアブダビとドバイが合意に達したのを見て他の首長国も連邦結成に同意し、一九七一年にアブダビ、ドバイ、シャールジャ、アジュマーン、ウンム・アルカイワイン、フジャイラの六首長国が連合してアラブ首長国連邦が成立、翌年にはラァス・アルハイマも加入して現在の七首長国体制が確立した。

国家元首である大統領と首相を兼任する副大統領は連邦最高評議会によって選出される決まりであるが、実際には大統領にはヌハイヤーン家のアブダビ首長、副大統領にはマクトゥーム家のドバイ首長が就くのが慣例となっている。それというのも、連邦内でこの両国の経済力が抜きん出ていることによる。連邦予算は八割がアブダビ、一割がドバイ、残りの一割が連邦政府の税収によって賄われており、他の五首長国の負担額はゼロである。つまり、事実上アブダビがこれらの首長国を支援しているのである。

首長国の中で最も早く近代化に動き出したのはドバイであった。一九五九年にクウェートからの借款をもとにしてドバイ・クリークの浚渫《しゅんせつ》工事を実施し、中継交易港としての基礎を固めた。その後、一九六六年にドバイ沖に海底油田が発見されたことにより、さらに経済発展のはずみがついた。とはいえ政府は経済の原油依存度をできるだけ抑えて、産業の多角化による経済発展を目指している。その結果、現在のドバイは中東における貿易・商業・金融の中心として、中東随一の繁栄を誇っていると言っても過言ではない。

これに対してアブダビでは一九五八年に油田が発見されたものの、当時の首長は石油収入の運用による経済開発に消極的であった。そこでこれに不満を抱いた弟のザーイドが宮廷クーデターにより政権を奪取し、以後急速に開発を進めた。連邦の領土と石油資源の大半を所有する首長国で、首都の所在地でもあり、ドバイが連邦の経済の中心であるのに対し、アブダビは政治の中心となっている。

アラブ首長国連邦は国民から徴収する税によらず、天然資源である石油からの収入で国家財政が成り立つ、いわゆるレンティア国家である。石油開発や急激な経済発展に必要な労働力の大半は、南アジア諸国からの出稼ぎ労働者によって賄われている。

バハレーン

一九二〇年代にアラブ諸国では最初に石油が発見され、一九三一年より本格的な採掘が始まった。石油収入により経済的自立が十分可能なため、前述のようにアラブ首長国連邦には加わらず、一九七一年に単独で独立する途を選んだ。

首長のハリーファ家はウトゥーブの一派であるが、サウード家と同じアナザ族に属すと認識しているのと、対外的な防衛と国内の治安維持を自力では処理できないという事情から、隣国のサウディアラビアへの依存度がきわめて強く、半ば保護国的な立場にある。というのも、歴史的にイランの影響力が強く国内ではシーア派住民の割合が多いため、外来部族でスンナ派の支配者層は、常にイランへの警戒心を抱き続けているのである。

一九九〇年代にシーア派住民を中心に起こった民主化要求の反政府運動を受けて、二〇〇二年に絶対君主制から立憲君主制に移行し、君主の称号もアミールからマリクに変わった。したがって現在の国名はバハレーン王国である。アラビアでは比較的民主化が進んでいるが、それでも二〇一一年に「アラブの春」の一環として再びシーア派住民を中心とする反政府デモが起こり、大規模な騒乱にまで発展した。このときはバハレーン当局だけでは対処できず、サウディアラビア軍やアラブ首長国連邦が派遣した警察の力を借りてようやく鎮圧することができた。

アラブ諸国で最初に採掘が始まった石油の枯渇が現実のものとなりはじめているため、金融・貿易・観光などの振興に努めている。

カタル

一九四〇年に油田が、さらにその後世界有数の天然ガス田が発見されたことにより、豊かなレンティア国家の仲間入りをした。その結果、バハレーンと同じくアラブ首長国連邦には加入せず、一九七一年に単独で独立した。前章に記したように、首長位は一八六八年にイギリスがカタルとバハレーンの争いに介入した際に指名して以来、サーニー家が独占している。一九七二年に当時の首長の外遊中に従弟のハリーファが無血クーデターで政権を奪取したが、一九九五年に今度はそのハリーファの外遊中に息子のハマドが無血クーデターを起こして首長の座に即いた。現在の首長タミームはハマドの四男で、二〇一三年に父から譲位された。

ハマドは天然資源のみに依存する経済体制を改めるべく、観光産業の育成などにも力を入れた結果、首都のドーハは他のアラブ諸国の首都並みの賑わいを見せるに至った。また政治の民主化や言論の自由化などを進め、私財を投じて衛星テレビ局アルジャズィーラを設立した。しかし「アラブの春」に際して、石油と天然ガスからの豊かな収入を梃子に中東各国の政情に介入したため、他のアラブ諸国との間に摩擦が生じた。その結果、二〇一四年にはサウディアラビア、バハレーン、アラブ首長国連邦が内政干渉を理由に駐カタル大使を召還、さらに二〇一七年にはこの三国に加えてエジプト、イエメン、モルディブ、モーリタニアなどのイスラーム諸国が、ムスリム同胞団への支援やイランとの過度の接触を非難してカタルとの国交を断絶した。

クウェート

一九三八年に現在世界第二位の油田であるブルガン油田が発見され、一九四六年より採掘が始まった結果、労せずして富裕国の一員となった。イギリスの保護領であった状態から一九六一年に独立。首長には十八世紀以来、ウトゥーブのサバーハ家の家長が即いている。

オスマン朝時代にはバスラ州の一部であった経緯があり、イラクはクウェートに対する領有権を主張し続けていたが、一九九〇年八月に至り、当時の大統領サッダーム・フセインは軍隊をクウェートに侵攻させて制圧、イラクに併合した。これに対して翌一九九一年一月にアメリカを中心とする多国籍軍が派遣され、イラクとの間でいわゆる湾岸戦争が勃発した。戦いは一月あまりの短期で決着がつき、同年二月末にクウェートはイラクによる占領から解放された。

クウェートは経済開発に必要な労働力として、当初、言葉の通じるアラブ人、なかでもパレスティナ人を多く受け入れた。その結果、アラビア語を通じて急進的な思想が流入し、同じアラブのムスリムでありながら、クウェート人と非クウェート人の間に大きな格差があることにより軋轢が生じるというような問題が起こった。また、サウディアラビア、イラク、イランといった大国の狭間で、外交的にむずかしい舵取《かじと》りを迫られている。

オマーン

ブーサイード朝スルタンとニズワーを中心に内陸に勢力を有するイバード派イマームとの間で一九二〇年にスィーブ条約が結ばれ、両者の対立は一時的に緩和されていたが、イマームの勢力圏で油田が発見されたことにより紛争が再燃した。すなわち、スルタンのサイード・イブン・タイムールが油田を獲得するためイマーム領を侵犯したのに対し、サウディアラビアの支援を受けたイマームのガーリブ・イブン・アリーが一九五四年に反乱を起こしたのである。イマーム軍が拠ったアフダル山地にちなみジェベル・アフダル戦争と呼ばれるこの戦いは、一九五九年にイギリス軍の支援でスルタン軍が勝利し、イマームがサウディアラビアに亡命するまで続いた。

一九六〇年代に石油輸出が始まり収入が増加したにもかかわらず、保守的なサイードが内政改革に全く意欲を見せぬのに業を煮やした息子のカーブースが、一九七〇年に宮廷内クーデターを起こして自身がスルタンに即位し、国名もマスカト・オマーン・スルタン国からオマーン・スルタン国に変えた。以後、石油収入をもとにスルタン主導で近代化政策が強力に推し進められている。

一九七一年の独立後は旧宗主国のイギリスをはじめ西側諸国との同盟関係を外交の基調とし

ており、特にアメリカとは防衛協定を締結し、国内に空軍基地の設置を認めている。その一方で、他のアラブ諸国と異なりイランとも良好な関係を維持している。

父の時代に始まった共産主義組織によるズファールの反乱（一九六二〜七六年）は、穏健派への恩赦による組織の切り崩しや、イランやイギリスからの財政的・軍事的支援によって鎮圧した。また「アラブの春」の影響を受けた二〇一一年の反政府デモに対しては、閣僚の罷免や政府機構の改革を行うとともに、国民の生活改善につながる諸政策を打ち出したことにより、沈静化に成功した。

このようにスルタン・カーブースがアラビアの首長の中でもバランス感覚に優れた開明君主であることは、国民の多くが認めているところである。危惧されるのは男子に恵まれず後継者が未定なことで、サウディアラビアと同じく、首長位の継承がスムーズに行われるかどうかに国の将来がかかっている。

8－6　クーデター直後に石油開発会社を訪問するスルタン・カーブース（Peyton, *Old Oman*, p.39.）

イエメン

北イエメンを第二次大戦前より支配するムタワッキ

ル王国は、一九六二年に陸軍が起こしたクーデターで崩壊、サヌアーを首都とするイエメン・アラブ共和国が成立した。しかし王制派がサウディアラビアに亡命政府を樹立したため、共和国政府との間で一九七〇年まで内戦が続いた。

一方イギリスの保護領となっていた南イエメンは、一九六七年にアデンを首都とするイエメン人民共和国(後にイエメン人民民主共和国と改称)として独立した。イエメン社会党の一党独裁によるアラブ世界初の社会主義国として、ソ連の中東やインド洋進出の足場となった。しかし経済危機に陥ったソ連からの援助が激減したことで経済的に行き詰まった結果、イエメン・アラブ共和国と合併する途を選び、一九九〇年に南北イエメンを統合したイエメン共和国が成立した。

しかし北部優位の体制に対する南部の不満はくすぶり続け、一九九四年には旧南部勢力が再独立を求めて内戦が勃発した(約二ヵ月で鎮圧)。また社会主義政権時代からの反米勢力も命脈を保ち、二〇〇〇年にはアデン湾でアルカーイダによる米艦襲撃事件が起こっている。アルカーイダの指導者ウサーマ・ビン・ラーディンの父がハドラマウト出身なのは、よく知られた事実である。

二〇一一年にチュニジアのジャスミン革命やエジプトの民衆革命の影響を受けてイエメンでも市民による反政府デモが発生した。その結果、長年権力を握ってきたサーレハ大統領が退陣し、副大統領のハーディーに権力を委譲。ハーディーは翌年の選挙を経て大統領に就任した。

この一連のイエメン騒乱は「アラブの春」の一つに数えられている。

　とかくするうちに、今世紀の初めよりイエメン軍と断続的に戦いを繰り返していたザイド派の武装組織フーシ派が、イエメン騒乱に乗じて勢力を伸ばし、二〇一四年に首都のサヌアーに侵攻した。そして翌二〇一五年にハーディー大統領が辞意を表明したことを受け、政府の実権を掌握して事実上のクーデターを成し遂げた。さらにその後南へ勢力を拡大し、一時はアデンにまで迫った。フーシ派の勢力拡大には前大統領のサーレハとイランの支援があると言われる。

　それに対して辞意を撤回したハーディーは、サウディアラビアとアラブ首長国連邦の軍事支援を受けて反撃に転じた。特にサウディアラビア軍の空爆が効果を上げているようで、アデンを含む南部やハドラマウトをはじめとする東部でかなりの失地回復を果たしている。この内戦はザイド派のフーシ派をイランが支援し、シャーフィイー派の大統領派をサウディアラビアやアラブ首長国連邦が支援するということで、シーア派対スンナ派の構図となっている一方で、サーレハが北部出身なのに対してハーディーは南部出身というように南北対立の要素もあって、イエメンの長い歴史に根差した争いと見ることもできる。

　しかし二〇一七年末にはこのサーレハがフーシ派に殺害されたことにより、事態はいっそう泥沼化して解決の見通しは全く立っていない。まさにこれまで幾度も起こったことが、再び繰り返されているのである。

おわりに

アラビアの約三千年にわたる歴史を通観してきたが、大きな節目となるイスラームの勃興は、その半ばをやや過ぎたころに起こっている。わが国ではそれ以前のアラビア史について概説した書がないという情況に鑑《かんが》み、その時代について詳しく記述した。イスラーム時代については時代別・地域別の記述はそれぞれの専門家によって行われているが、アラビア全体を俯瞰《ふかん》した著作は、特に近年は見受けられないように思う。アラブ・イスラーム史の専門家はいても、アラビア史プロパーの研究者はいないと言ってよいのではないか。

かく言う私は先イスラーム期のアラビア、それも南アラビアの歴史が専門である。なかでもヒムヤルが登場して以降の時代を中心に研究を行ってきたので、その時代については史料もきちんと読んでいて自信があるが、それ以前の時代となると、主に他の研究者の見解を比較対照し、最も妥当と思われる説に従って記述を行った。イスラーム時代については、イスラーム勃興の要因に関しては自らの研究も踏まえて独自の仮説を提示できたが、それ以外の問題についてはおおむね先行研究に依拠したので、記述は通説の範囲を出ていない。

先イスラーム期の記述が南アラビア中心になったのは、ひとえに史料の偏在のゆえである。同時代にアラビアの他の地域でも、当然それぞれの歴史が展開・進行しているのであるが、その実態を我々に教えてくれる確かな史料が乏しい。したがってそれらの地域で記述するに足る事柄がある場合でも、何故それが起こったのかを示唆する史料が欠けているために、事実のみを記して因果関係の説明はないか、あっても憶測の域を出ていない場合が多くなった。

また広大な砂漠によって隔てられて散在する諸地域で継起した事件を、相互に関連づけて整合的に理解するのはむずかしい。アラビアは三方を海で囲まれているため、一見すると地理的には一つの世界を成しているように見えるが、歴史的には必ずしもそうとは言えない。むしろ湾岸地方はペルシア湾対岸のイランと、イエメンは紅海対岸の現在のエリトリアやエチオピア北部と、歴史的に深い関係を有してきたと見ることもできるのである。

中東史に限らず世界史的に見ても、イスラームの勃興が歴史の大きな画期となったことは間違いない。アラビア史にとってもそれは自明の理であることに疑いを差し挟む者はほとんどいないであろう。ただもう少し仔細《しさい》に見ていくと、アラビア史の場合には地域や分野によってイスラーム化の影響に濃淡のあることに気付かされる。

宗教や文化の面においてイスラームの勃興が大きな革命であったことは論を俟《ま》たない。それ以前からユダヤ教とキリスト教の普及で、アラビアの住民の一神教化が進んでいたことは確かであるが、それでも「アラブのための一神教」としてのイスラームの誕生は画期的であった。政治の舞台でもこれ以降の改革運動や反体制活動は、内実はともかくいずれもイスラームの衣を纏って行われている。

一方で、アラビアの社会や経済がイスラーム化によってどの程度の変化を被ったかは、そう簡単には判断を下せない。家畜の遊牧を生活基盤とするベドウィンの暮らしがイスラーム化によってどう変わったかというと、ほとんど変化はなかったと言えるのではないか。交易活動の盛衰についても、半島周辺の政治情況や交易ルートの変動に左右されることに、イスラーム化の前と後で変わりはなかった。農業もイスラーム暦ではなく、季節の推移に応じた伝統的な農事暦に従って行われている。

またこれもすでに記したように、イスラーム誕生の舞台となり一時は新時代到来かと思われたアラビア半島は、大征服の進展により有用人口の多くが北へ流出してしまったため空洞化し、再び過疎の田舎に逆戻りしてしまった。メッカとメディナが位置するヒジャーズ地方だけはイスラーム化の恩恵を被り、巡礼者の増加やイスラーム政権の保護によってそれなりに潤ったものの、それ以外の地の経済や社会はイスラーム化後もそれ以前とほとんど変わらぬ情況が続いた。つまりアラビア半島に限って言えば、イスラームの勃興と普及によっても住民の暮らしや社会のあり方にそれほど本質的な変化は起こらなかったのではないかというのが、本書の原稿を書きながら強く受けた印象である。

そういった面では、第二次大戦後アラビア半島東部の各地で油田が発見されたことによって起こった変化のほうが、はるかに大きいのではなかろうか。それまで海外との交易を別にすれば、遊牧やナツメヤシ栽培を主とする農業、漁業、それに盗賊業などで細々と生計を立てていたのが、突如一夜のうちに労せずして富豪となり、砂漠に超モダンな都市が出現したのである。まさにアッラーのお恵みとしか言いようがなく、歴史的に前後の脈絡なく出来したこのような事態を前にすると、歴史を研究する者としては無力感に襲われざるをえない。

現在、石油産出量のきわめてわずかなイエメンを除くアラビアの国々は、歴史上かつてない繁栄を謳歌しているように見える。しかしいわゆるレンティア国家のこのような繁栄が、この先百年も二百年も続くとは思えない。化石燃料はいずれは枯渇するか、採掘が採算割れして停止されるであろう。石油収入の減収により富の分配が滞れば、首長はたちどころに配下の族長たちの支持を失い、部族連合的な国家は解体に瀕することになるであろう。これまで見てきたように、それがアラビア史の常である。また現在は石油収入を湯水のように注ぎ込むことによって維持されている都市や農業のインフラは、たちまち麻痺《まひ》してしまうであろう。

来世紀のアラビア半島は、イエメンやオマーンの高地帯を除けば、月世界のような砂漠に都市の廃墟が広がるという、近未来映画で見るような光景を呈しているかもしれない。ともあれ、後から振り返ってみれば、これも長いアラビアの歴史の一つのエピソードにすぎないことは、まちがいのないところである。

Serjeant, R. B., *The Portuguese off the South Arabian Coast*, Beirut, 1974.

Wenner, Manfred W., *Modern Yemen: 1918–1966*, Baltimore, 1967.

Wilkinson, John C., *The Imamate tradition of Oman*, Cambridge, 1987.

医王秀行『預言者ムハンマドとアラブ社会』福村出版、2012年。

イブン・イスハーク著、イブン・ヒシャーム編註『預言者ムハンマド伝』全4巻、後藤明・医王秀行・高田康一・高野太輔訳、岩波書店、2010–2012年。

大塚和夫他（編）『岩波イスラーム辞典』岩波書店、2002年。

岡倉徹志『サウジアラビア現代史』文藝春秋、2000年。

栗山保之『海と共にある歴史――イエメン海上交流史の研究』中央大学出版部、2012年。

高野太輔『アラブ系譜体系の誕生と発展』山川出版社、2008年。

後藤晃『ムハンマドとアラブ』東京新聞出版局、1980年。

後藤明『メッカ――イスラームの都市社会』中央公論社、1991年。

後藤明『イスラーム歴史物語』講談社、2001年。

後藤健『メソポタミアとインダスのあいだ――知られざる海洋の古代文明』筑摩書房、2015年。

佐藤次高（編）『西アジア史Ｉ』（新版世界各国史８）山川出版社、2002年。

蔀勇造「アドゥーリス紀功碑文の新解釈」『東西海上交流史研究』第３号（1994年）73–114頁。

蔀勇造「ヒムヤル王国トゥッバァ朝の実体に関する一仮説――後世から見た３～６世紀の南アラビア・エチオピア関係」『東洋學報』第86巻第４号（2005年3月）01–029頁。

蔀勇造訳註『エリュトラー海案内記』全２巻、平凡社、2016年。

徳永里砂『イスラーム成立前の諸宗教』国書刊行会、2012年。

ドナー、フレッド・M『イスラームの誕生――信仰者からムスリムへ』後藤明監訳、慶應義塾大学出版会、2014年。

バラーズリー『諸国征服史』全３巻、花田宇秋訳、岩波書店、2012–2014年。

藤本勝次（責任編集）『コーラン』（世界の名著17）藤本勝次・伴康哉・池田修訳、中央公論社、1979年。

前嶋信次『アラビア史』修道社、1958年。

松尾昌樹『オマーンの国史の誕生――オマーン人と英植民地官僚によるオマーン史表象』御茶の水書房、2013年。

家島彦一『海が創る文明』朝日新聞社、1993年。

家島彦一『海域から見た歴史』名古屋大学出版会、2006年。

参考文献

Bowersock, G. W., *Roman Arabia*, Cambridge, Mass. & London, 1983.
Bowersock, G. W., *Empires in collision in late antiquity*, Waltham, 2012.
Bowersock, G. W., *The crucible of Islam*, Cambridge, Mass. & London, 2017.
Bulliet, Richard W., *The Camel and the Wheel*, Cambridge, Mass., 1975.
Crone, Patricia, *Meccan trade and the rise of Islam*, Oxford, 1987.
Daum, Werner, *Yemen. 3000 Years of Art and Civilisation in Arabia Felix*, Innsbruck & Frankfurt/Main, 1987.
Dijkstra, Jitse H. F. & Fisher, Greg (eds.), *Inside and Out: Interactions between Rome and the Peoples on the Arabian and Egyptian Frontiers in Late Antiquity*, Leuven, 2014.
Dresch, Paul, *A History of Modern Yemen*, Cambridge, 2000.
Encyclopaedia of Islam, New edition, 12 vols., Leiden, 1960–2004.
Fisher, Greg (ed.), *Arabs and Empires before Islam*, Oxford, 2015.
Genequand, Denis & Robin, Christian Julien (eds.), *Les Jafnides: Des rois arabes au service de Byzance (VIe siècle de l'ère chrétienne)*, Paris, 2015.
al-Ghabban, Ali Ibrahim *et al.* (eds.), *Routes d'Arabie. Archéologie et histoire du royaume d'Arabie Saoudite*, Paris, 2000.
Hoyland, Robert G., *In God's Path: The Arab Conquests and the Creation of an Islamic Empire*, Oxford, 2015.
Hunter, Captain F. M., *An Account of the British Settlement of Aden in Arabia*, London, 1968 (1st ed., 1877).
Ibn Ruzayq, *History of the Imâms and Seyyids of 'Omân by Salîl-ibn-Razîk, from A.D. 661–1856*, tr. by George Percy Badger, London, 1986 (1st ed., 1871).
al-Mad'aj, 'Abd al-Muhsin Mad'aj M., *The Yemen in early Islam, 9–233/630–847: a political history*, London, 1988.
Potts, D. T., *The Arabian Gulf in antiquity*, 2 vols., Oxford, 1990.
al-Rawas, Isam, *Oman in Early Islamic History*, Reading, 2000.
Retsö, Jan, *The Arabs in Antiquity: Their history from the Assyrians to the Umayyads*, London, 2003.
Risso, Patricia, *Oman & Muscat: an early modern history*, Beckenham, Kent, 1986.
Salibi, Kamal, *A History of Arabia*, Delmar, N. Y., 1980.

<table>
<tr><td></td><td></td><td>ペルシア湾岸地域に民族移動：ウトゥーブ、カワースィム、バニー・ヤース</td></tr>
<tr><td>19</td><td>エジプトにムハンマド・アリー朝成立（1805）</td><td></td></tr>
<tr><td></td><td colspan="2">ムハンマド・アリー、メッカとメディナをワッハーブ派より奪回（1811–12）</td></tr>
<tr><td></td><td colspan="2">イギリス、ペルシア湾岸の海賊を退治し、首長たちと一般平和条約締結（1820）</td></tr>
<tr><td></td><td></td><td>第二次サウード朝（1824–91）</td></tr>
<tr><td></td><td colspan="2">ブーサイード朝のサイイド・サイードの東アフリカ遠征（1828）、ザンジバルを首都に</td></tr>
<tr><td></td><td colspan="2">イギリス、アデンを直轄植民地に（1839）</td></tr>
<tr><td></td><td>スエズ運河開通（1869）</td><td></td></tr>
<tr><td></td><td colspan="2">オスマン朝、イエメン北部を再度領有（1872）</td></tr>
<tr><td></td><td colspan="2">湾岸首長国のイギリス保護領化進む、イエメン南部もイギリス保護領に（19世紀末）</td></tr>
<tr><td></td><td>ドイツ、バグダード鉄道敷設権獲得（1899）</td><td>クウェート、イギリスの保護領に（1899）</td></tr>
<tr><td>20</td><td></td><td>第三次サウード朝（1902–）</td></tr>
<tr><td></td><td colspan="2">ヒジャーズ鉄道開通（1908）</td></tr>
<tr><td></td><td>第一次世界大戦（1914–18）</td><td>メッカのアミール・フサインの反乱（1916）、ヒジャーズ王となる
トルコ軍イエメンより撤退し、ムタワッキル王国成立（1918）</td></tr>
<tr><td></td><td>サン・レモ会議で中東分割決定（1920）</td><td></td></tr>
<tr><td></td><td colspan="2">イギリス、ファイサルをイラク国王（1921）、アブドゥッラーをトランスヨルダン国王（1923）に即ける</td></tr>
<tr><td></td><td></td><td>ハーイルのラシード家、サウード家に降る（1921）
ハーシム家のヒジャーズ王国滅亡（1925）
サウディアラビア王国成立（1932）</td></tr>
<tr><td></td><td>第二次世界大戦（1939–45）</td><td></td></tr>
<tr><td></td><td></td><td>イエメン・アラブ共和国成立（1962）
南イエメン独立し、イエメン人民共和国に（1967）
アラブ首長国連邦、バハレーン、カタル独立（1971）
南北イエメン統合し、イエメン共和国に（1990）</td></tr>
<tr><td></td><td colspan="2">イラク軍クウェートに侵攻（1990）、湾岸戦争（1991）</td></tr>
<tr><td>21</td><td>アラブの春（2010–12）</td><td>イエメン内戦（2014–）</td></tr>
</table>

イスラーム期のアラビア史年表

<table>
<tr><th>世紀</th><th>世界史</th><th>アラビア史</th></tr>
<tr><td>7</td><td>ペルシア軍、イェルサレム占領（614）
ペルシア軍敗北、ホスロー2世の死（628）
ヘラクレイオス帝のイェルサレム入城（630）</td><td>ムハンマド、布教開始（614）
エチオピアへのヒジュラ（615頃）
ヤスリブへのヒジュラ（622）＝イスラーム暦元年
ムハンマド、メッカ征服。フナインの戦で勝利しアラビアの覇者に（630）
ムハンマド死去し、アブー・バクルが初代カリフに（632）</td></tr>
<tr><td></td><td colspan="2">ヤルムーク河畔の戦でビザンツ軍を破る（636）
カーディスィーヤの戦（636/7）、ニハーヴァンドの戦（642）でペルシア軍を破る</td></tr>
<tr><td></td><td>サーサーン朝滅亡（651）</td><td></td></tr>
<tr><td></td><td></td><td>第一次内乱（656–661）</td></tr>
<tr><td></td><td>ウマイヤ朝成立（661）</td><td></td></tr>
<tr><td></td><td></td><td>第二次内乱（683–692）</td></tr>
<tr><td>8</td><td>アッバース朝成立（750）</td><td>オマーンにイバード派初代イマーム（750頃）</td></tr>
<tr><td>9</td><td colspan="2">イスマーイール派の活動活発化</td></tr>
<tr><td></td><td></td><td>ハサー地方でカルマト派、布教開始（894頃）
イエメンにザイド派初代イマーム（897）</td></tr>
<tr><td>10</td><td>ファーティマ朝成立（909）</td><td>カルマト派のメッカ攻撃（930）</td></tr>
<tr><td>12</td><td>アイユーブ朝成立（1171）</td><td>イエメン、アイユーブ朝成立（1173）</td></tr>
<tr><td>13</td><td></td><td>カターダ・イブン・イドリースがメッカのアミールに（1200/1）
イエメン、ラスール朝の成立（1228/9）</td></tr>
<tr><td></td><td>マムルーク朝成立（1250）</td><td></td></tr>
<tr><td>15</td><td>ヴァスコ・ダ・ガマのインド航路発見（1498）</td><td></td></tr>
<tr><td>16</td><td colspan="2">ポルトガル人、オマーン湾とペルシア湾の諸港を占領</td></tr>
<tr><td></td><td>オスマン軍、マムルーク朝を滅ぼす（1517）</td><td></td></tr>
<tr><td></td><td colspan="2">オスマン軍、イエメンを征服（1538）</td></tr>
<tr><td>17</td><td>イギリス東インド会社設立（1600）
オランダ東インド会社設立（1602）</td><td>オマーンにヤアーリバ朝成立（1624）、マスカトを奪回（1650）
イエメンにカースィム朝成立し、トルコ軍撤退（1636）</td></tr>
<tr><td>18</td><td></td><td>ムハンマド・イブン・アブドゥルワッハーブ、イスラーム改革運動開始（1740頃）
第一次サウード朝（1744/5–1818）
オマーンにブーサイード朝成立（1749頃）</td></tr>
</table>

4	イムルルカイスのアラビア遠征（ナマーラ碑文：328）		
	コンスタンティノープル遷都（330）		シャープール2世のアラビア遠征
		南アラビアの一神教化進展	
5	エフェソス公会議（431）	ヒムヤル王アビーカリブ父子の中央アラビア遠征	ネストリウス派の布教進展
	カルケドン公会議（451）	キンダ族のフジュル朝成立	
	ガッサーン族北上		
6		ヒムヤルでキリスト教徒迫害（517/8）	
	アクスム軍の南アラビア遠征（518）		
	『キリスト教世界地誌』		ムンズィル3世の下でナスル朝最盛期
		ヒムヤルで再度キリスト教迫害（523）	
	アクスム王エッラ・アスベハの南アラビア遠征（525）		
			フジュル朝ハーリス・アルマリク、ムンズィル3世に討たれる（527/8）。以後、フジュル朝衰退
	ユスティニアヌス帝、ハーリス・イブン・ジャバラを登用し、ガッサーン族のジャフナ朝成立（528/9）		
	ユスティニアヌス帝、ユリアヌスをアクスムとヒムヤルに派遣		
		アブラハによるヒムヤルの王位簒奪	
		アブラハの許へ四方から使節到来（547）	
		アブラハ、中央アラビアへ四度目の遠征（552）	
		ムンズィル3世、ジャフナ朝のハーリスに討たれる（554）	
		メッカでムハンマド誕生（570頃）	
			サーサーン朝によるヒムヤル征服（570/575）
	ジャフナ朝滅亡（6世紀末）		
7			ナスル朝滅亡（602頃）

先イスラーム期のアラビア史年表

世紀	地中海沿岸、アフリカ	アラビア	メソポタミア、イラン
紀元前			
12	「海の民」襲来	ラクダを使った隊商交易始まる 南セム系アルファベットの伝播	
10	ソロモンの治世		新アッシリア時代
9		アッシリア碑文に「アラブ」初出（853）	
8		南アラビア諸王国成立 サバァ王イサァアマルとカリブイルの征戦＝アッシリア史料のイタァアマル（716/5）とカリビル（685）	
7		ヒジャーズ北部にデダーン王国	新バビロニア王国
6		商業国家マイーンの繁栄 ナボニドスのタイマー滞在	アケメネス朝
5		ヒジャーズ北部にリフヤーン王国	
4	アレクサンドロス大王東征 プトレマイオス朝		セレウコス朝
3		アラビア半島各地に新たな交易拠点出現	パルティア（アルサケス朝）
2		ヒムヤル王国成立（110頃）	
1	ローマによる征服 ローマ軍の南アラビア遠征（25–24）		
紀元後			
1	『エリュトラー海案内記』	サバァ・ヒムヤル連合王国	
2	ナバテア王国、ローマに併合（106） バル・コクバの乱 ディアスポラによりアラビアへのユダヤ人の流入始まる アクスムの南アラビアへの侵入始まる		
3	ローマ、軍人皇帝時代 アクスムの勢力拡大 アドゥーリス紀功碑（3世紀半ば過ぎ） ラフム族のナスル朝成立 パルミュラ滅亡（272） ヒムヤル王シャンマル、アクスム王に臣従？	ヒムヤル王シャンマル、南アラビア統一	サーサーン朝 ハトラ滅亡（240/1）

【ま　行】

【は　行】

【た　行】

【さ　行】

索　引

蔀 勇造（しとみ・ゆうぞう）

1946年，埼玉県生まれ．1972年東京大学文学部卒業，1977年同大学大学院人文科学研究科博士課程単位取得退学．東京工業大学工学部助教授，東京大学大学院人文社会系研究科教授等を歴任．東京大学名誉教授．専攻・アラビア古代史，東西海上交流史．

著書『オリエント史講座　第3巻』（共著，学生社，1982）
『西アジア史Ⅰ　アラブ』（山川出版社，分担執筆，2002）
『歴史意識の芽生えと歴史記述の始まり』〈世界史リブレット57〉（山川出版社，2004）
『シェバの女王』〈ヒストリア022〉（山川出版社，2006）
『エリュトラー海案内記　1・2』（訳註，平凡社東洋文庫，2016）ほか

物語《ものがたり》 アラビアの歴史《れきし》
中公新書 2496

2018年7月25日発行

著 者 蔀 勇造
発行者 松田陽三

本文印刷 三晃印刷
カバー印刷 大熊整美堂
製 本 小泉製本

発行所 中央公論新社
〒100-8152
東京都千代田区大手町 1-7-1
電話 販売 03-5299-1730
編集 03-5299-1830
URL http://www.chuko.co.jp/

Published by CHUOKORON-SHINSHA, INC.
Printed in Japan ISBN978-4-12-102496-1 C1222